列島縦断

大ヤマメ・アマゴ釣り場

超特選ガイド30河川

つり人社書籍編集部 編

●本書の各情報は2014年2月までのものです。解禁期間、遊漁料、漁協連絡先等の各種情報はその後変更されている可能性もあります。同様に釣り場の状況も同じであるとは限りません。釣行の際は必ず事前に現地の最新情報をご確認ください。

列島縦断

大ヤマメ・アマゴ釣り場

超特選ガイド30河川

目次

東北エリア

関東エリア

信越エリア

北陸エリア

東海エリア

九州エリア

※芝川（静岡県）は笛吹川、富士川と同水系につきここでは関東エリアに掲載しました。

構成　時田眞吉

イラスト　堀口順一朗

01

青森県 浅《あ》瀬《せ》石《いし》川

津軽を代表する岩木川の支流を釣る
ダム下流域に広がる里川の渓相
尺ヤマメにニジマスの強烈な引き

ダムから下流域、黒石温泉郷を経た流れは開けた里川の渓相へと一変する

profile

●大川晴弘

昭和36年生まれ、青森県在住。中学3年で渓流釣りに出会い、40歳で本流釣りにハマる。主なフィールドは津軽半島の単独河川、岩木川水系など。『奔流倶楽部 渓夢』所属

青森県津軽地方を流れる岩木川。そこへ流れ込む平川の支流となるのが浅瀬石川だ。十和田湖の西側に広がる八甲田山系を水源として北に流れ、黒石市内を貫流し平川に合流する。平川は浅瀬石川と合流するとすぐに岩木川に注ぎ、北へ流れ十三湖を経て日本海に注ぐ。

十和田湖に近い山々の、自然豊かな水源から流れ出る浅瀬石川は、私の大好きな川のひとつで大ヤマメを手にできる渓でもある。

浅瀬石川は、浅瀬石川ダム（虹の湖）を境に渓相が大きく異なるのが特徴だ。ダム上流域は、イワナも混生するいかにも源流域という雰囲気の中、アベレージサイズの数釣りに向いている。

時期的には、5月後半からがおすすめで、山肌に濃いピンクの山桜が満開になる頃と思っていただきたい。

●ダム下流域が中心

ダムから下流域は様相が一変する。黒石温泉郷を経て津軽平野に向かって流れる開けた里川の渓相となるのだ。今回は

十和田湖に近い八甲田山系を水源とする浅瀬石川。上流域では自然豊かな渓の表情を見せる

尺ヤマメに的を絞って、ダム下流域の流れを中心に紹介したい。

　ダム下流へと雪代が入るのは、4月中頃から5月いっぱい。5月10日から中旬がピークだ。雪代の水は上流の浅瀬石ダムに貯められ、例年だと5月の中頃に放水がある。それから1週間くらい経って水が治まる頃から、梅雨時までがねらいめとなる。

　まず、一番におすすめしたいのは、ダム下流で浅瀬石川へと流れ込んでいる中野川との出合付近（拡大図2）。

　黒石温泉郷のすぐ下流域で、このエリアは川の両側が親水公園として整備されており、入渓しやすく足場もよい。小堰堤が続くのでポイントも分かりやすい。

　反面、入渓しやすいことから、エサ・ルアー・フライとジャンルを問わず多くの釣り人がエントリーするためプレッシャーが高く、魚がスレていることも多い。

　そのため、いわゆる大場所から少し外れたポイント、目立たない流れのヨレなどを見逃さず丁寧に探るといい思いができるだろう。

　この区間で尺ヤマメをねらうには川底のスリットに自然に仕掛けを通せるかが重要だ。サオは6～7mの渓流ザオで充分対応できるが、私はあえて8m以上の本流ザオを使用している。足場のよさを利用してむやみに川へ入らず、手前のポイントから順次探っていくようにしている。魚を驚かせないことも釣果を手にするコツの1つ。ここでは、31cmの居着きと思われるきれいなヤマメをあげている。

　東北道と国道102号が川を横切る地点のすぐ上流部となる桜田地区（拡大図1）は、尺ヤマメでは実績のあるポイント。浅瀬石川では最下流部となるエリア

information

●河川名　岩木川水系浅瀬石川
●釣り場位置　青森県黒石市
●解禁期間　4月1日～9月30日
●遊漁料　日釣券400円・年券3000円
●管轄漁協　浅瀬石川漁業協同組合（Tel 0172-52-2946）
●最寄の遊漁券取扱所　小野商会（Tel 0172-52-3815）／オオタニ釣具店（Tel 0172-53-3514）
●交通　東北自動車道・黒石IC下車。国道102号を東進して各ポイントへ

で、堰堤は禁漁区になっている場所もあり、事前の確認が必要だ。

渓相は大きめの石もなく一見ポイントが分かりにくいが、大型をねらうなら荒瀬と荒瀬の中間にある深瀬に的を絞りたい。岩木川本流からソ上してくる大ヤマメがサオを絞り込む。ニジマスの魚影も多く、こちらも大型が期待できる。

シーズンは6月後半から7月中旬に実績が上がっている。ここでは8m以上の本流ザオを使用したい。掛けたら確実に釣果を手にするためにも、0・8号以上の通し仕掛けで挑みたい。以前に45cmクラスのニジマスも上がっているため、くれぐれも細イトは厳禁。

エサはシーズンを通してキヂがよく、川虫でも実績が上がっている。ただし、川虫は釣り場付近にあまりいないので、最下流で採集してくるとよい。

以上が浅瀬石川の大ヤマメを攻略する術だ。津軽地方では35cmを超えるヤマメはなかなか釣れないというが、浅瀬石川はその限りではないかもしれない。ぜひ、記憶に残る大ヤマメに挑戦してみていただきたい渓だ。

最後に、入漁券は付近のコンビニなどにはないことが多いので、黒石市内か、弘前市内の釣具店で購入したい。バイパスがあるので、弘前市からでも車で15〜20分で渓へ到着できるはずだ。

下流域では里川の渓相へと一変するが、大ヤマメが流れに潜む

上流域の流れはイワナが混生する渓相を見せる

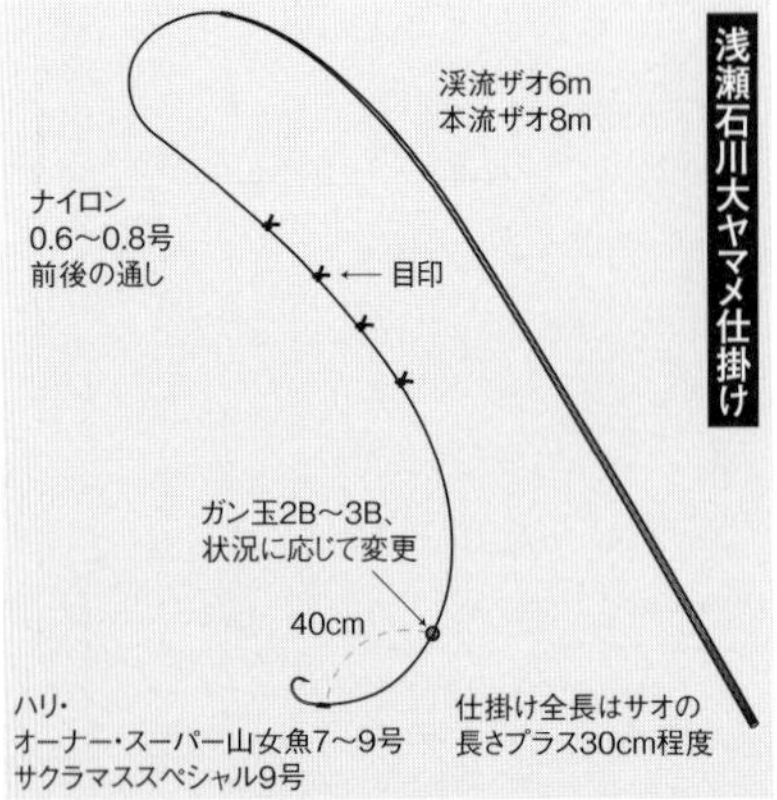

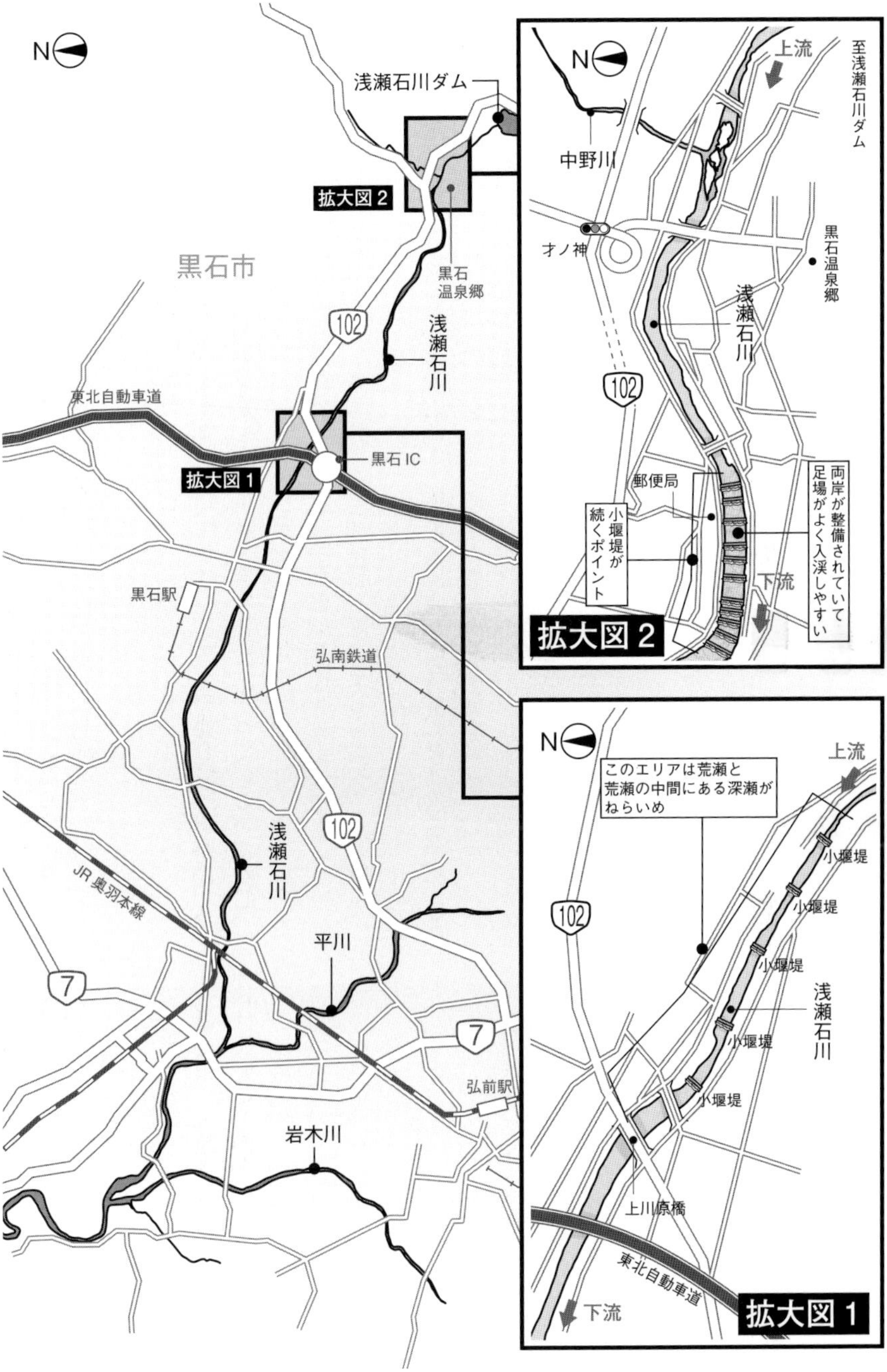
N
浅瀬石川ダム
拡大図 2
黒石市
黒石
温泉郷
102
浅瀬
石
川
東北自動車道
黒石 IC
拡大図 1
黒石駅
弘南鉄道
102
浅瀬
石
川
JR 奥羽本線
平川
7
7
弘前駅
岩木川
N
上流
至浅瀬石川ダム
中野川
オノ神
黒石温泉郷
浅瀬
石
川
102
郵便局
小堰堤が続くポイント
両岸が整備されていて足場がよく入渓しやすい
下流
拡大図 2
N
上流
このエリアは荒瀬と
荒瀬の中間にある深瀬が
ねらいめ
102
小堰堤
小堰堤
小堰堤
小堰堤
小堰堤
浅瀬
石
川
上川原橋
東北自動車道
下流
拡大図 1

02 青森県 赤《あか》石《いし》川

世界遺産・白神山地を流れる渓 本流と呼ぶにはコンパクトな流れに 点在する瀬や淵が尺ヤマメのポイント

赤石川は、青森と秋田との県境界にある二ツ森付近に源を発し、軽沢や滝ノ沢、赤沢など10以上の沢を合流しつつ、ブナの原生林が生い茂る世界遺産・白神山地を流れ日本海に注ぐ。流程のすべてが鯵ヶ沢町に属する全長45㎞の河川だ。

渓流の解禁日は他県より遅く4月1日からとなる。解禁当初は雪が残り、4～5月後半まで雪代が多く、増水した川をサクラマスもソ上してくる。そのほかイワナ、ヤマメ、アメマス、ニジマスなどの釣果も聞かれ、多彩な渓魚を手にできる魅力的な川となっている。

イワナ、ヤマメは当然ながら、アユが釣れる川としても全国的に有名で、釣れるアユの美しさから別名「金アユ」と称されている。

本流と呼ぶには、川幅はそれほど広くはないが、瀬や淵が連続する渓相は抜群によく、大堰堤も上流部にいくつか点在するなど、大ヤマメを育む条件も整っている。

まだ山々に雪が残るシーズンは、川幅が広くないとはいえ、日中に日差しが強くなると雪代が流入して一気に水量が増す。流れも強くなるため、充分な注意が必要だ。また、河口から上流400mは通年禁漁区となっているほか、8月31日以降は鏡世橋（河口から2本目の橋）上

profile

●古川 通

昭和55年生まれ、青森県在住。渓流釣り歴16年。赤石川をホームグラウンドとして、念願の尺ヤマメを釣りあげる。『奔流倶楽部 渓夢』青森支部所属

こんな尺ヤマメをねらうことのできる渓が赤石川だ

本流と呼ぶには川幅は広くはないが、
瀬や淵が連続する渓相は抜群によい

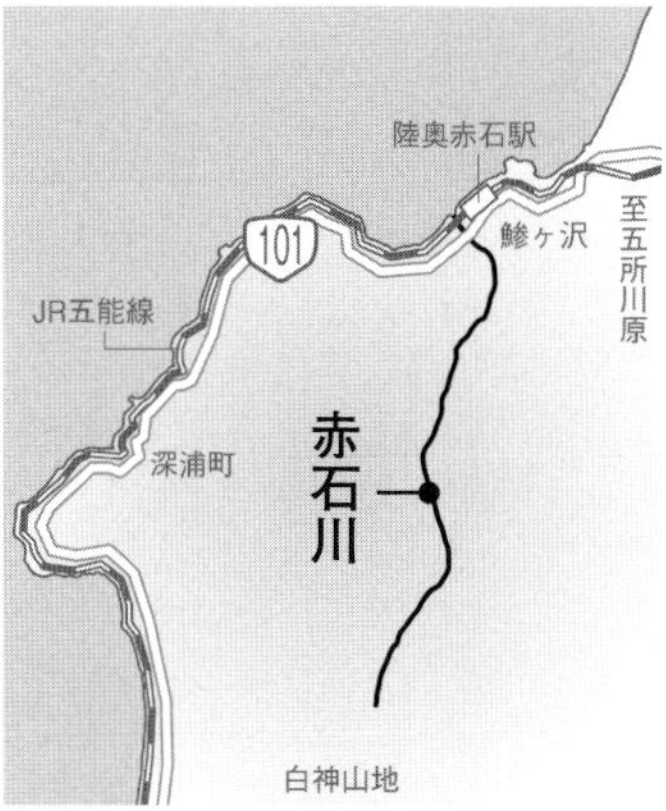

information

●河川名　赤石川
●釣り場位置　青森県西津軽郡鰺ヶ沢町
●解禁期間　4月1日～9月30日
●遊漁料　日釣券800円・年券3000円
●管轄漁協　赤石水産漁業協同組合（Tel 0173-72-3094）
●最寄の遊漁券取扱所　安田商店（Tel 0173-72-2390）／太田商店（Tel 0173-79-2404）
●交通　東北自動車道・浪岡ICより浪岡五所川原道路を経由し五所川原東IC下車。国道101号を西進。鰺ヶ沢町で左折して赤石川へ

流200mから下流がアユ産卵場所のため特別禁漁区となる。

●33㎝のヤマメ

赤石川の流れで私が尺ヤマメを実際に釣りあげたポイントを紹介したい。それは中流域にあるイトウの養殖所が目印で、そこから500m下流に広がる一連の流れとなる。

ポイントは流れ込みからテトラ、淵と続き、最後は緩やかな開きとなるが、流れ込みから淵までの50mの間に大ヤマメが潜んでいる。

そんな流れにエントリーする際、不用意に川に近づくのは厳禁。警戒心の強いヤマメはいきなり川の瀬に立つと逃げてしまう恐れがあるため、足音をなるべくたてないように、ゆっくりポイントに近づくこと。

エサを流すときも手前から奥へと順に探るようにして、下流から上流へ移動していくとよい。この場所は6～7mのサオで充分楽しむことができる。

流れ込みと淵の間にあるテトラに大ヤマメが付いていることが多く、際でハリ掛かりするとテトラの中に逃げ込まれてしまう。その場合、下流へ移動して、テトラから離れた状況に持ち込んでから取り込むこと。

ここで大ヤマメを手にするためのキーポイントは、水量だ。多すぎても少なすぎても食いがたたない。私の基準では雨の量にもよるが、降雨後2、3日目の水

小堰堤から続く流れ。白神山地に蓄えられた雨水が滔々と流れ行く。大ヤマメに加え、サクラマスのソ上も確認できる

量が一番食いがよいように思える。

　２０１１年９月８日、この場所で33㎝を釣りあげているが、震える手でメジャーを当てたことを覚えている。なお、ここには雪代にのってサクラマスもソ上する。水深があり大きな底石があるためサクラマスの付く絶好のポイントにもなっているので、併せて覚えておきたい。

●大ヤマメを釣る心構え

　私が大ヤマメをねらう際、常に気をつけていることは、基本に忠実に行動すること。歩くときはなるべく音をたてない、川岸にはいきなり立たない、ポイントへはゆっくり近づいていくなどだ。

　仕掛けもイト切れを防ぐため、基本的には1号前後の太イトを通しで使用したいが、状況に応じて細イトも用意したい。

　赤石川周辺は田畑が多いため、自然に流下しているキヂが万能エサだと考えてよい。あいにくこの川はクロカワムシなどの川虫が少なく採取しにくいため、キヂのほか、ブドウムシなども予備として準備しておくとよい。

　仕掛けを流すときは流れになじむまで何度でもオモリを変更し、根掛かりしたときには、ハリ先が潰れて刺さりが悪くなっていないかも必ず確認したい。そんな些細なことが、大ヤマメを手にするチャンスを左右するのだ。

　そして、安全に釣りを楽しむことが一番。川を渡る際は決して無理をしないこと。特に春先の雪代や雨での増水後は、普段行き慣れている場所でも危ないと思ったときは無理をしないことだ。

　赤石川の渓流はエサ釣り、ルアー釣り、フライと多彩に楽しめる。また、上流部は高低差のある源流の風景が望め、イワナの魚影も多い。そんな魅力的な川を守っていくためにも、必ずゴミは持ち帰ることを肝に銘じて、釣行されたい。

赤石川大ヤマメ仕掛け

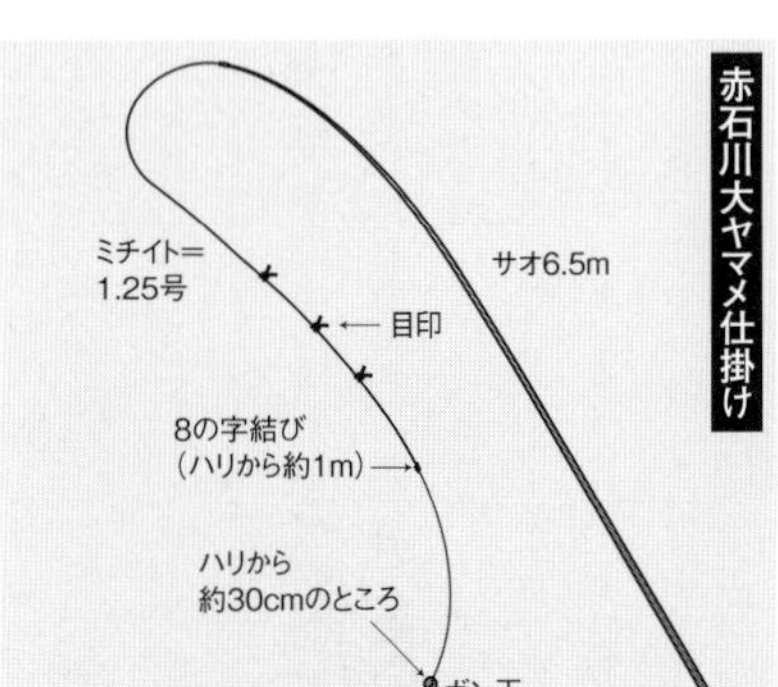

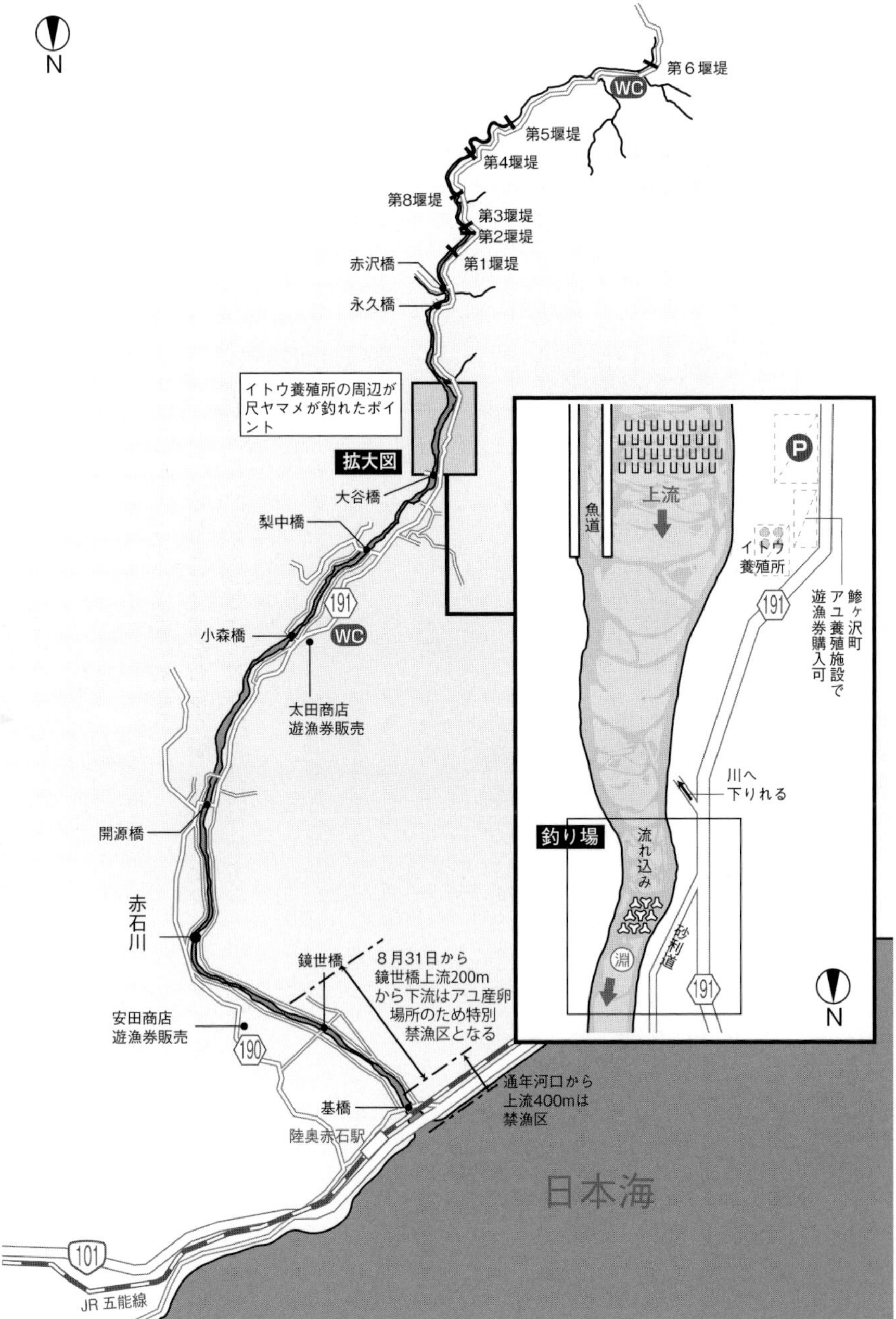
N
第６堰堤
WC
第5堰堤
第4堰堤
第8堰堤
第3堰堤
第2堰堤
第1堰堤
赤沢橋
永久橋
イトウ養殖所の周辺が尺ヤマメが釣れたポイント
拡大図
大谷橋
梨中橋
191
小森橋
WC
太田商店
遊漁券販売
開源橋
赤石川
鏡世橋
8月31日から鏡世橋上流200mから下流はアユ産卵場所のため特別禁漁区となる
安田商店
遊漁券販売
190
基橋
通年河口から上流400mは禁漁区
陸奥赤石駅
日本海
101
JR 五能線
魚道
上流
P
イトウ養殖所
鰺ヶ沢町
アユ養殖施設で
遊漁券購入可
191
川へ
下りれる
釣り場
流れ込み
淵
砂利道
191
N

03 岩手県 松《まつ》川

盛岡市近郊に位置し、高速からのアクセスも容易
変化に富んだ渓相ながら気軽に入渓できる
2回ある尺ヤマメのシーズンを生かせ

岩手県盛岡市近郊の八幡平市を流れる松川。ここは、東北有数の大河・北上川の上流部にあたる。盛岡市近郊に位置し、東北自動車道の西根ICから近いこともあり、釣り場へのアクセスも容易だ。

変化に富んだ渓相で、川幅もほどよく、入渓もしやすいためサンデーアングラーはもちろん、出勤前のモーニングアングラーにも人気の河川である。

例年、大ヤマメのシーズンは雪代が終わる6月頃と、お盆過ぎから9月中旬。ここでは、それぞれのシーズンにおける攻略法を解説したい。

profile
●松橋　真
昭和58年生まれ、青森県在住。釣り歴12年ほどで、青森県・奥入瀬川、岩手県・松川をホームにサクラマス、尺ヤマメをねらう。本流大もの志向の『奔流倶楽部 溪夢』所属

●大ヤマメのシーズンは2回

6月、雪代が収束する前半のシーズンは主に下流の四十四田ダムから雪代の呼び水によってソ上してくる戻りヤマメがターゲットとなる。

魚体は銀色に輝き、まだどこかにあどけなさの残る顔つきが特徴。ダムでエサを飽食して大きく育ったものは、40㎝を超えるサイズも見られる。

この時期の松川は水温が低く、水量も豊富にある。ポイントは淵などの水深があって水温の安定した場所や、水温が上がりやすい条件の場所に流れ込む瀬など。下流からソ上してきたヤマメが休憩しながら上流を目差しやすいポイントを選択したい。

釣行のタイミングは、水量に変化があったとき。特に雨の降り始めや増水後、水色と水量が落ち着き始めたときなどに釣行できれば、かなりの確率で大型を手にできる。しかし現実には、そんな都合のよい条件で釣行するのは難しい。絶好のタイミングで釣行できた際には、ぜひとも1投1投集中して釣っていただきたい。

8月過ぎの後半シーズンは、居着きで

information

●河川名　北上川水系松川
●釣り場位置　岩手県八幡平市
●解禁期間　3月1日～9月30日
●遊漁料　日釣券800円・年券4000円
●管轄漁協　松川淡水漁業協同組合(Tel 0195-76-2111)
●最寄の遊漁券取扱所　澤口酒店(Tel 0195-76-2773)
●交通　東北自動車道・西根IC下車後、接続する国道282号を左折。500mほどで信号を左折し松川橋へ。下流部へは国道282号を直進し県道199号を右折して東大更駅へ

松川のポイントでは最上流部となる松川橋の上流を望む。シーズン後半、居着きの大ヤマメをねらうのに最適な流れ

賢く育った大ヤマメがターゲットだ。シーズン中、数々の釣り人から逃れてきた大ヤマメは、警戒心も強くなかなかサオを曲げてくれない。

そんなスレた大ヤマメは、エサが集まりやすい流れの筋があり、そのすぐ下流に沈み石や岩盤、倒木など長時間定位できる場所に潜んでいる。

産卵を意識し始める時期のため、楽に定位しながらエサを捕食できそうな場所に的を絞り込んで探るといい。

シーズン前半のポイントと違う点は水深と流速。活性の違いもあるのか、シーズン後半のほうが浅く、流れも速いところに定位している印象を受ける。この時期の時合は日中の気温や天気によって異なるが、残暑が残る8月中は曇りの朝方、残暑が抜けて朝方の気温が下がり始める9月は午前中や夕マヅメに実績が高い。

松川の具体的なポイントとしては、最下流部となる平和橋周辺は、シーズン前半となる6月からがねらいめ。岩盤底の流れとなり、そのスリットや際に大型が付いている。橋下流部の深みでも釣果は望める。

松川のメインポイントが山後堰堤の下流だ。シーズンを通して釣り人が絶えない人気を誇るこの場所は、ソ上してきた魚が一度足を止めるのだ。そのため、尺ヤマメをねらうのに絶好の付き場となっている。

上流部となる松川橋の上は、シーズン後半の居着きねらいには最適なポイント。小堰堤や流れのある瀬が続いている。

●オモリを替え、エサも変える

尺ヤマメを手にするための釣り方だが、ターゲットがいるであろうポイントに対して上流側45度位の位置に立つ。そしてターゲットの上流を流れる筋に仕掛けを馴染ませ、まずは目印を立てたナチュラルドリフトで流していく。

たいていの川の場合はこれで何かの反応があるはずだが、訪れる釣り人の多い松川では、魚はそう簡単に口を使ってくれない。数投してアタリがなければ、オモリを1～2ランク重くし、目印も1mほど上げて水深を取る。そして仕掛けを斜めに投入し、少しテンションを掛けながらエサを本命のハナ先に送り届けるイメージで聞き流しをしていく。

後半のシーズンに手にした32cmの尺ヤマメ。ウロコの縁が紅に染まっている

うれしい外道に会えるのも松川の魅力。6月にハリ掛かりした41cmのニジマス。このほか、ブラウンなども釣れてくる

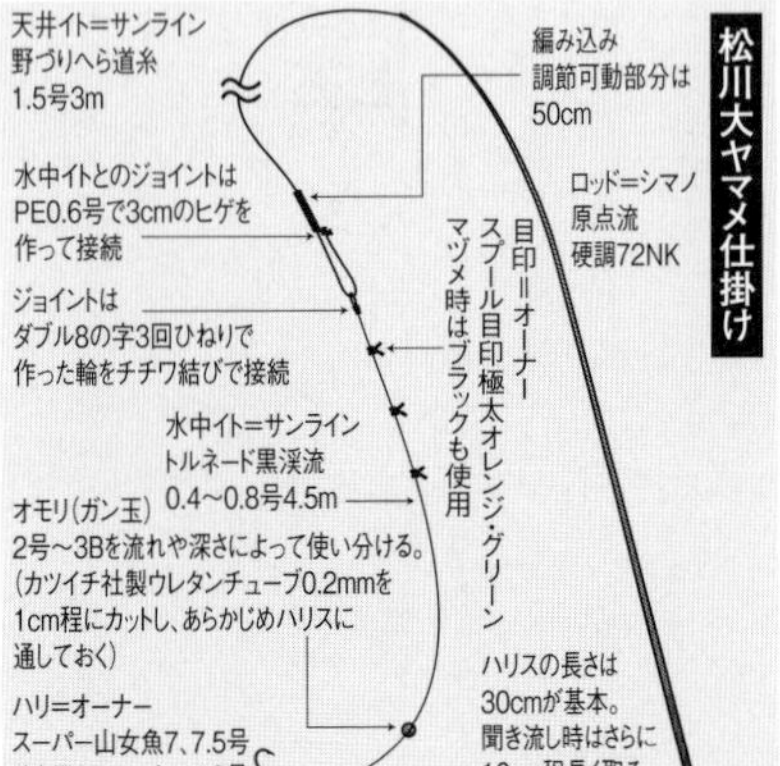

その際、アタリがあってもハリに乗らなかった場合は、すぐにエサを別のものに替える。数投してアタリのあったエサに戻すと一気に食い込むこともあるので、覚えておきたい。もちろんエサを変えた際にアタリがでることもある。

これは、警戒心の強い魚が一度噛んだエサを認識し、違和感を覚えているためだと思われる。一度当たったエサでしつこく流すことは、本命から遠のいてしまう行ないだと私は考えている。そのためエサもキギ、ブドウムシ、クロカワムシ

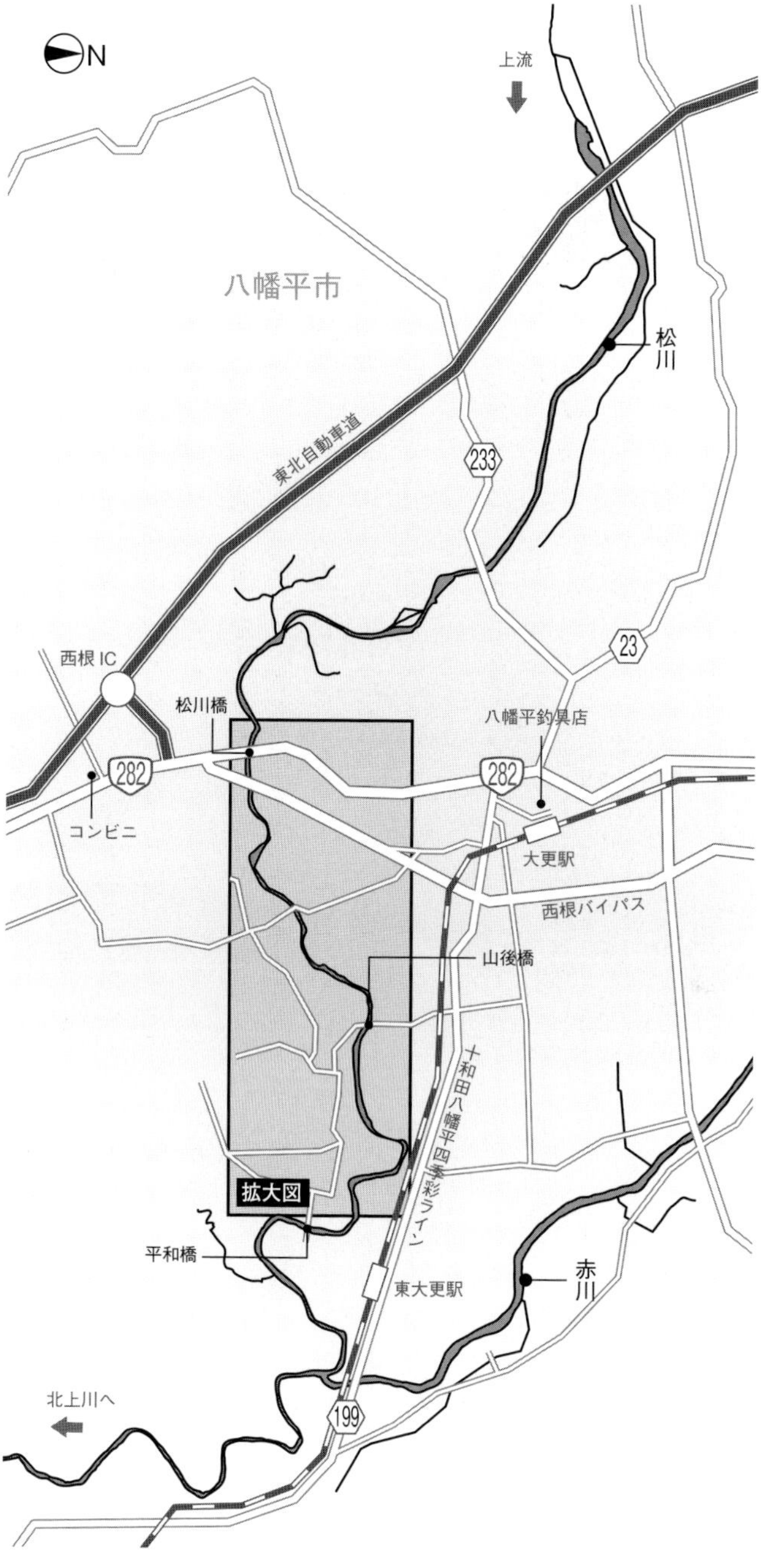

入漁券などを買い求めるときに、渓のようすも聞けるのが地元の釣具店のいいところ

下流部の目印となるのが十和田八幡平四季彩ラインの東大更駅。無人駅舎だ

など、最低でも3種類は持参するようにしている。

仕掛けに関しては、基本的にはシンプルが一番と考える。太さ1・5号の移動式の天井イトを結ぶが、オーバーハング

ポイントの最下流域にある平和橋の上流部。岩盤のスリットに尺が潜んでいる

山後橋の上流部。瀬はソ上する大ヤマメの通り道となる

シーズンを通して尺がねらえる山後堰堤の下流を望む

しているところもあるので、あまり細イトだと枝に絡んだ際に切れてしまい、使い物にならなくなる。水中イトは通しで使用し、0・6号が基本。状況に合わせて最低0・4号、太くても0・8号で使い分ける。

　結び目は最低限にとどめ、ガン玉を挟む部分はウレタンチューブを通して水中イトに傷が入らないようにしている。オモリは2～3Bを使い分ける。ハリはスーパー山女魚7～7・5号、サクラマススペシャル8号をフィンガーノットで結んでいる。

●魚の警戒心を刺激しない

　どちらのシーズンにもいえることだが、大ヤマメは海千山千の強敵。ポイントへのアプローチは不必要に立ち込まず、魚に対して極力警戒心を与えないように心掛けたい。特に流れの緩い場所ではカモなどの野鳥が休んでいることがある。これを驚かせてバタバタと水面を叩かれてしまっては、せっかくのポイントも台なしになってしまう。

また、ポイントに立った際にあらかじめどこで取り込むかのシミュレーションを必ずしておくこと。川の中の沈み石の位置、ポイントの水深、頭上の木の枝、立ち位置の足場など、掛けてからあわてるとバラすばかりか思わぬ事故にもつながりかねない。

最後に、２０１３年の大型台風により松川は壊滅的な被害を受けた。そのためポイントがガラリと変わっていることも予想されるので、釣行の際にはまず、釣り場の状況を確認されたい。また復旧工事をしているようであれば、工事関係者の妨げにならないように協力していただきたい。

04

山形県 置賜《おきたま》白《しら》川

県内屈指の豪雪地帯を流れる渓
ベストシーズンは梅雨明けから秋口
雪代で鍛えられた美しいヤマメが魅力

置賜白川は福島・新潟の県境の飯豊《いいで》連峰、種蒔山に源を発し、長井市で最上川と合流する、全流程56㎞におよぶ最上川の一大支川だ。

白川が流れる飯豊町中津川地区は山形県内でも有数の豪雪地帯として知られており、5月初旬までは残雪が見られる。

県道沿いに流れる河川だが、道路とは少し離れている区間が多く、川に入れば河畔林が日差しを遮り、里川の趣が伝わってくる。

釣り場は白川ダムのバックウオーターから始まる。白川ダムから大日杉小屋周辺までは、イワナとヤマメの混生エリア。

profile

●我妻徳雄

昭和35年生まれ、山形県在住。小さい時から魚を手づかみで捕まえ、高校生の頃から渓流釣りに没頭。本流から源流までをこなす。『山岳渓流釣倶楽部 群遊会』会長を務める

そこから上流域は、イワナのみの生息となる。川の名が示すようにイワナ、ヤマメともにいくぶん白っぽいのが特徴だ。

大日杉小屋より上流の渓相。ここからは適度な落差と淵が現われる

●平たんな流れが続く下流部

本格的な釣りシーズンは、前記したとおり豪雪地帯のため、雪代が収まる7月上旬からと遅く典型的な夏川となる。大ヤマメが望めるトップシーズンは梅雨空

information

●河川名　最上川水系置賜白川
●釣り場位置　山形県西置賜郡飯豊町
●解禁期間　4月1日～9月30日
●遊漁料　日釣券1000円・年券5500円
●管轄漁協　西置賜漁業協同組合（Tel 0238-85-0067）
●最寄の遊漁券取扱所　民宿・あらし（Tel 0238-77-2215）
●交通　東北自動車道・福島飯坂IC下車し国道13号を山形県方面へ。米沢市内で国道121号に入り戸長里で右折し県道4号で白川ダム方面へ

バックウオーターより葡萄沢出合までは落差のない平たんな流れだが、川原が少ないため何度も徒渉を繰り返さなくてはならない

けから秋口までだ。

ダムのバックウオーターより葡萄沢出合までは、落差のない平たんな流れが続く。川原が少ないため、川通しの遡行は何度も徒渉を繰り返さなくてはならない。

シーズン当初は雪代の増水もあり、流れの押しが強いので細心の注意が必要だ。早期はダムからのソ上と思える大イワナが潜んでいることもあるので気は抜けない。また、初夏には何の変哲もない流れの中で、ヤマメのライズが見られることもよくある。

特に雪代の増水で濁りがある早期は、集落近くでも大ものイワナが釣れる。深い淵やブッツケのエグレを丹念に探るとヒレピンの魚体がサオを絞り込むはずだ。

そして、雪代が収まれば、いよいよ大ヤマメのシーズン到来である。飯豊の雪代で鍛えられた、パーマークがくっきりの美しい魚体を手にできる。そんな居着きの大ヤマメの引きを存分に楽しみたい。

この区間は本流釣りと渓流釣りの中間的なポイントが多く、サオも7mクラスを準備したい。仕掛けも大型に備えナイロン0・4~0・5号を通しでセットするとよいだろう。流れが強いため、エサを沈めるにはガン玉のB~2Bを状況に応じて使い分けるようにする。

●比較的釣りやすい上流部

葡萄沢出合から大日杉小屋までは半日コースである。左岸沿いに林道が走っており、どこからでも入渓できる。この間は樹林が被っているが、比較的釣りやすい流れが続く。

大日杉小屋より上流の渓相。ここからは適度な落差と淵が現われる

　大日杉小屋より上流に入るには、小屋前の道を5分ほど辿ると本流に出合う。ここから釣ってもよいし、沢を渡り30分ほど山道を歩き、ソ上止メのナメ滝の上から入渓してもよいだろう。

　ここからは適度な落差と淵、小ゴルジュ、滝が現われるがすべて左岸側に巻道がある。しばらく遡行すると3mの滝に出合う。若干戻り左岸にルートもあるが大高巻になる。水量にもよるがショルダーで越したほうが楽だ。

　ここからほどなく二股になる。左の沢は二段の滝となっている。何度か滝下や上部を探ってみたが不思議と今まで一度も当たったことがない。本流は左の流れとなり、すぐに魚止メとなっている。

●広河原川もヤマメがねらいめ

　広河原川は白川ダムに直接流れ込む置賜白川の大支流である。白川ダムのバックウォーターから広河原集落までは、ヤマメが中心の比較的平坦な釣り場が続く。

　広河原集落の先に大堰堤があり下部との交流は途絶えている。そして東沢、西沢に流れは二分し、西沢の源流部は谷地平という湿地帯になっており、ここでの釣りは慎みたい。

　広河原には知る人ぞ知る「広河原の間欠泉　湯の華」がある。日本で唯一、間欠泉から吹き上がる湯を浴びながら、湯に入れる温泉なので、釣行で訪れた際は立ち寄ってみてはいかがだろうか。

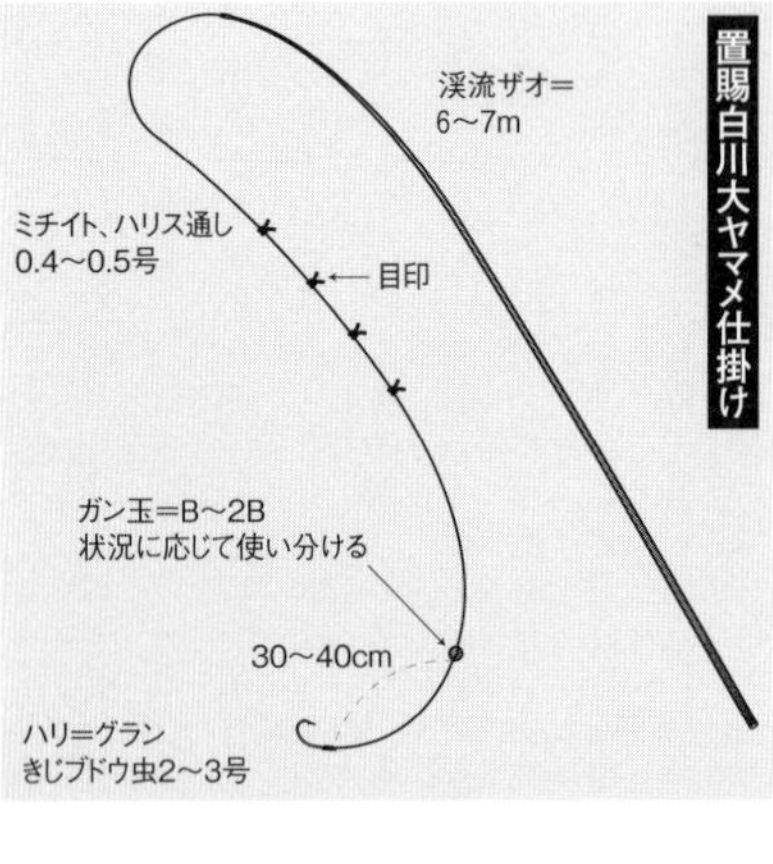

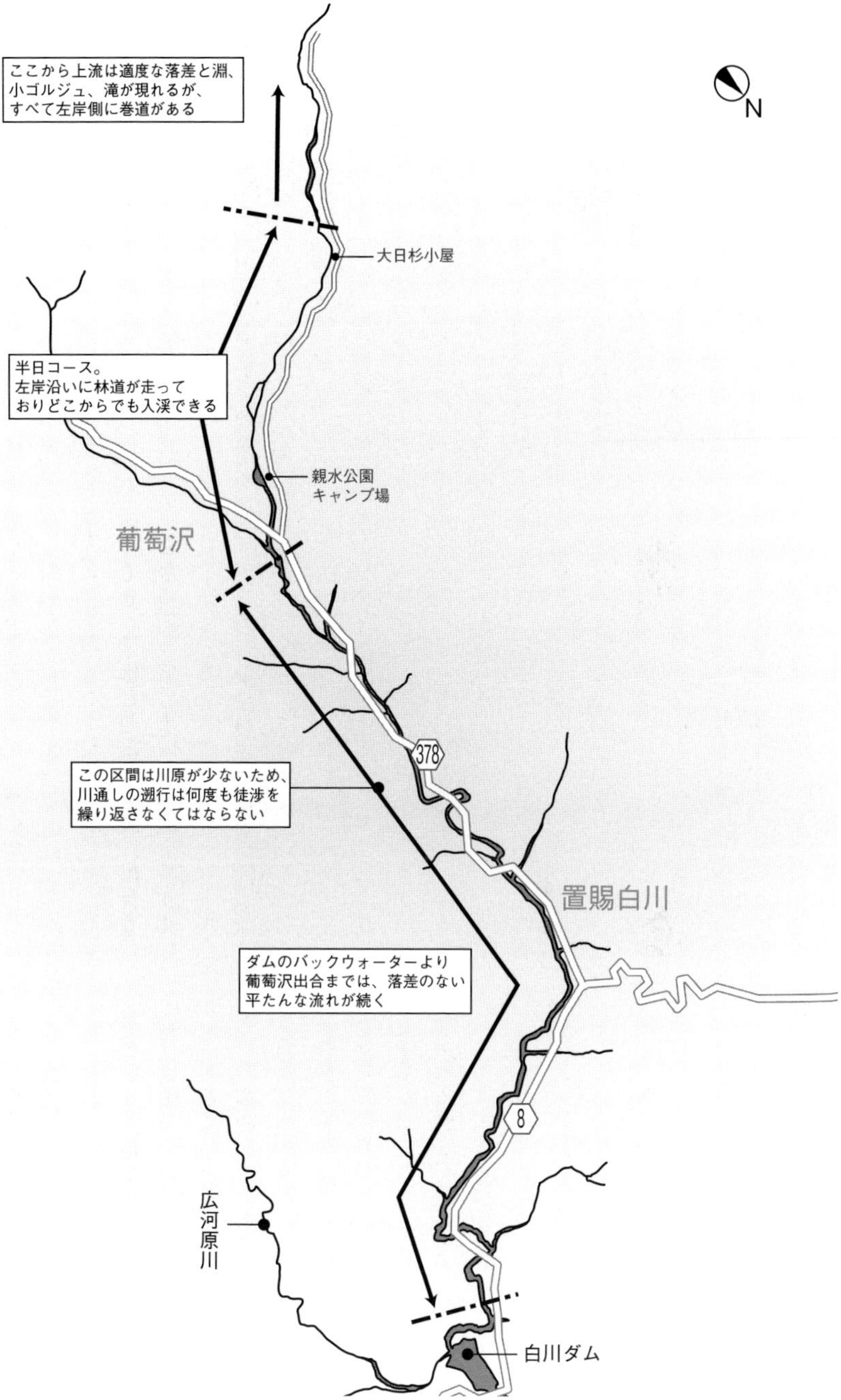
ここから上流は適度な落差と淵、
小ゴルジュ、滝が現れるが、
すべて左岸側に巻道がある
N
大日杉小屋
半日コース。
左岸沿いに林道が走って
おりどこからでも入渓できる
親水公園
キャンプ場
葡萄沢
378
この区間は川原が少ないため、
川通しの遡行は何度も徒渉を
繰り返さなくてはならない
置賜白川
ダムのバックウォーターより
葡萄沢出合までは、落差のない
平たんな流れが続く
8
広河原川
白川ダム

05 山形県 寒《さ》河《が》江《え》川

日本で初めてC&R区間が設置された河川
幅広ヤマメをねらうなら6月がベスト
最上川から差してくるサクラマスも期待大

寒河江川は標高のある山々を源とするだけに雪代が終息するのも遅い。渓流のシーズンは概ね5月後半からとなる

profile

●阿部自立

昭和53年生まれ、栃木県在住。釣り歴は15年以上。ホームグラウンドは渡良瀬川、利根川、荒川。大ヤマメを求めて各地を迷走中。『荒川銀影会』『C-stylefishing 倶楽部』所属。

寒河江川は山形県西村山郡にある朝日岳に源を発し、北へ流れる。寒河江ダムを経由して最上川へ注ぐ一級河川である。

寒河江川といえば真っ先に思い付くのがアユ釣りだ。真夏ともなれば、多くの友釣りマンたちで川は大賑わいを見せる。

渓流釣りでは上流部の大井沢地区に日本で初めてキャッチ&リリース区間が設置された河川でもある。また、秋になると有効利用調査という形でサケ釣りが行なわれ、毎年のように大ものねらいの釣り人が駆け付ける。

多彩な魚がねらえる寒河江川であるが、もちろん多くの幅広ヤマメも生息しており、尺上も充分に望める。

寒河江川は標高のある山々を源とするだけに雪代が終息するのも遅い。渓流のシーズン開始はその年によっても異なるが、概ね5月後半というところだろう。また先にも記したが、寒河江川はアユ釣りで非常に有名である。7月の解禁を迎えるとアユ釣りの人でポイントが埋まってしまい、朝夕の釣りを強いられるか、空いているポイントを転戦することにな

寒河江川では流れ込みやヒラキよりも、やや流れがトロっとしたポイントで実績が上がっている

る。そのため、大ヤマメをねらうベストシーズンは6月一杯と限られてしまう。

●寒河江川の大ヤマメ攻略法

寒河江川での大ヤマメ攻略法であるが、まずはタックルについて。0・2～1号イトに対応する本流ザオを使用したい。だが、寒河江川には遠く日本海から最上川を経てソ上したサクラマスもいる。70㎝クラスの超大型がでることで有名だが、ターゲットとしてはソ上数も多くなく、ねらいづらい。こちらを手にしたい場合は1・5号程度のイトに対応した強いサオが望ましい。

過去には私自身も寒河江川でサクラマスを掛け、そのすさまじいパワーに屈した苦い思い出がある。

尺ヤマメを念頭にした場合、イトはフロロカーボンの0・6～1号をメインに使用している。寒河江川のヤマメはパワーがあり、あまり細イトを使うと痛い目をみることもある。

エサは川虫もよいが、大型のキヂも効果的だ。その動きに誘われてヤマメが飛びつくのか、よい思いをした覚えがある。エサの付け方だが、キヂは全部を通し刺

information

●河川名　最上川水系寒河江川
●釣り場位置　山形県寒河江市
●解禁期間　4月1日～9月30日（サクラマスのみ3月1日～8月31日）
●遊漁料　日釣券1000円・年券7000円
●管轄漁協　最上川第二漁業協同組合（Tel 0237-72-2274）
●最寄の遊漁券取扱所　釣り具ユアーズ（Tel 0237-86-6262）／ローソン寒河江西根店（Tel 0237-85-2335
●交通　東北自動車道・村田JCTより山形自動車道へ。寒河江IC下車し国道112号を寒河江川方面へ

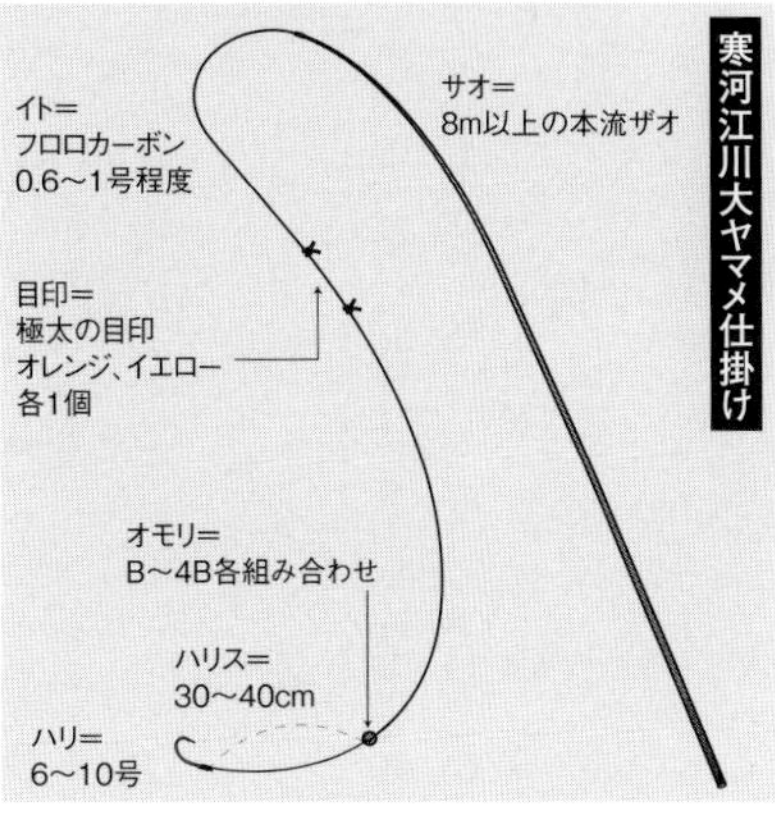

しするのではなく、必ずキヂが踊る部分を残してハリ付けすることが大切だ。

ハリは6～10号を持参したい。そして、川虫の大きさによってハリの大きさを変えること。大型のキヂを使う場合には10号程度のハリが望ましい。あまり小さなハリでは魚がエサをくわえても充分にハリ掛かりしない恐れがあるからだ。

最上川から差してくるヤマメはパワーのある横幅の広い魚体をしている

ポイントの攻略法は、ほかの河川同様に瀬、瀬からのヒラキ、淵と順を追ってねらいたい。また寒河江川は多くの岩盤底があり、そのスリットにも魚が入っていることが多い。岩盤底を歩く際には滑るので、ピン付きのフェルト底ウエーディングシューズの使用をおすすめする。
瀬には大きな石がゴロゴロしている流れも多い。そんな複雑な流れの瀬を釣る場合には軽いオモリを使い、正確に流れをつかむようにするとよい。
ただし、あまり軽すぎるオモリではエサが表層を流れてしまい、魚のいる底付近の流れまで届かないので注意したい。底まで沈められるギリギリの重さのオモリを選択すること。逆に重すぎると根掛かりが多くなる。特に初夏に釣果が得られるのが瀬釣りだ。
一方、淵の釣りだが、寒河江川では流れ込みやヒラキよりも、やや流れがトロっとしたポイントで実績が上がっている。重めのオモリを使い、オバセ（イトフケ）を多く取ってゆっくりと流すイメージで探りたい。このとき、小さなアタリを取り逃さないように、あまりサオは寝かせすぎないようにしたい。

上野大橋上流は大岩の点在する源流域のようなダイナミックな流れが続く

●大ヤマメのポイントはここ

具体的にポイントを挙げるなら、チェリーランド付近から上流の流れはメリハリがでて石も大きくなり、ヤマメの付き場となるようで魚影も多い。この間、堰堤によっては禁漁区が設定されている場所もあるので注意したい。

その上流部、山形道が川を横切る辺りに架かる上野大橋より上流もねらいめだ。まるで大岩の点在する源流域のようなダイナミックな流れが続き、魅力的なポイントが連続する。

いずれのポイントも、１ヵ所に車を置いて釣り上がるスタイルがおすすめだ。６月になると河川敷から見事に実ったサクランボを見ながらの釣りを楽しめる。

寒河江川は２０１３年７月中旬に記録的な豪雨があり、長く濁りが続いてアユ釣りは絶望的な状況に陥った。他の渓魚への影響など、今後の展望はまだ読めないが、また大ヤマメが釣れる川への復活を期待したい。

06 福島県 一《いち》ノ《の》戸《と》川

大岩の点在するダイナミックな渓相の上流
下流域は瀬や淵が混在する開けた里川の本流
いずれも尺上のヤマメ、イワナがねらえる

上流部に位置する「いいでのゆ」前の大岩のポイント。ここでは40cnクラスのイワナが釣りあげられている

「神々が宿る信仰の山」として祭られる飯豊連峰の伏流水を水源とする一ノ戸川は、会津盆地北部に位置する喜多方市山都町を縦断し、約35㎞の流程を経て阿賀川へと合流する。

　その渓相は四季折々の美しい自然の姿を見せ、水質もよいため釣れるヤマメ、イワナのアベレージサイズも7～9寸となる。もちろん大ものの実績も高く、盛期となる6月頃からは、渓魚に特有の鮮やかな美しさと、見事なプロポーションをした尺上がサオを絞ってくれる。

　また、4月1日の解禁日に合わせた阿賀川漁協による放流も盛んであり、魚影が多く、楽しい釣りが期待できる（放流区域は一ノ木集落近辺が多い）。

profile

●矢吹 暁

昭和45年生まれ。福島県在住。渓流釣り歴25年、本流釣り歴18年。ホームグラウンドは福島県の一ノ戸川。レコードは新潟県三面川のサクラマス63cm。『奔流倶楽部 渓夢』所属

　川沿いに国道、県道が走っているので、車窓から川を眺めながらの移動が可能だ。中～上流域は大石がゴロゴロと入り、山間の緑に囲まれた渓流釣り場の雰囲気を味わえる。対称的に下流域は瀬や淵が混在し、開けた里川本流といった渓相を見せる。同じ河川でも山岳渓流や本流と異なる釣り方を楽しめるのも特徴だ。

●上～中流域の釣り方

　一ノ木集落から川入集落までの流れは、山岳地帯から流れ出る水が冷たく、解禁当初は石裏の暖流帯などがポイントとなる。水温が上昇すると渓魚の活性も上がり、落ち込みの白泡の中にも入ってくる。

　一ノ木集落にある温泉施設「いいでのゆ」前の大岩のポイントは、過去に40㎝を超えるイワナを釣りあげたことがあり、思い出のポイントになっている。大岩のエグレに魚が付くため、岩の前の落ち込みの流れからエサを沈め誘いだす。

　ここから上流が渓流釣りのメインフィールドとなる。石裏の緩流帯や落ち込みの白泡の中などは主にイワナのポイント

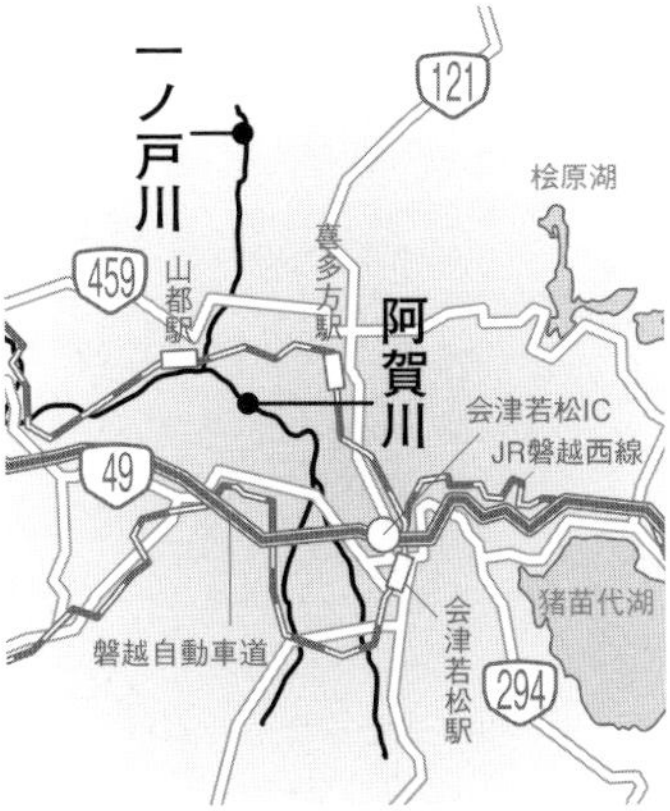

下村堰堤の下流、岩盤帯で釣れた44cmのヤマメ。秋の釣果だ

で、流れに吐き出されないように重めのオモリでしっかりとエサを沈めてねらいたい。

石と石の間の複雑に絡み合う狭い区間の流れでも筋が必ず通っている。そこには流下するエサを待つヤマメが付いているので、流れを観察して見落とさないようにしたい。

川の規模からサオは5~6mクラスが扱いやすい。木が覆いかぶさっている場所も多いので、長さを調整できるズーム式のサオや天井イトを用いた移動式仕掛けが便利。

information

- ●河川名　阿賀野川水系一ノ戸川
- ●釣り場位置　福島県喜多方市
- ●解禁期間　4月1日～9月30日
- ●遊漁料　日釣券730円・年券6300円
- ●管轄漁協　阿賀川漁業協同組合（Tel 0242-83-1035）
- ●最寄の遊漁券取扱所　ヤマト釣具店（Tel 0241-22-5262）／ファミリーマート山都三津合店（Tel 0241-30-1428）／いいでのゆ（Tel 0241-39-2360）
- ●交通　磐越自動車道・会津若松IC下車。国道121号を喜多方市方面へ北上し、市内で県道16号を経由し山都町へ

エサはキンパクやヒラタなど川虫がよい。放流魚も混じるので予備として手軽なブドウムシやイクラも用意する。川虫を採取できない場合や目先を変えるために、数種類を持参すれば万全だろう。

最上流域の川入集落で一ノ戸川は小白布沢と大白布沢に分かれ、天然魚保護の目的で毎年どちらかが禁漁区になる。看板があるので立入らぬよう注意したい。

●下流域の釣り方

下流域は放流を行なっていないので、数釣りは望めないが、大ものがサオを絞ってくれる。ベストシーズンは雪代が収まりかけた頃と梅雨時期がねらいめで、夏の渇水時期を除いては秋にかけても実績がある。

ここでは7~8mのサオを振ることができ、仕掛けは手尻を長く取る本流スタイルの釣りが可能だ。下川角集落にある下村堰堤では毎年尺上ヤマメの実績があり、私自身も毎年尺上ヤマメに出会うことができている。

堰堤直下の落ち込みの淵は2013年

の大水で川底がかなり埋まってしまったが、堰堤のコンクリート下がエグレていて魚が身を隠せるため、ソ上してきた魚の溜まり場となっている。

　そこから下流にかけて、岩盤帯の川底の溝や、瀬の中のタルミはソ上途中の休憩場所となっているので、エサを漁りに出てきた魚をねらう形となる。

　仕掛けを上手にコントロールし、根掛かりに注意しながらエサを底の流れまで沈め、ゆっくりと誘いを入れてアピールするのが効果的だ。くれぐれも細イトは禁物。掛かればデカイ！のタックルと心構えで挑んでほしい。

　ここで釣れる魚は、上流域から落ちてきて育った個体もいると思うが、大部分は阿賀川まで下り、大型化したヤマメやイワナが雪代や台風の増水時に差してくるものと思われる。だからこそ、大ヤマメをねらうキーポイントは、出水後の濁りが収まりかけたときがチャンスとなる。

　下流域では一発大ものねらいとなるので、エサはキヂがメイン。川虫も大型のオニチョロやクロカワムシなどを多用したい。

　最後に、会津地方は豪雪地帯であり、その年の降雪量にも左右されるが、4月の解禁日にはいたるところに残雪がある。石の上に乗った雪はすべりやすく、足をとられないように注意が必要。また、午後は雪代の流入で急に増水する恐れがある。木の葉の欠片が流れてきたり、濁りが出たら増水の合図と思い、速やかに川から上がるようにしてほしい。

「いいでのゆ」から上流の流れを望む

下川角集落の下村堰堤を下流から望む

下村堰堤下の渓相。川底が岩盤帯となっている

一ノ戸川大ヤマメ仕掛け（上～中流域）

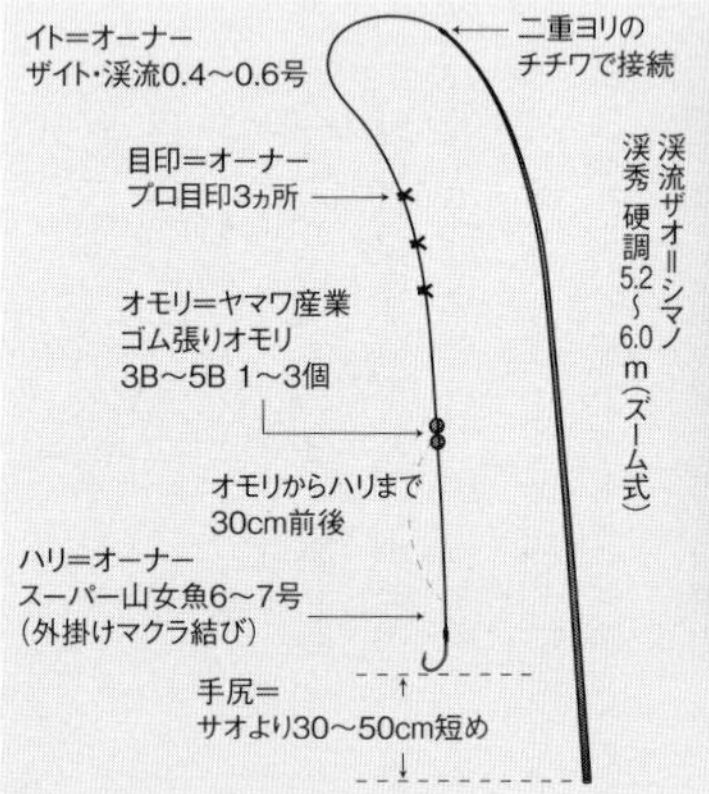

一ノ戸川大ヤマメ仕掛け（下流域）

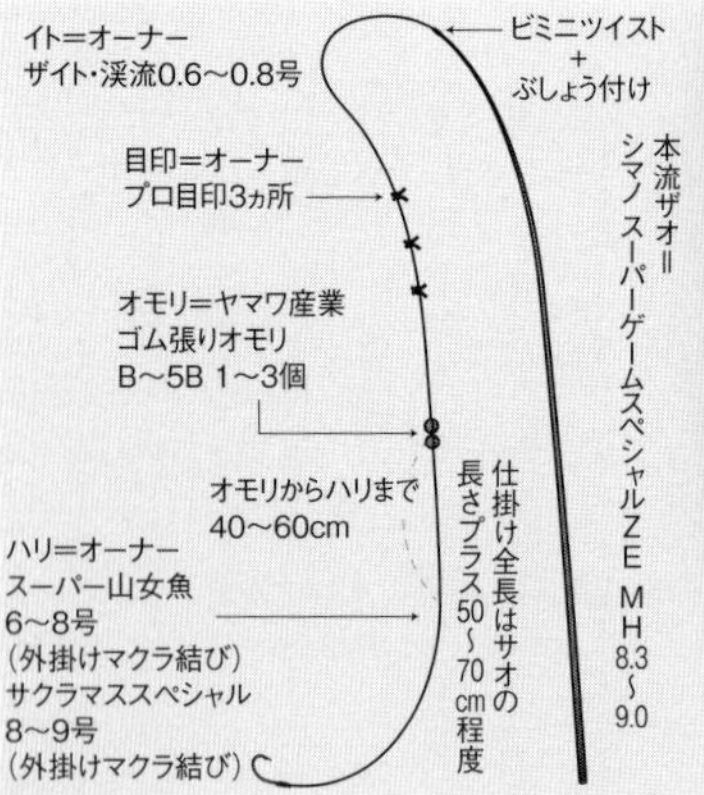

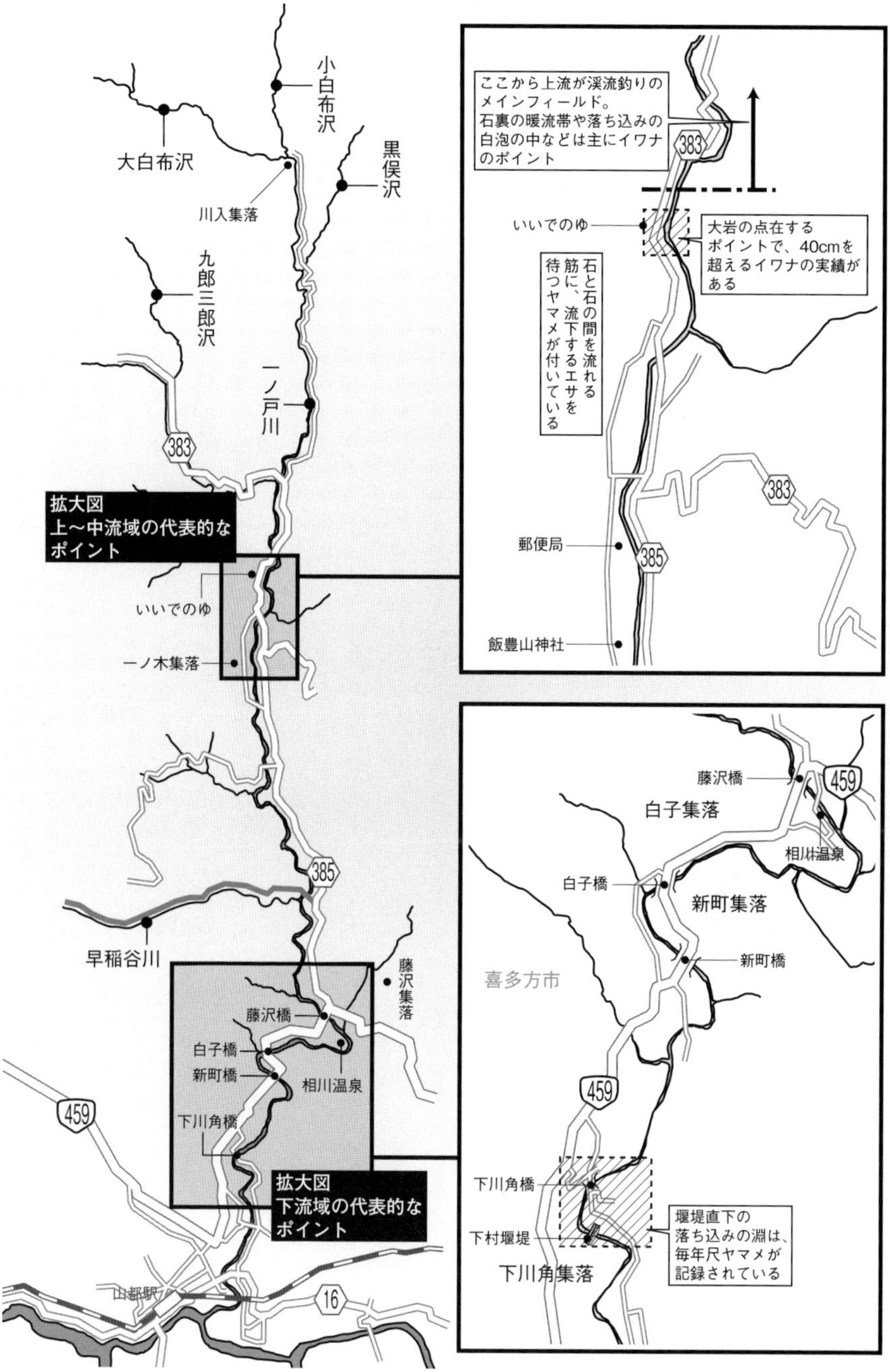
小白布沢
大白布沢
黒俣沢
川入集落
九郎三郎沢
一ノ戸川
383
拡大図
上〜中流域の代表的なポイント
いいでのゆ
一ノ木集落
385
早稲谷川
藤沢集落
藤沢橋
白子橋
新町橋
相川温泉
459
下川角橋
拡大図
下流域の代表的なポイント
山都駅
16
ここから上流が渓流釣りのメインフィールド。石裏の暖流帯や落ち込みの白泡の中などは主にイワナのポイント
383
いいでのゆ
大岩の点在するポイントで、40cmを超えるイワナの実績がある
石と石の間を流れる筋に、流下するエサを待つヤマメが付いている
383
郵便局
385
飯豊山神社
藤沢橋
459
白子集落
相川温泉
白子橋
新町集落
新町橋
喜多方市
459
下川角橋
下村堰堤
堰堤直下の落ち込みの淵は、毎年尺ヤマメが記録されている
下川角集落

07

茨城県 久《く》慈《じ》川

北関東の名川は解禁日からヤマメの盛期に突入
本流の大ヤマメは6～7月初旬までがシーズン
安定した水温で魚影の多い八溝川もねらいめ

福島県境より下流のポイントは大岩が点在するダイナミックな渓相が広がる。岩盤底で大ヤマメが毎年のように記録されている

茨城県で大ヤマメをねらうとなれば久慈川本流、支流なら八溝川が最も有力だろう。八溝山が主な水源となるが、積雪があまりない山地なので雪代期がなく、4月1日の解禁日からヤマメの盛期に突入するシーズンの早い川だ。

●久慈川本流の釣り方

4月の解禁当初は薄い銀色の鱗の下にパーマークが見える、いわゆる銀ヤマメが主なターゲット。こちらの漁協では八溝川をはじめ各支流に成魚、稚魚のヤマメを放流しているが、久慈川本流には放流されていない。よってこの時期、本流に生息しているヤマメは支流から落ちてきたものと思われ、かなりの個体数がいる。

大淵のような深場はあまりなく、大きめの瀬からヒラキにかけての緩流帯が主なポイントだ。サオは7mくらいの本流ザオが使いやすく、水深1～1・5mをゆっくりジワーッと流すような釣り方をイメージして仕掛けを作るとよい。

エサの川虫はシロピン（ピンチョロ）とクロカワムシがよい。気温が高い曇り空の日や、日中になり水温が上昇してきているときに有効だ。朝の冷え込みがあり、水温が6℃以下ならイクラが有効になるので持参をおすすめする。

解禁当初ではまだシロピンの沸きが少なく採取が困難だが、八溝川出合の川脇の水溜りではこの時期から採取が可能だ。

profile

●上谷泰久

昭和44年生まれ、茨城県在住。釣り歴29年ほどで、本流釣りを得意とする。渓流オフシーズンには子どもと一緒にマダイ、ヒラメなどの沖釣りも楽しむ。『奔流倶楽部 渓夢』所属

戻りヤマメはドン深の大場所では実績がない。水深が1～2m前後のトロ場や深瀬がねらいめとなる

5月に入るとソ上系の戻りヤマメが釣れるようになる。型が大きくなるので、ラインは0・6号より下は使わないようにしている。ソ上系のヤマメにはクロカワムシとキヂが有効だ。

しかし、この時期から水田の濁り水の影響で川が白濁するようになってくる。この白濁はエサ釣りには分が悪く、せっかくの大型連休も苦戦を強いられるが、雨後の増水時に的を絞ってねらいたい。

連休を過ぎると濁りも弱まり活性が一気に上昇するのでチャンスだ。ウグイ漁の水路の下流は、ウグイの卵をねらうヤマメが付いているので好ポイント。ただし、ウグイ漁の水路に入るのは禁止されているので気をつけること。

久慈川での大ヤマメの最盛期は6～7月初旬まで。7月半ばを過ぎると水温が上昇し、ヤマメ釣りには適さない。支流をねらうのがおすすめだ。

●久慈川のポイント

【滝川合流～下津原橋】

ここは解禁当初からよいポイント。特に下津原橋の真下の深みが経験上よい。サオをだすならキャンプ場側からねらいたい。

【池田橋上流】

このエリアは日当たりがよく、春の釣り場としては好条件だ。消防署前はクロカワムシが豊富で、ここで冬越したヤマメは大きい（私はここでクロカワムシをまとめて採取している）。しかし２０１３年より橋脚工事が始まり、工事の進行具合によってはポイント対象外になってしまうかもしれない。

ケーズデンキ裏や川山橋上流はヤマメに限らず魚影の多いポイント。ただし冬季に野鳥により渓魚が捕食されてしまうためか、春の釣果はムラが大きい。

川山橋を上流に渡ったところに新しい農道があり、その農道を直進して大きくカーブする辺りにあるのが地元の人たちが「虻井」と呼んでいるポイント。

以前は水深のある大淵だったが、近年は砂が堆積して浅くなっていることが多い。私はここで久しく型をだしていないが、有望ポイントであることは間違いなく要チェックだ。

【八溝川出合】

支流となる八溝川との合流地点は戻りヤマメの実績があるポイント。八溝川か

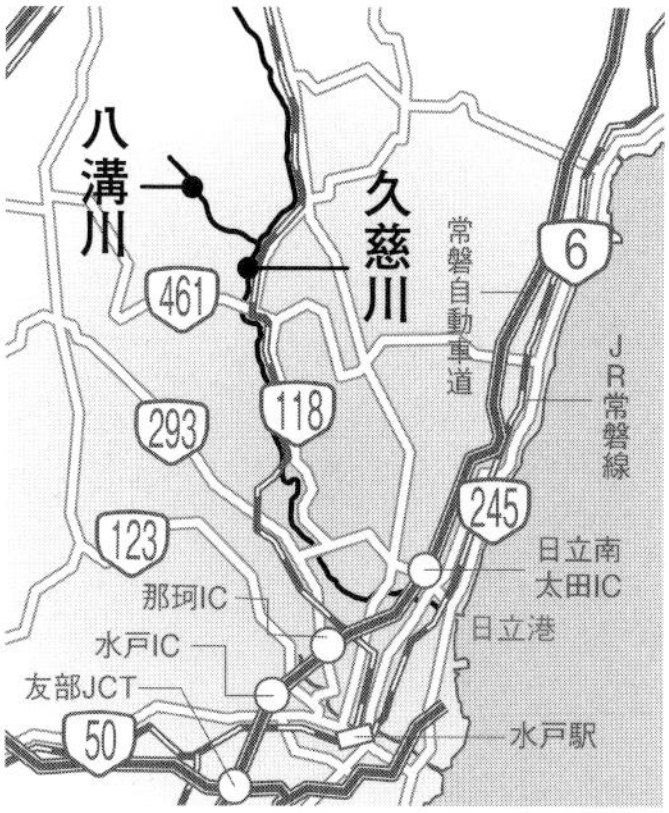

information

●河川名　久慈川　久慈川水系八溝川
●釣り場位置　茨城県久慈郡大子町
●解禁期間　4月1日～9月30日
●遊漁料　日釣券1500円・年券8000円
●管轄漁協　久慈川漁業協同組合（Tel 0295-52-0038）
●最寄の遊漁券取扱所　菊池釣具店（Tel 0295-72-3037）／セブンイレブン大子池田北店（Tel 0296-79-1177）
●交通　常磐自動車道・那珂ICを下車し、国道118号を経由して久慈川上流部へ

ら差す岩盤溝の流れと久慈川本流の大砂利底の瀬が複雑に絡む好ポイントだ。

このポイントは国道118号の高台から一望することが可能で、遠くからよく観察してねらいどころを定めて入渓したい。

一帯は一面の滑らかな岩盤地帯で窪みにある水溜りで4〜5月までシロピンがたくさん採れる。

さらに合流点のすぐ上流にある淵は地元で「水神淵」とよばれている好ポイントで大型の実績も高い。

滝川合流〜下津原橋は開けた本流の雰囲気を見せる

【県境〜池田橋（上流部）】
福島県境より下流のポイントは岩盤底で大ヤマメが毎年釣れている。七曲り前や仲之関橋上流は特にヤマメの付き場となっているようだ。なお、福島県に入ると漁協の管轄が変わり別の入漁証が必要になるので注意。

●八溝川の釣り方

久慈川の支流となる八溝川は八溝山南側を流れる川で、安定した水温と水質のよさは県内随一を誇る。

砂が少なく水生昆虫が多いのが特徴で、ヤマメはもちろん、ウグイなどの魚影も多い。渓流釣りのアングラーも多く、主に上中流域がヤマメ釣りのエリアとなっているのだが、大ヤマメとなると下流部をおすすめしたい。

ヤマメの生息の割合は、ウグイやカワムツなどコイ科の魚と比べて圧倒的に少ないのだが、これらの稚魚なども捕食していると思われ、型は明らかに大きい。久慈川合流部に近い最下流域では本流からソ上する魚もねらえる。

4月初旬は曇り空の気温が高い日がねらい時で、思わぬ大ものと出くわすのは大抵こんな日の午前中だ。

エサは久慈川出合で採取したシロピンがよい。現場で採れるのはカメチョロかヒラタがほとんどで、クロカワムシも採れるのだが数が少ない。

魚の反応はヒラタとシロピンがよいようなので、効率よくエサを採取できる久慈川で、たっぷりとエサを入手してから入渓するのが釣果を得るコツだ。

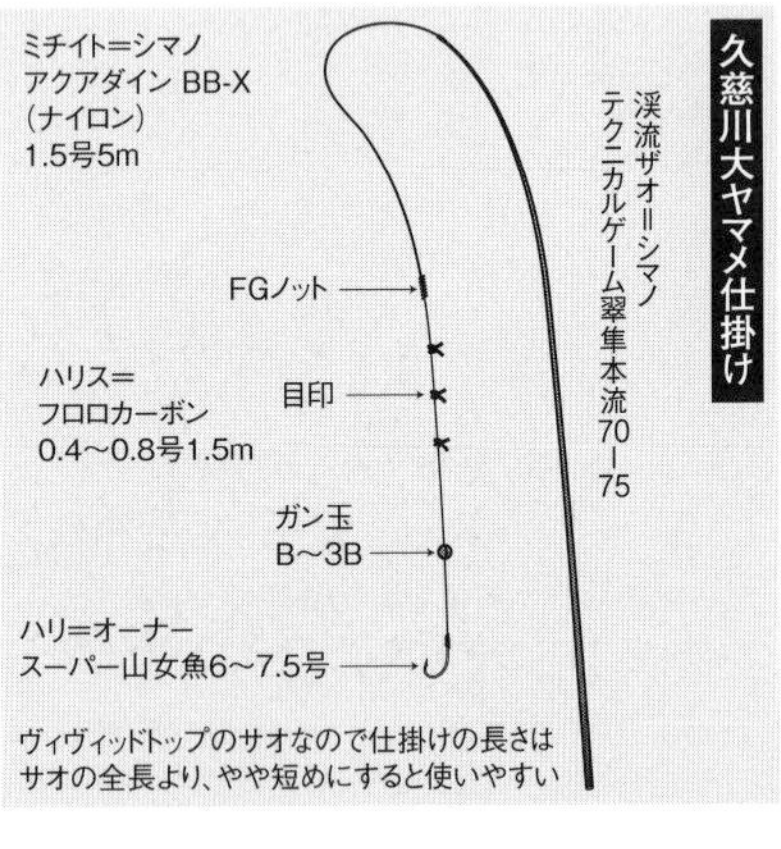

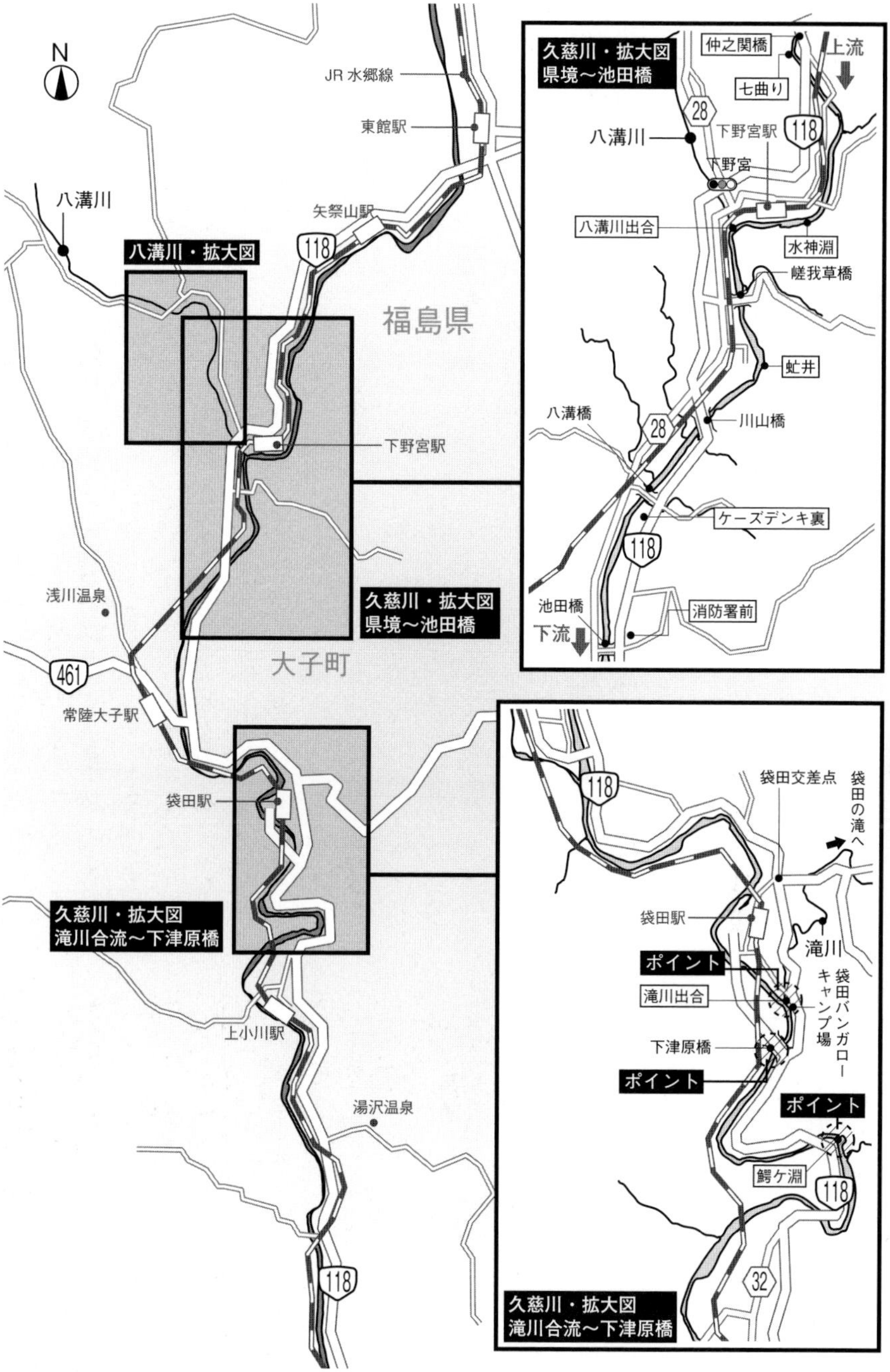

N
JR 水郷線
東館駅
八溝川
矢祭山駅
118
八溝川・拡大図
福島県
下野宮駅
浅川温泉
久慈川・拡大図
県境～池田橋
461
大子町
常陸大子駅
袋田駅
久慈川・拡大図
滝川合流～下津原橋
上小川駅
湯沢温泉
118
久慈川・拡大図
県境～池田橋
仲之関橋
上流
七曲り
28
八溝川
下野宮駅
118
下野宮
八溝川出合
水神淵
嵯我草橋
虻井
八溝橋
28
川山橋
ケーズデンキ裏
118
池田橋
消防署前
下流
118
袋田交差点
袋田の滝へ
袋田駅
滝川
ポイント
滝川出合
袋田バンガローキャンプ場
下津原橋
ポイント
ポイント
鰐ケ淵
118
32
久慈川・拡大図
滝川合流～下津原橋

5月初旬に水田の濁り水が流入するが、濁りがひどいときは少し移動すればすぐにきれいな水の流れが見つかるため、影響は久慈川本流ほどではない。

　この時期からエサはキヂでもブドウムシでもよく反応するようになる。同時にコイ科の魚も一気に活性を増すので、エサはたっぷり用意して挑みたい。

　最も大ヤマメに出会えるチャンスとなるのが、戻りヤマメが上流を目差す6～7月。雨後の濁りから回復した頃合が最大のチャンスで、キヂエサでの実績が高い。

　以降も水温の上昇とともにコイ科のエサ取りが増えるが、禁漁の9月末まで大ヤマメのチャンスは続く。シーズンを通して何度か通いつめ、足を使って広範囲に釣り歩いてみて、ポイントを絞り込んでいけば大ヤマメも夢の領域ではなくなるだろう。

八溝川・水道課の堰堤上の足場から撮影。この深みにソ上した大ヤマメが溜まるのだ

●八溝川のポイント

【久慈川出合～水道課下の堰堤】

　合流点から上流を目差すとおよそ400mくらいのところにある大子町水道課の建物付近に堰堤があり、魚止メとなっている。しかしこの区間は水深がある好ポイントが見られず、ソ上魚の多くは平水時は合流点の大きな流れに入っているものと思われる。堰堤下はあまり水深がなく、魚が溜まるというイメージではないが、最も有望なポイントであることは間違いない。

　この堰堤に限っては本流ザオのような長ザオで堰堤上部脇の足場からねらうのがよい。6～7月の最盛期は0・8号くらいの太いラインで挑むことをおすすめする。

八溝川大ヤマメ仕掛け

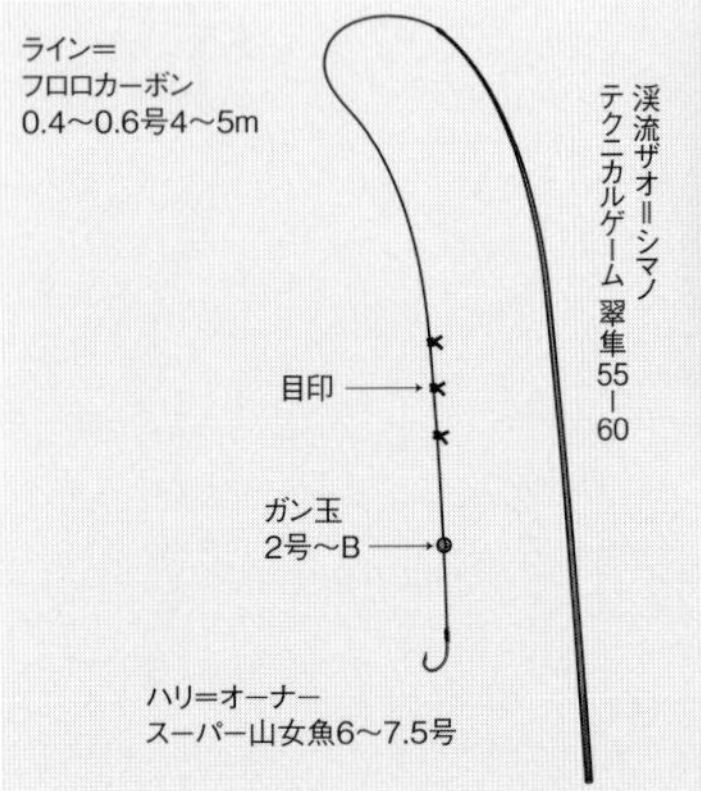

【北平橋周辺】

　特に特徴があったり大場所があったりするポイントではないのだが、水道課の堰堤から上流を目差して釣り歩いていくと、なぜかこの辺りで良型と遭遇することが多い。

　堰を越えたとみられる戻りヤマメ、元々このエリアに生息していたと思われるヤマメ、どちらもここで尺モノを手にしたことがあるため、大ヤマメの付き場になっているのかもしれない。

【中郷川合流～材木置き場の堰堤】

支流・中郷川合流は速い瀬で魚が溜まるようなポイントではない。通常、支流の水は冷たく、ヤマメ釣りには好条件をもたらすものだが、中郷川は水温が高い場合が多く、コイ科の魚が最も多いポイントとなっている。

合流点から上流に堰堤があり、ここがねらいめ。堰堤より上流からは渓相が大きく変わり、淵が多く点在するようになってくる。

最後に、茨城県ではサクラマスの漁期は4月1日～30日までの1ヵ月間。この時期以外にサクラマスが掛かってしまったら、極力傷をつけないように速やかにリリースされたい。

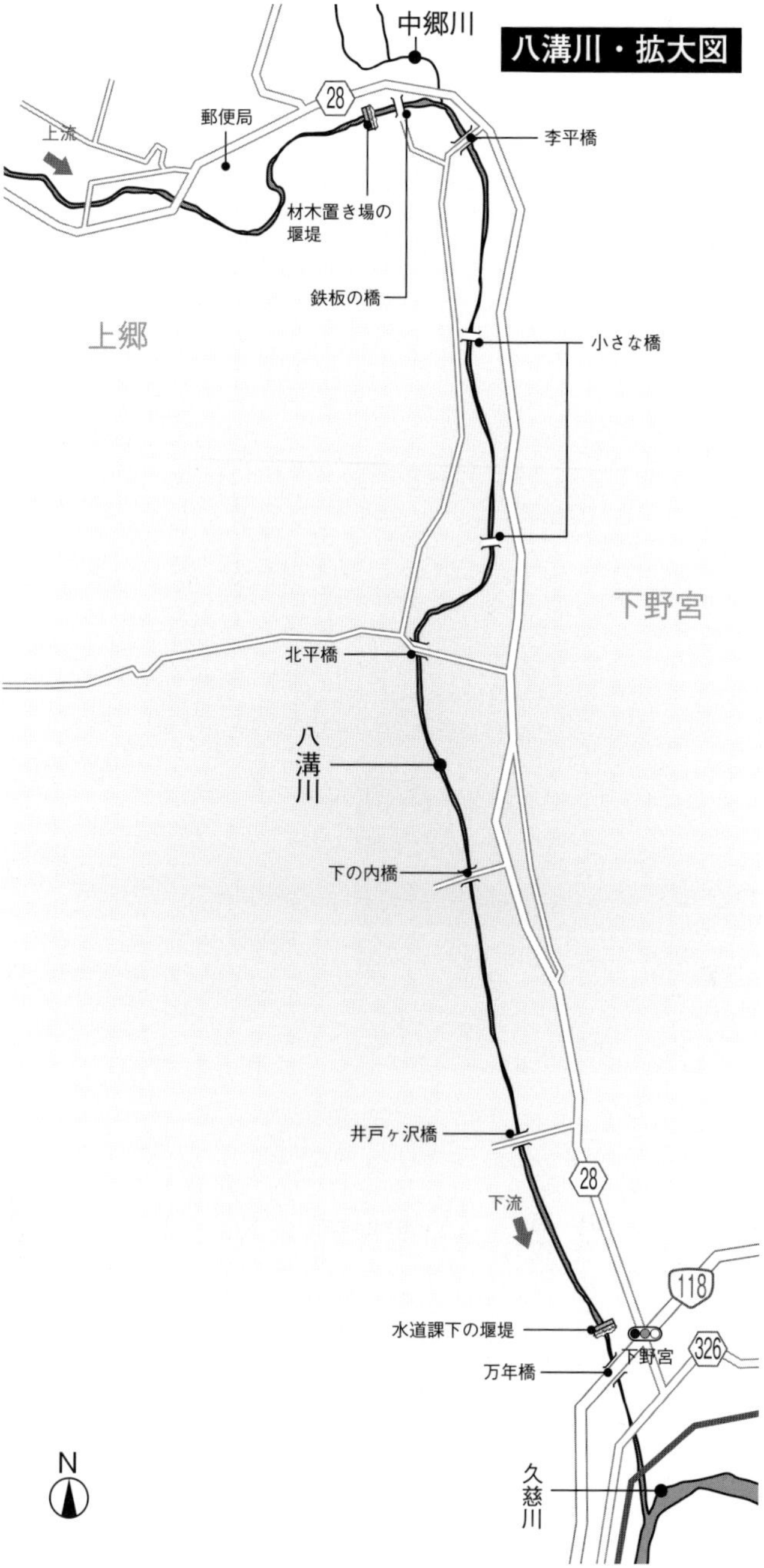

08

栃木県 那《な》珂《か》川

関東随一の清流はサケも遡上する豊壌の川 サクラマスの遡上とともに川を上る 40cmも期待できる戻りヤマメに的を絞れ

グラマーな魚体で強烈な引きを見せる戻りヤマメの大型を手に

profile

●岡崎 孝

昭和43年生まれ、茨城県在住。那珂川で産湯に浸かり、渓流釣り、アユ釣りに精通。渓流ではゼロ釣法の奥深さに魅せられ、ホームグラウンドの那珂川で戻りヤマメをねらっている

　栃木県北部の那須岳山麓を源とする那珂川は、関東地方第3の大河である。同県を流下して茨城県のひたちなか市と大洗町の境界部で太平洋に注ぐ。

　中流域は那珂川県立自然公園に指定され、流域は魚類が豊富だ。江戸時代からサケが遡上する河川として知られ、現在でもその姿が確認できる。アユの天然遡上も多く見られることから、多数の観光やなが設置され、夏になれば友釣りファンで大いに賑わう。

　そんな那珂川は、関東でも有数の大ヤマメをねらえる河川としても知られている。それは流程に大きなダムがなく、豊かな流れを行き来できる環境が魚を大きく育んでいるからにほかならない。

●戻りヤマメがねらいめ

　まず、那珂川の大ヤマメの生態について考えてみたい。大ヤマメといっても那珂川には2種類のヤマメがいる。

　1つは水温が下がる冬の間、水温が安定しやすい下流部の烏山地区や茂木地区まで下り、水温が上昇する3月頃から上

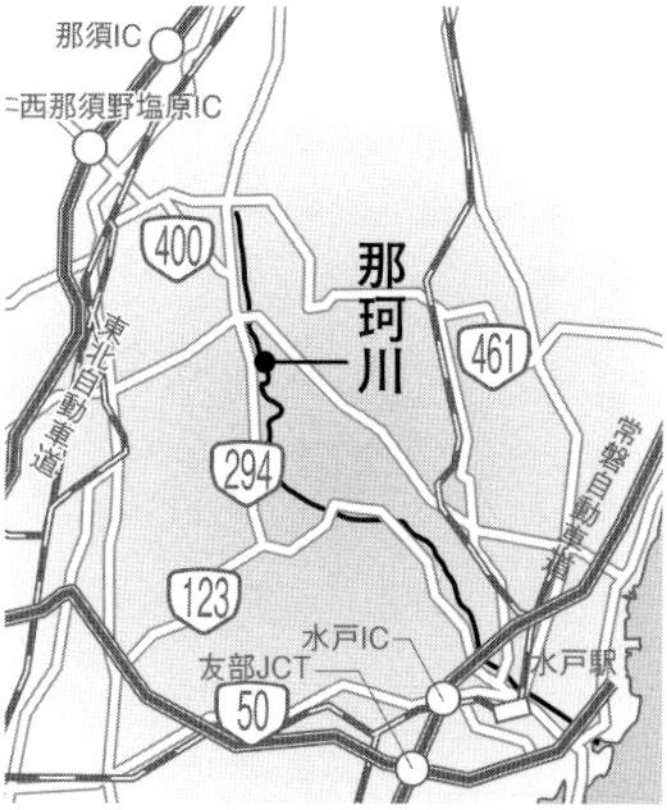

戻りヤマメはドン深の大場所では実績がない。水深が1～2m前後のトロ場や深瀬がねらいめとなる

流を目差す居着き系だ。

サイズは30㎝前後で、薄くパーマークが残るのが特徴である。個体数が少ないため、釣果を得るのになかなか苦労する。

もう1つが戻りヤマメである。やはり冬場に涸沼や海付近まで下り、サクラマスのソ上とともに川を上るヤマメで、魚体は白銀で30～40㎝まで成長する。

魚体もグラマーで、ヒット後のファイトも居着きヤマメより走りが速く強いように思う。群れでソ上するので、上手く当たれば高確率で釣果を手にできるため、那珂川では戻りヤマメに的を絞って釣行されるほうがいいだろう。

那珂川でのヤマメやサクラマスの解禁は栃木県内が3月1日だが、茨城県は4月1日になるので注意が必要。また渓流域でない下流部でも適用されるので覚えておきたい。

解禁初期から釣れるのは居着きヤマメなのだが、先に記したように数が少なくヒット率が非常に悪い。黒羽地区～烏山地区までの広い範囲に分布しているが、雪代が入り始める3月中旬以降は食い気が落ち、釣れない日も多い。

そして、4月下旬より水温が上昇し始めると、いよいよ戻りヤマメのシーズン到来。当然、海付近から遡上してくるので、下流から釣れ始めるが、あまり下流域では川幅が広すぎるために釣りづらい。烏山地区の興野大橋周辺が下限とみたほうがよい。

●那珂川の実績ポイント

那珂川の戻りヤマメの特徴は、あまりドン深の大場所では実績がないこと。水深1～2m前後のトロ場や深瀬がねらいめで、ポイントも絞りやすいはずだ。

information

●河川名　那珂川
●釣り場位置　栃木県那須烏山市、那須郡那珂川町
●解禁期間　3月1日～9月19日
●遊漁料　日釣券1500円・年券7000円
●管轄漁協　那珂川北部漁業協同組合（Tel 0287-54-0002）
●最寄の遊漁券取扱所　よしのや釣具店（Tel 0287-54-1574）／人見釣具店（Tel 0287-54-0556）
●交通　東北自動車道・西那須野塩原ICを下車し、国道400号で大田原市内を抜け国道294号で各釣り場へ

本流域では1つの流れにいくつも細かな流波があるので、手前から潰すように探りたい

　実績のあるポイントは、下流から興野大橋の深瀬、富谷橋下流・那須二コン裏の岩盤の深瀬、大松橋下流の平瀬、八溝大橋下流にある竹藪前の深瀬、高瀬やな場下流・岩盤の平瀬、旧新那珂橋跡下流・ブロック前の深瀬、まほろばの湯前の深瀬、箒川合流の平瀬と下流のトロ場などが挙げられるが、2013年に実績が多かったのは箒川合流とまほろばの湯周辺がよく釣れた。

　八溝大橋下流の竹藪前は以前は実績のあるポイントだったが、川底に砂利が入りヤマメの付き場が少なくなったようすだ。しかし大型の釣果はでており、車で河原まで降りられる釣りやすいポイントでもある。

　サオは川幅が広いので8～9mの本流ザオがよく、戻りヤマメをねらうのならミディアムパワークラスを選びたい。仕掛けは、水深や流速のあるポイントが多いので、沈みを重視して水中イトにはフロロの0・3号を基準に、40cm前後のサイズをねらうなら0・4号を用意したい。オモリはガン玉のB～4Bを、仕掛けの馴染み具合で追加していく。

　仕掛けの流し方はコブクロドリフトを基本に、ポイントに回し振りで仕掛けを投入したら、必ず一旦仕掛けが真っすぐ伸びきるまで待つ。仕掛けが伸びきったら立てながら馴染ませるのだが、その速さは仕掛けの沈下速度に合わせたい。あわててサオ先を送ってもオバセが大きくなったり、ハリスがオモリに絡むトラブルが発生するので注意が必要。

　エサ釣りはルアーと違いヤマメへのアピール力が弱いので、魚の目の前にエサを流すようにしてヒット率を高めたい。本流域は1つの流れにいくつも細かな流波があるので、手前から潰すようにして探りたい。エサはクロカワムシが一番実績があり、簡単に確保できる。濁りの強いときやサクラマスの大ものねらいであれば、太めのキヂも有効だ。

　最後に、ベストシーズンとなる5月だが、連休中は沿線の田植え時期と重なり、日中は濁りが強くなり釣りにならないこともある。そんなときは濁りの薄い早朝に的を絞って釣行したい。また5月の第2週以降は除草剤の影響で、出水直後は一時的にヤマメの食いが落ちることもあるので気を付けたい。

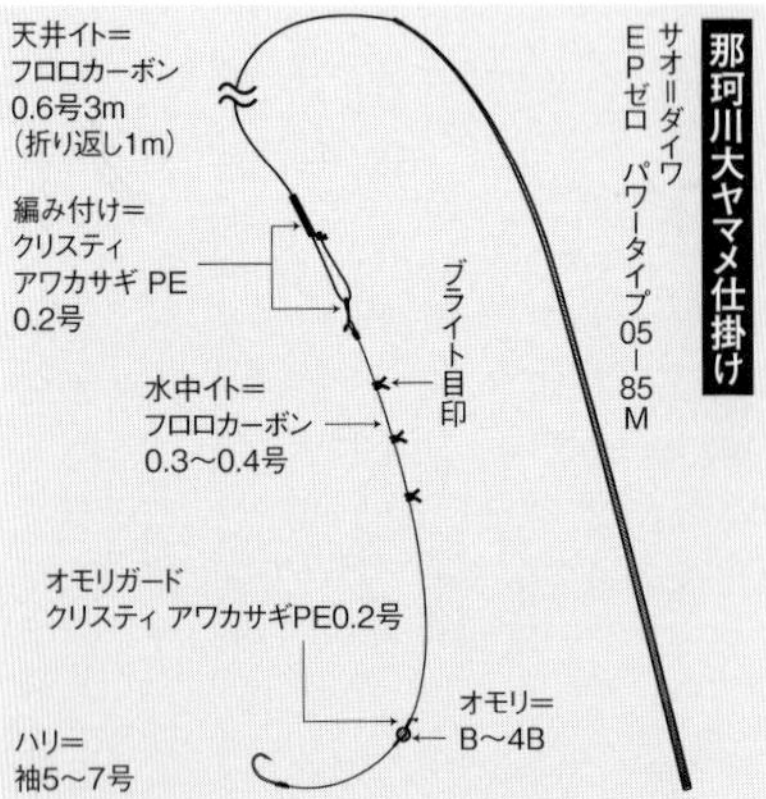

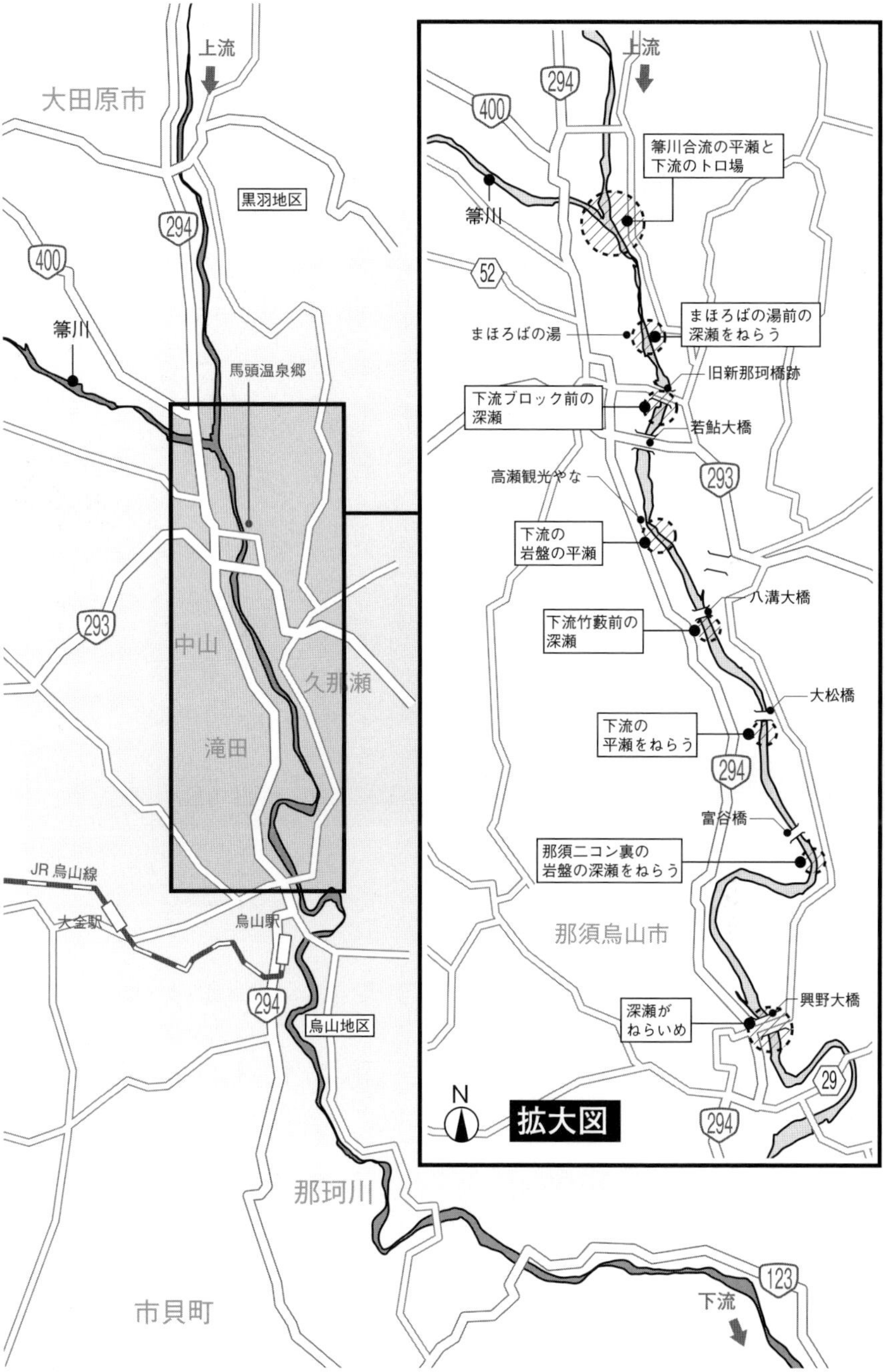
上流
大田原市
黒羽地区
294
400
箒川
馬頭温泉郷
293
中山
久那瀬
滝田
JR 烏山線
大金駅
烏山駅
294
烏山地区
那珂川
市貝町
123
下流
上流
294
400
箒川合流の平瀬と下流のトロ場
箒川
52
まほろばの湯
まほろばの湯前の深瀬をねらう
旧新那珂橋跡
下流ブロック前の深瀬
若鮎大橋
293
高瀬観光やな
下流の岩盤の平瀬
八溝大橋
下流竹藪前の深瀬
大松橋
下流の平瀬をねらう
294
富谷橋
那須ニコン裏の岩盤の深瀬をねらう
那須烏山市
興野大橋
深瀬がねらいめ
29
294
N
拡大図

09

栃木県 鬼《き》怒《ぬ》川

大ものの魚影は本流・利根川にも負けない
関東屈指の本流大ヤマメ釣り場
ソ上のサイクルを捉えてねらう楽しさ

2013年8月に高間木～小林橋間にて仕留めた44cmと38cmの大ヤマメを手に

profile

●西浦英知

昭和44年生まれ、群馬県在住。渓流釣り歴20年。鬼怒川をメインに北関東の本流河川をホームグラウンドに釣行を重ねている。『奔流倶楽部 渓夢』所属

利根川の支流である鬼怒川は、その長大な流れが広い河原と多くの伏流水を生む。そのため他河川よりも水温が安定し、ヤマメのエサとなる川虫や小魚が非常に多く、尺上ヤマメの魚影は本流筋の利根川に次ぐ多さである。

入門者にはねらいやすく、関東では尺ヤマメにもっとも近い河川。また9mクラスのサオでも探りきれない大場所が点在し、数こそ少ないが利根川からの大型戻りヤマメや、60cmを超えるサクラマスもソ上する。関東屈指の本流大ヤマメ釣り場でもあり、上級者にも手応え充分な河川だ。

●鬼怒川のポイント

そんな鬼怒川のなかでも、最盛期の6月から秋まで大ヤマメがねらえる塩谷・さくら市エリアを中心に紹介したい。

この区間は上流の佐貫頭首工堰に取水され水量の乏しいエリアではあるが、随所に大淵と深瀬を形成し、大ヤマメを育んでいる。川幅も広く河原も大きく発達し足場がよいため、細イトを使ったスリ

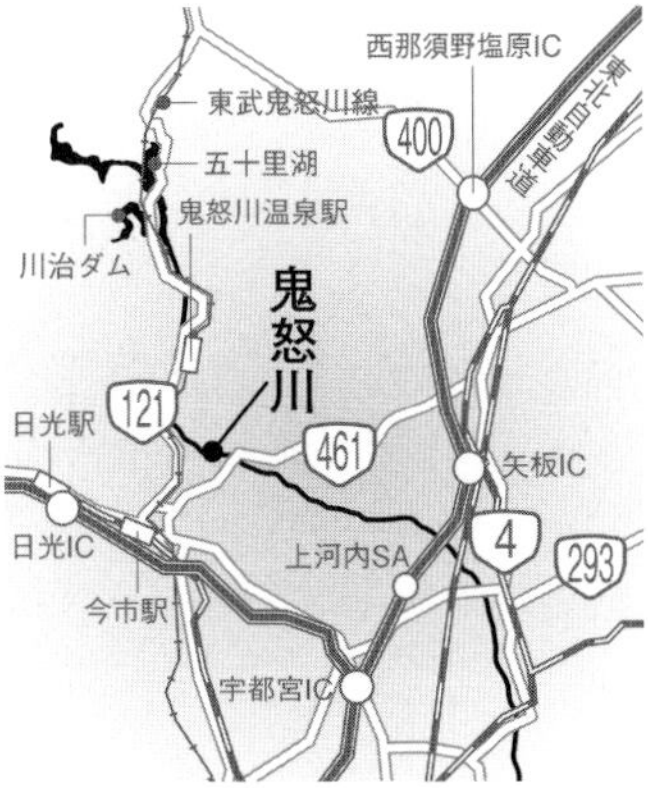

紹介したエリアの最下流部となる氏家大橋下流のロケーション

リングな大ものゲームを堪能できる。

まず最下流の氏家大橋付近は、左右の分流が橋下流で合わさり右岸に広大な淵を形成している。以前は水深が6m以上あり、朝夕のマヅメ時にはたくさんの大ヤマメのライズが見られたが、年々淵は浅くなり、現在は最深部でも3〜4mといったところだろうか。

しかし、流れ込みは活性の高いヤマメが付き、0・4号イトで39㎝の良型を手にしたポイントでもある。

攻略のカギは、流速のある流れ込みから水深が変化する淵の川底へ、オモリを調整してエサを送り込み、いかに大ヤマメにアピールできるかだ。

そして、掛けた魚をむやみに走られないよう、ソフトにやり取りして弱らせることができるかが腕の見せ所だ。

しかし、2014年1月現在、氏家大橋の橋脚工事のため右岸側の流れが止まり1本の流れになった。だがこの淵は毎年大ものが付くのでねらってみたい。

氏家大橋から上流へ向かうと新幹線、東北自動車道と橋が続き、その上下流にはいくつかの淵が点在し良型ヤマメがねらえる。しかしこの区間は毎年河川工事や大水のたびに流れが変化するため、自らの足を使って新たなポイントを捜し、大ヤマメを釣る楽しみが味わえる区間でもある。

東北自動車道から3㎞ほど上流に位置する上平橋周辺もねらいめだ。ここは上流左岸から佐貫頭首工堰で取水された用水の一部が低水温で吐き出されるため、ソ上してきた大ヤマメたちが一時的に滞留するエリアでもある。

以前は橋上流に大淵があり、数々の大ものが釣り人のサオを絞ったポイントだ

information

●河川名　利根川水系鬼怒川
●釣り場位置　栃木県塩谷郡塩谷町〜さくら市
●解禁期間　3月1日〜9月19日
●遊漁料　日釣券1400円・年券5900円
●管轄漁協　鬼怒川漁業協同組合（Tel 028-662-6211）
●最寄の遊漁券取扱所　かみやま釣具店（Tel 028-681-0540）
●交通　東北自動車道・上河内スマートIC、もしくは宇都宮ICより国道293号で鬼怒川へ

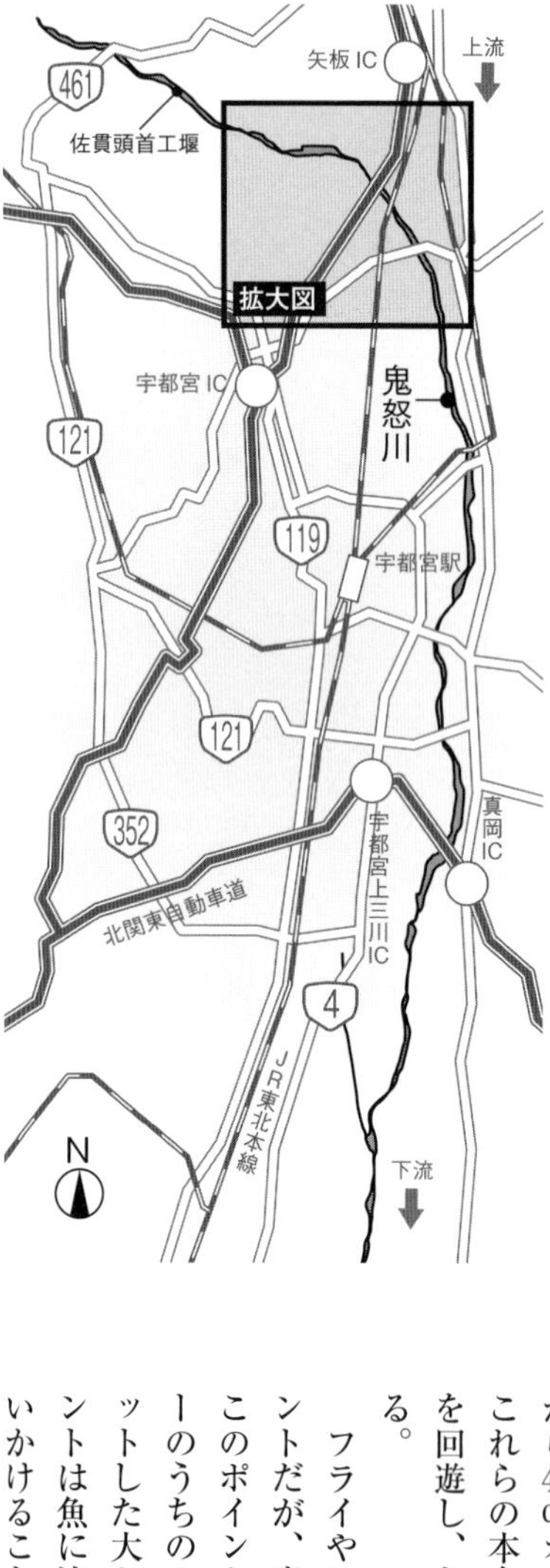

上平橋から上流を望む。遠くに日光男体山の雪景色が見えている

上流部の渓相。下流より小林橋を望む

が、現在は護岸工事で左右に分流して増水時以外は魚が入ってこなくなってしまった。

　そして現在の本命は、橋下流に展開する大場所だ。一見するとかなりの大淵に見えるが、残念なことに水深が浅く、深い所でも2〜3ｍしかない。

　ところが、川幅が広く右岸にテトラが入っているため、多くの尺ヤマメがストックされている。橋下の流れ込みから仕掛けを流すと、小型のヤマメから7〜8寸サイズが頻繁にアタックしてくる。

　それらに混じって活性の高い尺クラスから40㎝オーバーもときどき顔を見せる。これらの本命サイズは流れの緩いトロ場を回遊し、ときどき派手なライズを見せる。

　フライやルアーに分がありそうなポイントだが、辛抱強く粘ってみたい。昨年、このポイントで釣った2尾の40㎝オーバーのうちの1尾は、この粘りの釣りでゲットした大ヤマメだ。ただし、このポイントは魚に流心に走られると、水中を追いかけることになるので、細イトでの釣

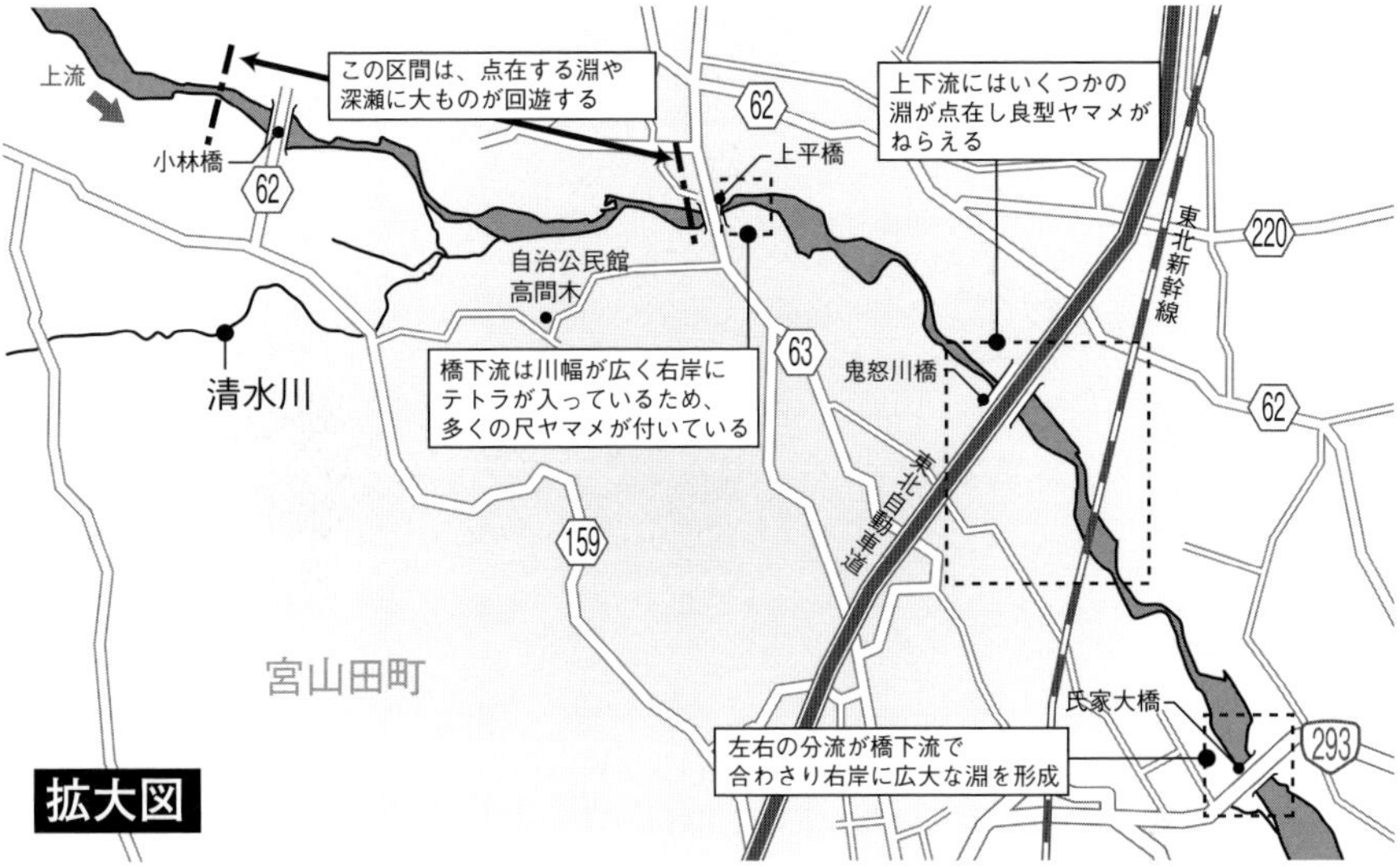

りは難しい。

●大ヤマメのサイクルを捉える

上平橋から清水川合流点の高間木地区、そして小林橋上流と鬼怒川では特に水量の乏しい区間だが、点在する淵や深瀬には大ものが回遊する。

朝夕のマヅメ時や降雨で増水した引き水時は、大型が動きだすチャンス。また水量が少ないため0・3、0・4号といった細イトでも40cmオーバーがねらえる。

特に初夏から秋にかけて大ヤマメたちは常に上流へ移動している。平水時は淵で休み、朝夕に活発にエサを漁り、ときには上流の瀬に入り、チャンスをみてさらに上流へとソ上を繰り返す。

そのサイクルを捉えて釣りを組み立てる魚との知恵比べは、ハマってしまうととても楽しい。またこれが他の河川と違う鬼怒川の醍醐味でもある。

しかし、夏になると天候が急変しやすく、突然の雷雨や増水、上流のダムからの放水など危険もつきまとうため、遡行や徒渉には充分に注意されたい。また毎年のことながら鬼怒川は各所で河川工事や秋の台風でポイントが消失している。一方で新たな淵や深瀬もできているので、ポイントを開拓しながら釣りを楽しんでもらいたい。

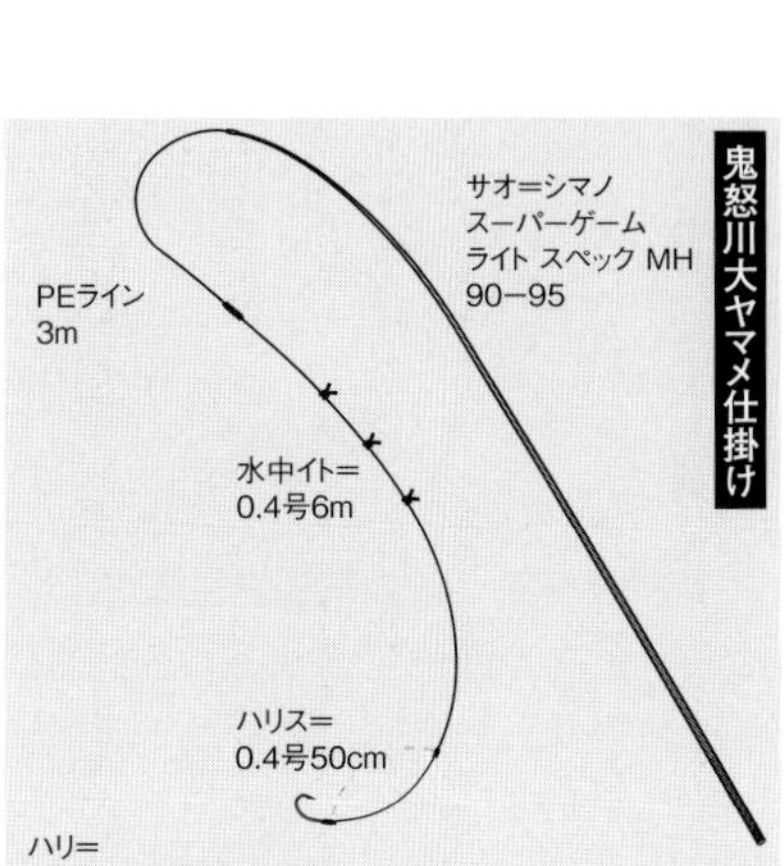

梅雨に差し掛かる雪代安定期、牧水橋から利根新栗原橋にかけての瀬は生命感であふれる

10 群馬県 片品《かたしな》川

上流部は谷が深く急峻な流れをみせるが 薗原湖を挟んだ流れは入渓しやすく変化する ソ上する大ヤマメがサオを絞り込むエリアだ

profile

●反町工健

昭和40年生まれ、群馬県在住。約25年前に見た大ヤマメがきっかけで渓流釣りにのめり込む。本流域を得意とするが、盛夏は山岳渓流でテンカラ三昧。『多摩川山女魚道』群馬支部所属

　片品川は尾瀬や日光白根山など2000m級の山々に囲まれているので、シーズンを通して水のストック量が豊富な河川だ。谷が深い場所も多く、風光明媚、入川困難な手付かずの流れが存在するのも特徴で、放流魚では見られない、息を飲むほどきれいなヤマメが潜む川でもある。

　盛夏になると、発電などの利水により本流では水量のない場所もでてくることは否めないが、逆に随所にある放水口周辺をねらうことができる。

　そんな片品川の中でも比較的入川も分かりやすく、しかも大ヤマメの可能性が高い老神温泉エリアを紹介したい。

　ここを推す理由だが、老神温泉の下流にかなり大規模なリザーバーである薗原湖があることが挙げられる。薗原湖で育ったヤマメは大型化し、湖ではワカサギ、片品川では豊富にいる水生昆虫を捕食しているようだ。そして水が動くタイミングで薗原湖と片品川を往来すると思われる。

　釣れるヤマメは銀毛タイプとパーマークのはっきりとした2タイプ。大型になれば40㎝を超える。そんな大ヤマメがシーズン初期から顔を見せるのがこのエリアの魅力だ。

　もちろん産卵を控える初秋には、さら

釣れるヤマメは銀毛タイプとパーマークのはっきりとした2タイプ。こちらは前魚のタイプだ

なる大型が多数ソ上してくることもある。片品川の大ヤマメをねらうべく、各シーズンを追ってアプローチを説明したい。

●片品川のシーズンとポイント

大きな水位変動もなく比較的低水位な解禁当初は、川で年越したと思われる大ヤマメが石や岩陰に潜んでいることもある。20cm前後のヤマメは早朝からエサを追ってくるが、この時期の大型は日が射し始めた頃、もしくは水温が上昇し始める頃に岩陰からゆっくり顔を出すと考えている。

定位している場所は水深のある淵に限らず、ヒラキの石周りにいることも多い。低水位のこの時期は釣り人の影を悟られないように手前から仕掛けを振り込みたい。

シーズン初期におすすめなのは牧水橋から利根新栗原橋にかけて。瀬と小規模な砂防堰が続くので、時間を掛けてじっくりと探りたい場所だ。

薗原湖よりも上流の片品川は、大規模な多目的ダムはないので、雪代が始まる頃にはダム放流などに影響されない自然に任せた流れを見せる。

したがって、午前と午後では雪代の流入次第で、水量や水の色が大きく変化することが珍しくない。雪代の濁りは、おおむねヤマメの動きを停滞させると考えているので、釣行時間は晴れの日なら午前に絞られる。

梅雨に差し掛かる雪代安定期になると終日、水量、水色ともに変化はなく、ヤマメの活性も高くなる季節だ。雪代の増水で流される川虫などに誘発されて川に差すヤマメもいると推測している。

特に牧水橋から利根新栗原橋にかけての瀬は生命感であふれる。注意したいのは水量の豊富な日が続くため、片品渓谷が始まる大楊橋から下流は川通しで歩くことは不可能。無理な遡行は控えたい。

梅雨が明ければ水位変動なく水温も上がるため、釣行は朝夕のマヅメの時間帯に絞られる。老神温泉内にある片品渓谷は水位が下がっても川通しできない場合もある。

ここをねらうなら島古井橋から釣り上がるか、利根老神多目的広場から下るしかない。かなり釣り応えのあるエリアだが、渇水時期にはサオの届く範囲も多くなるのでおすすめだ。渓谷から湧く伏流

information

●河川名　利根川水系片品川
●釣り場位置　群馬県沼田市利根町
●解禁期間　3月1日～9月20日
●遊漁料　日釣券2000円・年券9000円
●管轄漁協　利根漁業協同組合（Tel 0278-22-4516）
●最寄の遊漁券取扱所　セブンイレブン老神温泉入口店（Tel 0278-56-4855）
●交通　関越自動車道・沼田ICを下車し国道120号を片品方面へ

水の関係もあると思うが、高水温時でも水深のある淵でじっとしていたヤマメが、マヅメ時の短い時間だけは活性が高まり、エサを漁りにでてくる。

お盆の頃からは、台風や初秋の長雨などの増水が渓魚をふたたび活発化させる。片品川はすぐに泥濁りとなってしまうことが多く、しばらく濁りが取れないことも多い。しかしササニゴリへと変わるときはチャンス。水の色は利根川ダム統合管理事務所のホームページから薗原ダム・ライブカメラで閲覧できるので、おおよそ確認できる。

沈み石は大きく瀬には浮石も多い。それらの周辺に仕掛けを流してみたい

片品川の大ヤマメを手にするチャンスは、この8月下旬から禁漁までが一番確率が高く、数もねらえる。禁漁が近くなるほど栗原川合流付近に釣果が集中するようだ。

●片品川の大ヤマメ攻略法

初期のエサはクロカワムシやキンパク、盛期から初秋にかけてはキヂのほかブドウムシも効果的。なかでもクロカワムシはシーズンを通して採取できるので、事前に採取してから入川したい。

入川しやすいエリアのため、先行者が多いのも事実。そのため早朝の釣りはセオリーどおりのポイントや大場所でも大ものの可能性は高いが、瀬や見落としがちなポイントにも重点をおいてアプローチを心掛けたい。

川に沈む石も大きく、瀬には浮石も多いのでそれらのエグレや隙間に仕掛けをなじませる感覚で、ゆっくり流すことに重点を置いた釣り方で実績がある。

さらに、このエリアで釣果を最も左右する要素は水位の増減だ。雪代時や降雨による水位変動でも、水が減少していくタイミングが一番よいと感じている。

水位の増減は川の防災情報モバイルで片品川の鎌田と千鳥観測所からリアルタイムで確認できる。WEB版では国土交通省水文水質データベースから過去の水位を折線グラフで見ることも可能だ。

老神温泉エリアはそれらの観測所よりも下流にあり、途中で支流も合流するため、必ずしも同じ水位変動とは限らないが、私は流域の降雨量のデータも参考に予測を立てて釣行している。

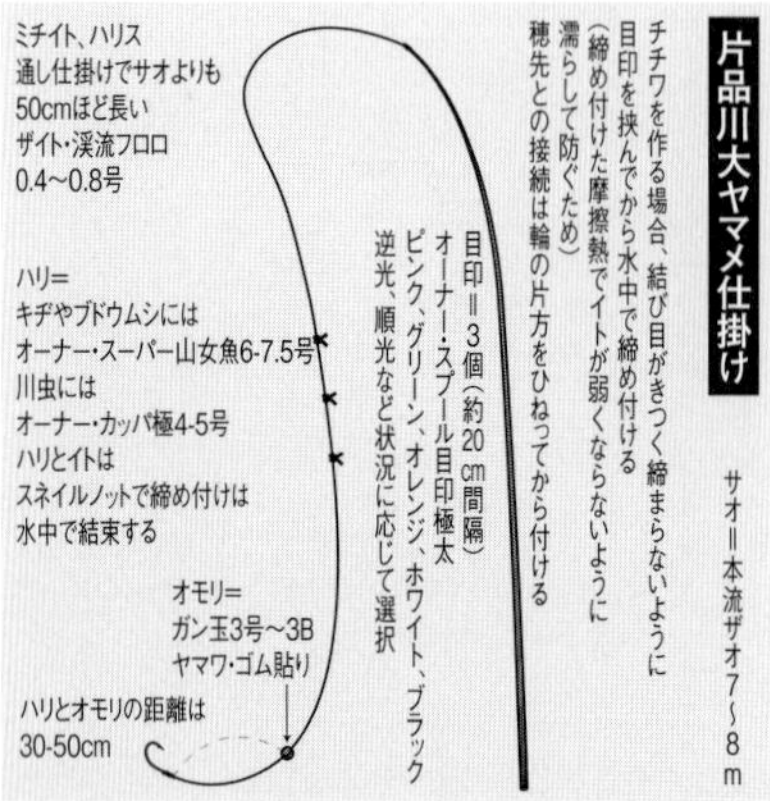

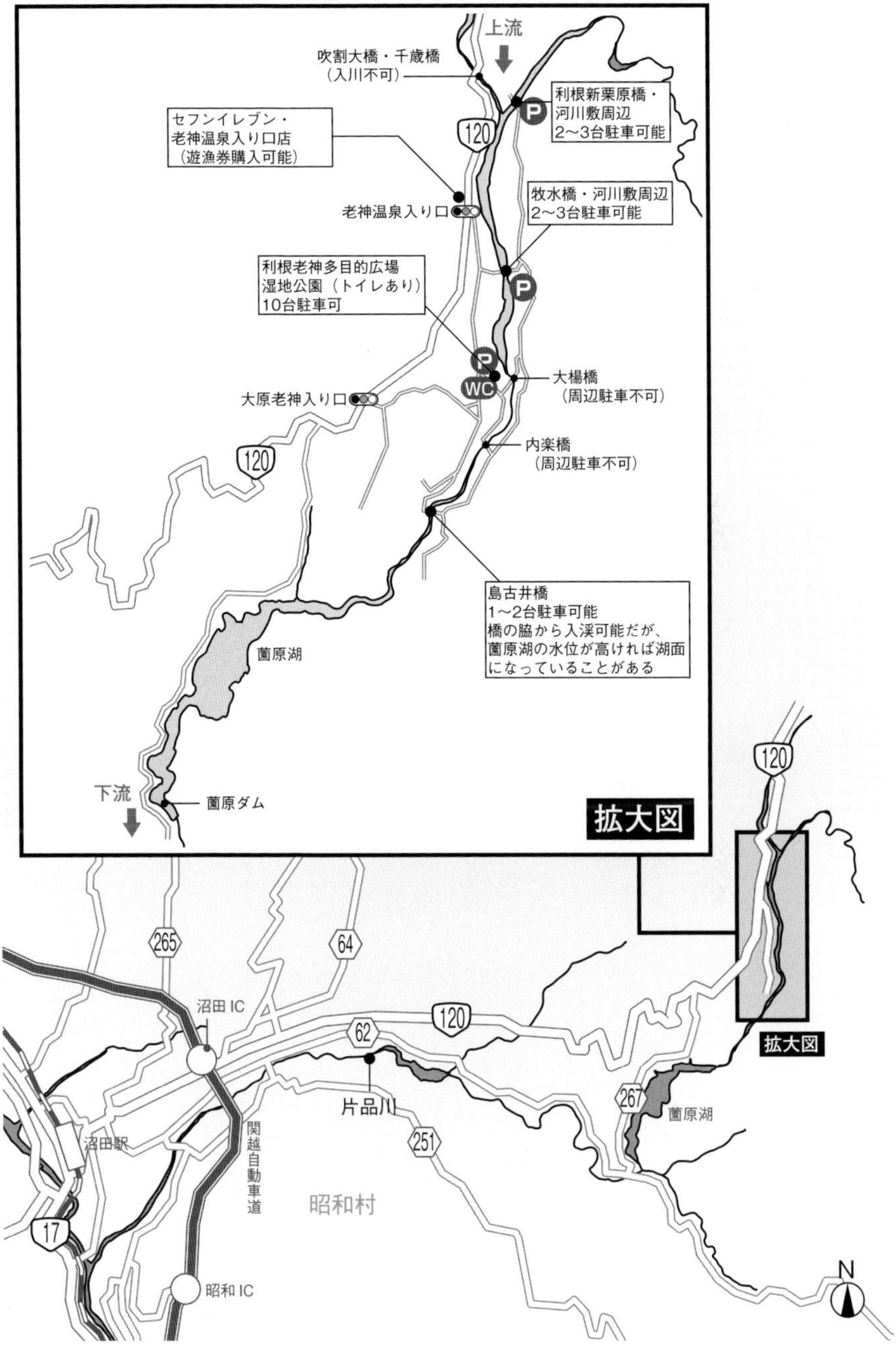
上流
吹割大橋・千歳橋
（入川不可）
利根新栗原橋・
河川敷周辺
2～3台駐車可能
セフンイレブン・
老神温泉入り口店
（遊漁券購入可能）
120
老神温泉入り口
牧水橋・河川敷周辺
2～3台駐車可能
利根老神多目的広場
湿地公園（トイレあり）
10台駐車可
P
WC
大楊橋
（周辺駐車不可）
大原老神入り口
内楽橋
（周辺駐車不可）
島古井橋
1～2台駐車可能
橋の脇から入渓可能だが、
薗原湖の水位が高ければ湖面
になっていることがある
薗原湖
下流
薗原ダム
拡大図
265
64
沼田 IC
120
62
片品川
関越自動車道
沼田駅
251
昭和村
17
昭和 IC
267
薗原湖
拡大図
N

11 群馬県 渡《わた》良《ら》瀬《せ》川

春先の大水が釣果のスイッチとなる
50cm級と太刀打ちできるタックルで
坂東太郎からソ上する大ヤマメをねらえ

渡良瀬川は栃木県日光市と群馬県沼田市との境にある皇海山に源を発し、足尾山塊や多くの支流を集めて草木ダムを経て群馬県みどり市、桐生市、栃木県足利市などを流下し、関東の大河・利根川へと注ぐ。同水系で最大の流域面積を持つ一級河川である。

その流程の長さから、上流部は群馬県の群馬漁協、両毛漁協が管理し、桐生川との出合から下流域は栃木県の渡良瀬漁協の管轄となる。入漁券が異なるため注意が必要だ。

●渡良瀬川の攻略法

渡良瀬川の紹介をまず大まかに行なうと、長い流程のなかには多くの支流があり、その枝沢にはイワナ、ヤマメが生息し魚影の多さを誇っている。春先には多くの渓流マンが流れへと足を運ぶ。中流域である草木ダム下～高津戸ダム間は渓流相となっており、ルアー、フライ、エサ釣りが足繁く通うため、非常にハイプレッシャーな釣り場で魚もスレている。しかし、この区間にも居着きの大ヤマメや大ニジマスが泳ぐので侮れない。

そして、私が主に大ヤマメをねらう区間として挙げるのが高津戸ダムの下流域、

profile

●阿部自立

昭和53年生まれ、栃木県在住。釣り歴は15年以上。ホームグラウンドは渡良瀬川、利根川、荒川。大ヤマメを求めて各地を迷走中。『荒川銀影会』『C-stylefishing 倶楽部』所属。

美しい魚体を見せる戻りヤマメ。そのパワーは強烈で、タックルにも気をつかいたい

ソ上魚の戻りヤマメは、ある程度水深のある淵や深瀬を重点的にねらいたい

桐生市近辺と足利市近辺だ。

この区間で大ヤマメをねらう時期は主に5月以降となる。春先の大水がスイッチとなり、利根川より多くの戻りヤマメがこの川へと帰ってくる。

サイズは30～40cmが多いが、ここ数年は毎年50cmオーバーがでていて、私自身もジャンプをしたその姿を見ながら太刀打ちできずにラインブレイクした悔しい思い出もある。

渡良瀬川の攻略法だが、まずはタックルである。パワーのある8m以上の本流ザオを使いたい。そして、魚を掛けた後にタメが利く、胴に乗る調子のサオを選びたい。

戻りヤマメは非常にパワーがあり、掛かった瞬間から猛然と暴れだす。この瞬間にイトが切れるリスクがあるため、タメが利くサオが必要になるのだ。

イトは、戻りヤマメをねらう場合は比重が大きく仕掛けが沈みやすいフロロカーボン0・8～1・2号を使用している。ハリは好みでよいが、ハリ先が鋭く懐の深いものをおすすめしたい。サイズはエサに合わせるため6～10号を持ち歩くようにしている。

エサはクロカワムシとキヂを使用する。クロカワムシはどこでも採れるのでこまめに採取して、なるべく新鮮なエサを使いたい。好みもあるが、私は初期から盛期はクロカワムシをメインに、夏以降はキヂへと切り替えている。

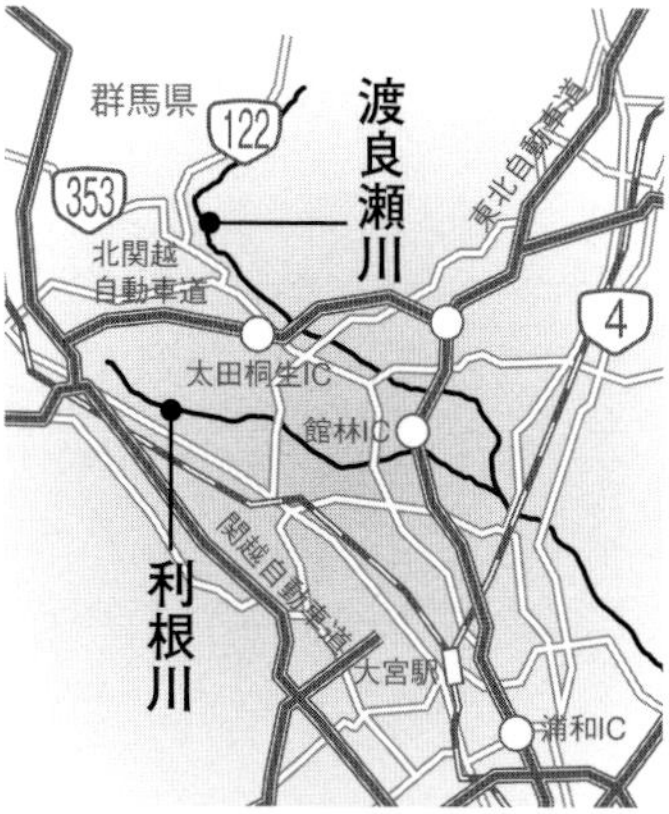

information

●河川名　利根川水系渡良瀬川
●釣り場位置　群馬県みどり市～桐生市～栃木県足利市
●解禁期間　3月1日～9月20日（群馬、両毛漁協）／3月2日～9月19日（渡良瀬漁協）
●遊漁料　日釣券1500円・年券6300円（群馬、両毛漁協。群馬漁協は5月1日～年券500円増、両毛漁協は600円増）／日釣券1200円・年券6500円（渡良瀬漁協）
●管轄漁協　群馬漁業協同組合（桐生川合流点より上流・桐生川不可　Tel 027-221-6712）／両毛漁業協同組合（桐生川合流点より上流・桐生川含む　Tel 0277-32-1459）／渡良瀬漁業協同組合（桐生川合流点より下流　Tel 0284-91-2361）
●最寄の遊漁券取扱所　竹屋釣具店（Tel 0284-62-0896）／釣り具のスズキ（Tel 0277-72-1336）
●交通　北関東自動車道・太田桐生ICを下車し国道122号を経て渡良瀬川へ

●渡良瀬川のポイント

戻りヤマメはソ上魚なので、ある程度水深のある淵や、長瀬の瀬頭、その大石の前で身を休めている。私は淵をねらう場合、4B以上のガン玉を小まめに調整して底を探るようにしている。このとき、仕掛けを流れと同化させるのではなく、エサを先行させてゆっくりとじらすように流したほうが、よい釣果に恵まれる。

ガン玉を1個ではなく、複数付けて底波に合わせた流し方をしてみるのも手だ。沈み石の頭などをしつこく何度も流すのもよいが、私は淵の流れ込みの頭から尻まで広範囲に探って結果がでている。

テトラなど流れのアクセントになるところで仕掛けを止めて粘りたい

瀬の流し方としては、オモリ3B程度を基準に、エサの流れを邪魔しない程度にゆっくりと探るとよい。仕掛けがあまりに底石に引っ掛かるようでは重すぎると考えたい。

瀬の石をねらう基準としては、瀬を上りきったソ上魚が休んでいると考えられる大石を、ピンポイントで探っていくようにする。また、大淵の上の瀬だけではなく、荒瀬と荒瀬の間に存在する緩い流れの瀬の大石も逃さずに探りたい。

瀬に立ち込んで釣りをするなら、魚を掛けた後、猛然と暴れる魚についていけるよう、事前に足場を確認しておく必要もある。

戻りヤマメは季節の移り変わりとともに上流へとポイントが移行する。5〜6月前半は足利地区の鹿島橋前後が主なねらいめとなる。盛期の6〜7月は足利地区、桐生地区の全域に魚がいると思われるが、松原橋付近から桐生地区も視野に入れたい。

後期の8〜9月は高水温もあり、極端に食いが落ちる。桐生大橋より上の大淵を朝夕のマヅメ時に粘る釣りをすると、よい結果に繋がる。晩秋には、居着きの鼻の曲がった真っ赤な体色の大ヤマメも出現するので、あきらめずに通い続けたい。

なお、渡良瀬川桐生地区では魚種の保護の観点から、相川橋下流に位置する山田川合流点から、高津戸ダム下のはねたき橋までキャッチ&リリース区間となっているので注意したい。

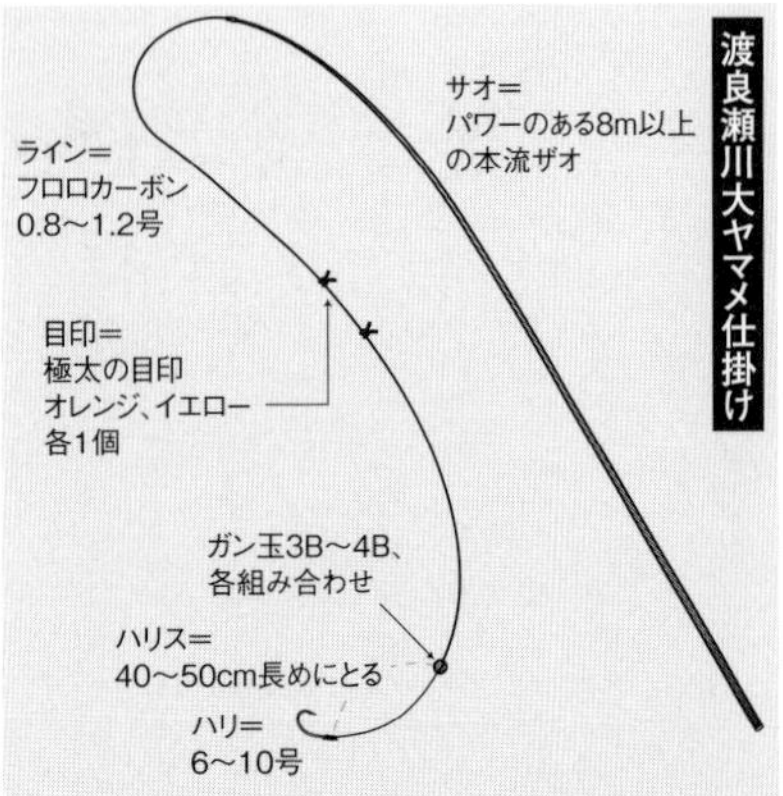

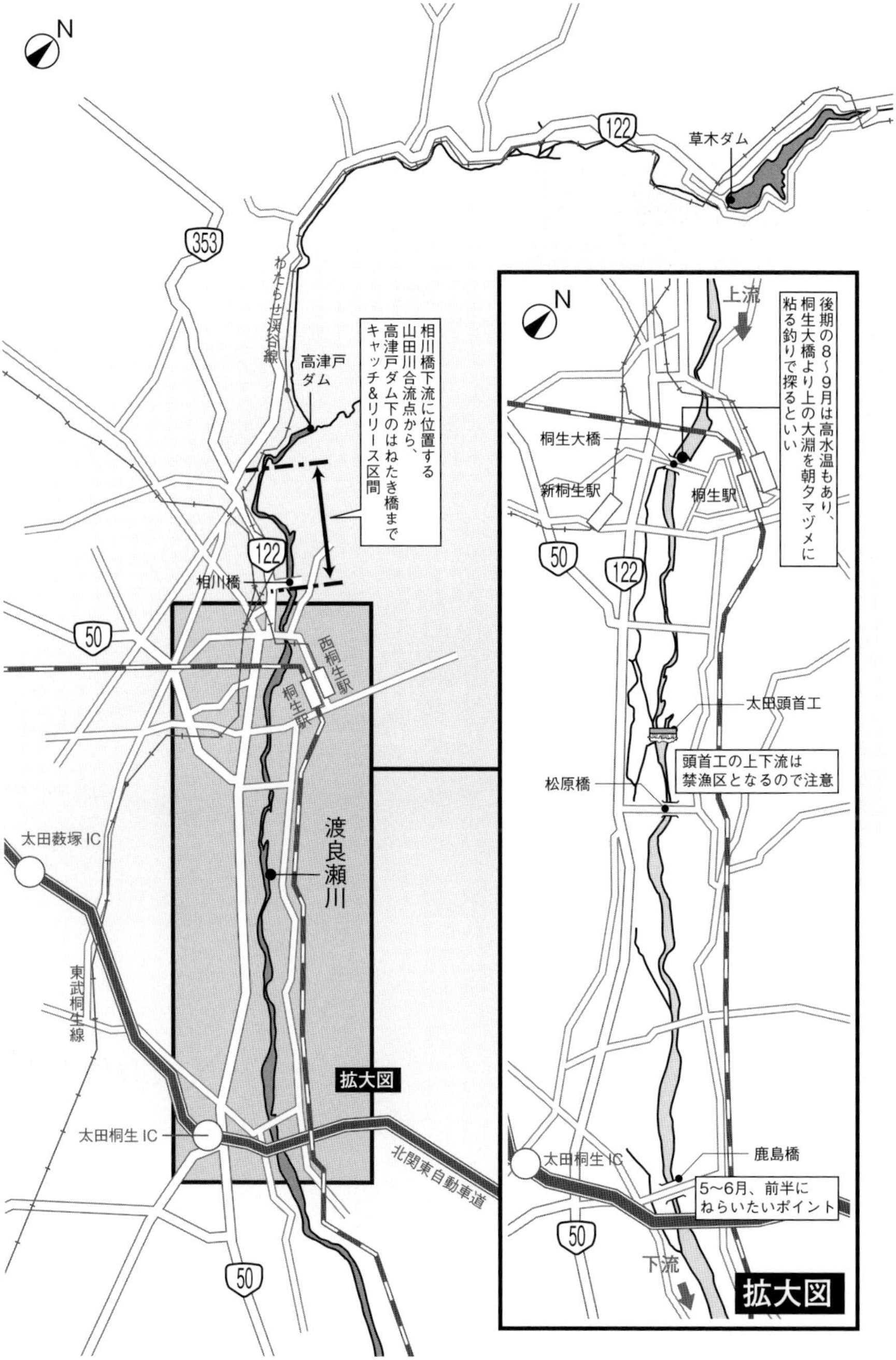
N
122
草木ダム
353
わたらせ渓谷線
高津戸ダム
相川橋下流に位置する
山田川合流点から、
高津戸ダム下のはねたき橋まで
キャッチ&リリース区間
122
相川橋
50
西桐生駅
桐生駅
渡良瀬川
太田藪塚 IC
東武桐生線
拡大図
太田桐生 IC
北関東自動車道
50
N
上流
後期の8～9月は高水温もあり、
桐生大橋より上の大淵を朝夕マヅメに
粘る釣りで探るといい
桐生大橋
新桐生駅
桐生駅
50
122
太田頭首工
頭首工の上下流は
禁漁区となるので注意
松原橋
鹿島橋
太田桐生 IC
5～6月、前半に
ねらいたいポイント
50
下流
拡大図

12

群馬県 利《と》根《ね》川

坂東太郎の異名を持つ大河は数多くの大ヤマメを育む懐の深さをもつ強靭なタックルで豊かな本流に臨め

矢瀬親水公園の下流に位置する月夜野大橋上の流れ。大岩の点在する渓相はダイナミックだ

坂東太郎の異名を持つ利根川。そのスケールの大きな流れは、古くから多くの釣り人を魅了してきた。

水源となる上越国境の山々は降雪が多いため、気温・水温ともに低いが、その割にエサとなる川虫は豊富で、解禁当初からサビがほとんどない美しいヤマメがサオを絞る。

釣れる魚の大半は青いパーマークがくっきりと出た居着きヤマメだが、時折、岩本ダムで育ったと思われる超大型のモンスターヤマメにも出会う可能性も秘めている。2012年は、このモンスターヤマメをキャッチした釣り人も少なくなかったと地元のルアーマンから聞いている。

profile
●佐藤博紀
昭和44年生まれ、埼玉県在住。本流釣り歴11年。いつかはホームグラウンドの利根川・埼玉エリアで特大のサクラマスを釣りあげたいと思っている。『奔流倶楽部　渓夢』所属

●利根川攻略はまず水況

利根川育ちの大ヤマメを攻略するうえで重要なのは、水況の把握だ。「首都圏の水瓶」となる利根川の水資源は上流の各ダムに貯えられ、発電や工業、農業などの用途に放水と取水が繰り返されている。そのため一筋縄には水況の把握に至らず、読みが大きく外れることもしばしばだ。

例年、4月中旬から6月初旬までは雪代の影響で水位の変動が大きく、釣りづらい状況となる。これ以降7月中旬までは徐々に水位が安定し、水況はベストの日が多くなる。毎年この時期を待ちかねている釣り人も多く、大ヤマメの実績もこの時期に固まるようだ。

以前、7月初旬に沼田地区へ釣行した際、1つのポイントで36㎝を筆頭に尺上〜9寸クラスのヤマメを11尾手にしたこともあり、利根川の豊かさを思い知らされた。

7月後半以降は水位が下がり、水温と気温が上昇するので厳しい釣行を強いられるが、降雪と降雨量により、お盆頃ま

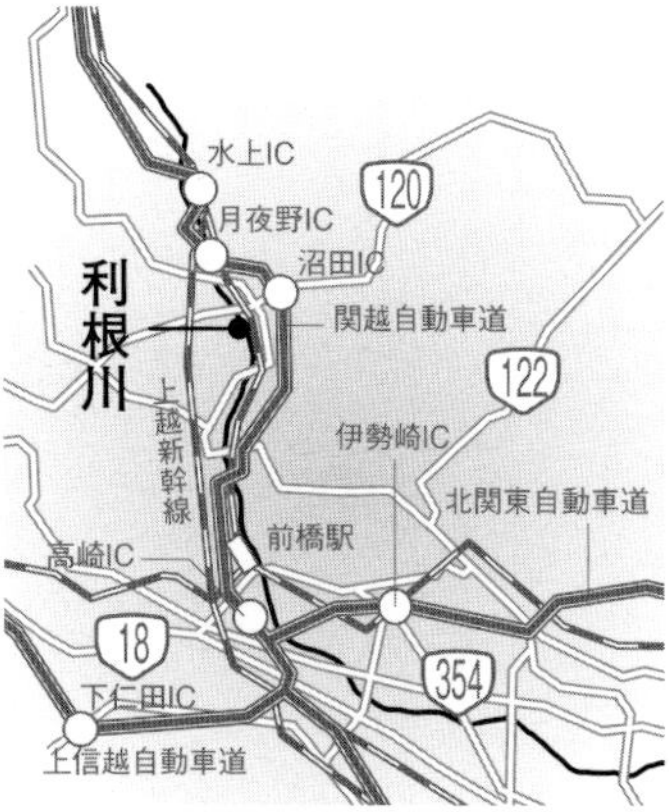

information

●河川名　利根川
●釣り場位置　群馬県沼田市～みなかみ町
●解禁期間　3月1日～9月20日
●遊漁料　日釣券2000円・年券9000円
●管轄漁協　利根漁業協同組合（Tel 0278-22-4516）
●最寄の遊漁券取扱所　セブンイレブン月夜野上牧店（Tel 0278-50-7077）
●交通　関越自動車道・水上ICまたは月夜野ICより、県道61号を利用して、各釣り場へ

で上流ダムに貯えられた冷水を放流することがある。そのため、他河川の水温が20℃を超える状況下でも、利根漁協管内の本流域では大ヤマメがねらえる環境となっていることがある。

そして9月に入ると、婚姻色をまとった鼻曲がりのオスヤマメが釣れる時期を迎えるのだ。

●利根川のポイントと釣り方

今回は膨大な釣り場を抱える利根川の中でも、シーズンをとおして大ヤマメがねらえる利根漁協管内のポイントを紹介したい。

沼田市の岩本ダムから源流域までが管内となっているが、支流の片品川合流付近から、湯檜曽川出合上流にある幸知の堰堤までの約25㎞の区間は型、魚影ともに抜群で、大ヤマメをねらううえで主要となるポイントが多数存在している。

利根川で大ヤマメを手にしたいなら、この区間を集中的に探るのが近道と思われる。そのなかでも入渓しやすいポイントがいくつかある。

まず下流域では上越線・上毛高原駅前の流れだ。矢瀬親水公園を挟んで上下流に瀬、深瀬、落ち込みと変化のある渓相をみせている。公園の駐車場やトイレも利用できるため、アクセスも容易だ。

そして上流部では上牧温泉付近が入渓しやすく、大型の実績も上がっている。

下流域となる上毛高原駅前に架かる矢瀬橋より上流の瀬を望む

岩本ダム育ちの超大型ヤマメもサオを絞り込む

ここから吾妻橋までの区間は大石あり、大淵ありの渓相で特におすすめの釣り場だ。

　利根川の大ヤマメをねらうタックルは、モンスタークラスも想定した強靭《きょうじん》な物を用意したい。サオは8〜9mの胴調子の本流大ものザオで、イトは1号以上。ハリは軸太のしっかりとしたもの選び、掛かったら必ず取れる備えをしたい。

　エサは、クロカワムシとキヂが効果的。川虫の豊富な利根川だが、ダム放水などで水位が上がると取りづらい状況となる

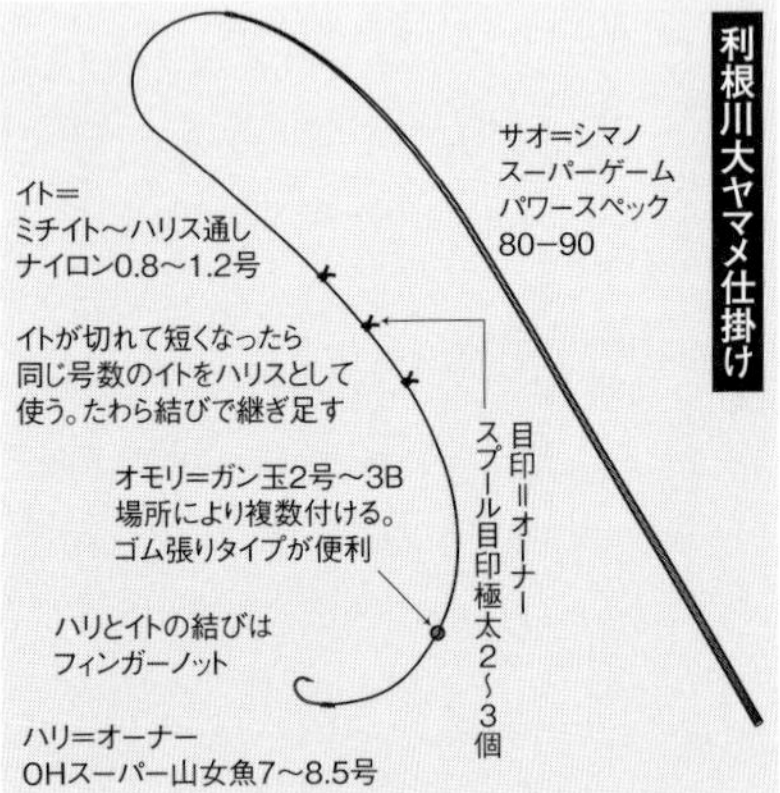

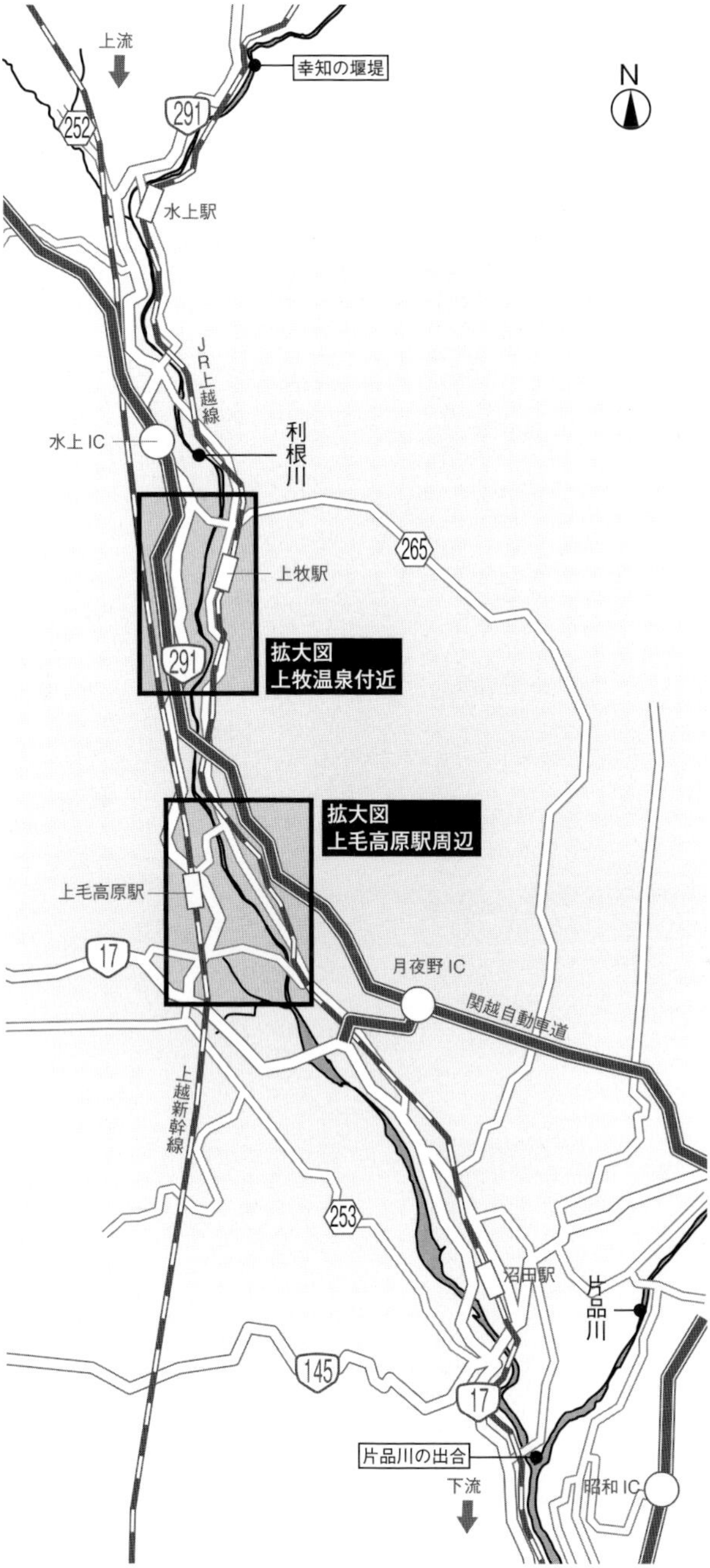

ので、予備エサは必ず用意したい。

大ヤマメは、身を隠せる川底付近に留まっていることが多いので、しっかりとエサを沈めて流し入れることが大切。しかし、これが簡単なようでなかなか難しい。川面の波立ちと流速からオモリを選択するのだが、最初から大きなオモリで根掛かりさせてはせっかくのポイントが台なしとなるので、小さいオモリから順に付け足していくとよい。

時折、サオの操作で流す速度や水深に変化をつけるのも効果的だ。また、時合で食い気のたった大ヤマメは、かなり浅いところへも回遊するため、大淵などでもむやみに立ち込まず浅い岸際から順に探っていきたい。

最後に、私が大ヤマメをねらうときに念頭においている言葉が3つある。ポイント、タイミング、そして我慢強さ。

ポイントについては至極当然だが、魚がいるところをねらう。それは多くのエサが集まる場所と考えたい。本流の広い流れの中に点在するヒラキやカケアガリなどが、これに当たると思われる。

タイミングだが、時期や水況については前記しているので参考にされたい。時間帯は朝夕のマヅメ時が基本となるが、私の経験からすると、日が高くなった真昼間に何度か大ヤマメを手にしたことがあるので、日中もサオを積極的にだしている。

そして、我慢強さについては、とにかく利口な大ヤマメは、なかなかエサに食いついてくれない。しかし必ず食う時合はやってくるので、我慢強く粘ることが大事だ。

「よいポイントを選び、食うタイミングを読み、大ヤマメのアタリを待つ。釣れなければ、釣れるまで何日も我慢強く通う」

私はこのことをいつも心掛けて釣行している。

矢瀬橋の下流となる落ち込みと深瀬。ここも大ヤマメの好ポイント

上牧温泉エリアの最下流に架かる木の根橋から、上流の大淵を望む

体高の張った尺ヤマメ。利根川の厚い流れが育んだファイターだ

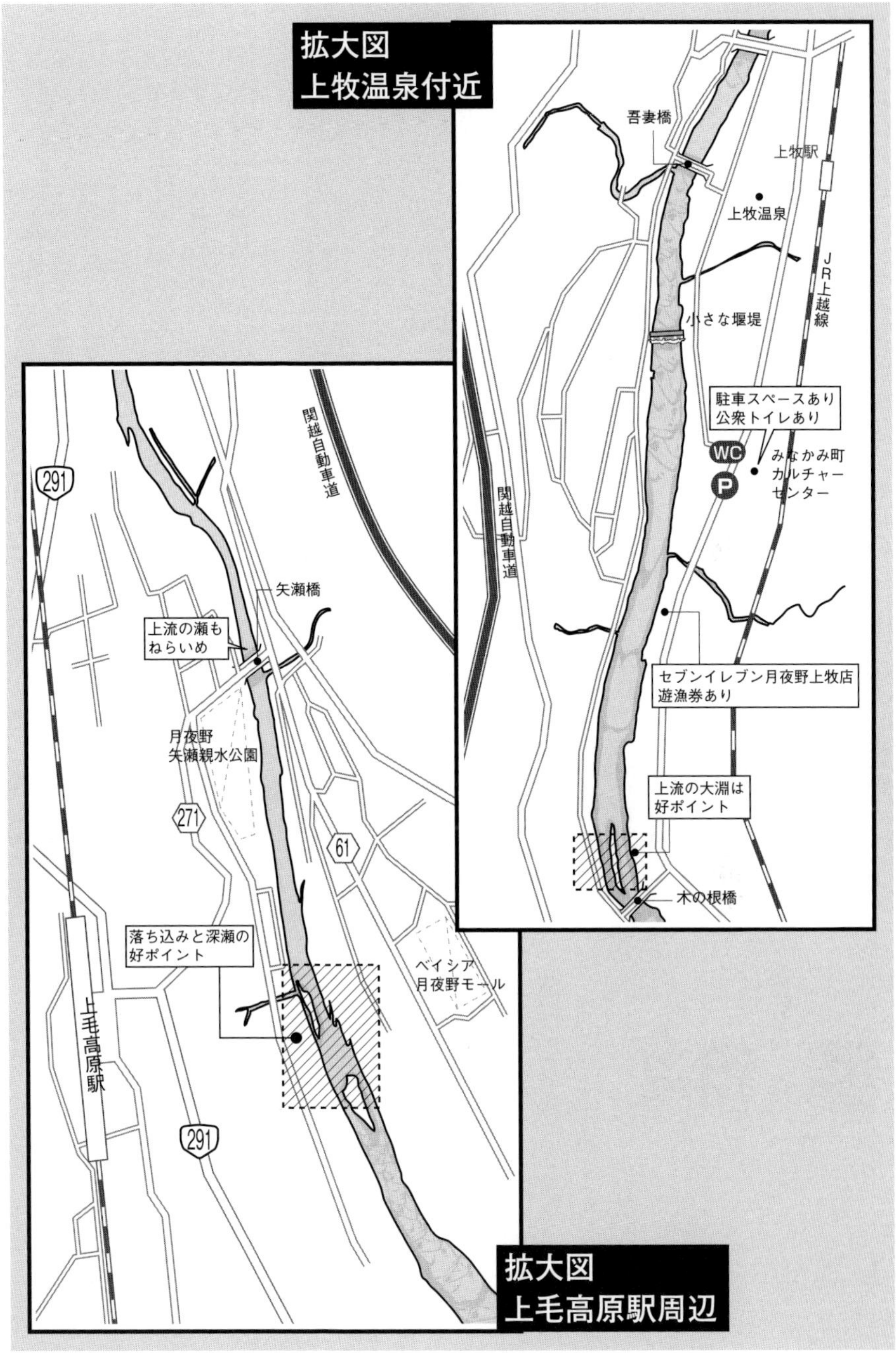
拡大図
上牧温泉付近
吾妻橋
上牧駅
上牧温泉
JR上越線
小さな堰堤
駐車スペースあり
公衆トイレあり
WC
P
みなかみ町
カルチャー
センター
関越自動車道
セブンイレブン月夜野上牧店
遊漁券あり
上流の大淵は
好ポイント
木の根橋
関越自動車道
291
矢瀬橋
上流の瀬も
ねらいめ
月夜野
矢瀬親水公園
271
61
落ち込みと深瀬の
好ポイント
ベイシア
月夜野モール
上毛高原駅
291
拡大図
上毛高原駅周辺

13

埼玉県 荒《あら》川

ねらいは玉淀ダムで大きく成長した戻りヤマメ
浦山ダムの放水がベストシーズンの合図
岩盤底の溝を上手く攻略できればチャンスあり

2013年5月末に秩父エリアで出た38cmと35cmの居着きの大ヤマメ。都市近郊の河川でもこんな釣果が手にできる

埼玉県を流れる荒川は、甲武信ヶ岳を水源に流れ出し、最上流にある入川と滝川が合流して荒川と名を変える。そこから各支流を集め川幅を増し、大河となって東京湾へ注ぐ。

今回、私が紹介する釣り場は秩父漁協が管轄する区間。最下流に玉淀ダムがあり、そこで大きく成長して春になると徐々にソ上を始める通称・戻りヤマメがねらえるエリアでもある。また、豊富なエサを食べ幅広に成長した居着きの本流ヤマメもターゲットになる。

●荒川でヤマメをねらうシーズン

荒川の流れは本支流合わせて4つのダムを抱え、水量はそれらのダムの放水量に影響される。解禁となる3月からサオはだせるものの、気温、水温ともにかなり低く、水量も少ないのでヤマメの活性はとても低い。シーズン当初は、あまりよい釣果は望めないだろう。

しかし、水量が少ないぶん川底の地形がよく分かる。そこで私はこの時期は、

profile
●和田将希
昭和58年生まれ、埼玉県在住。20歳の時、本流釣りに目覚める。秩父・荒川をホームグラウンドに、関東の本流をメインに大ものを求めて釣行を重ねる。『奔流倶楽部 渓夢』所属

久那橋下流を望む。紹介するエリアの最上流部となる。右岸より水路のように流れ込むのが浦山川

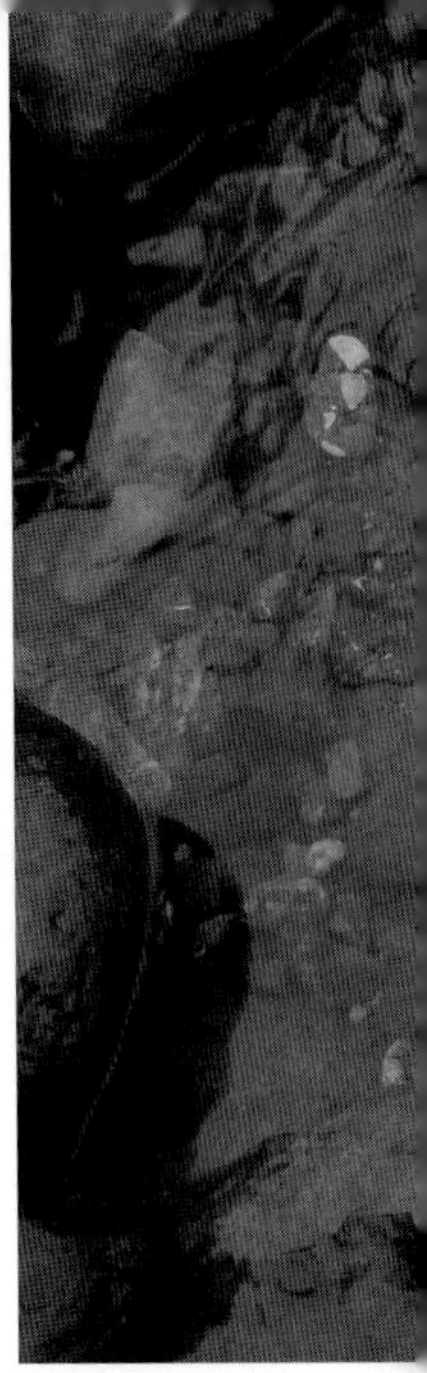

ベストシーズンに向けて渓相の確認を兼ねた釣行としている。
　ヤマメが本格的に動きだすのは4月に入ってから。戻りヤマメもソ上を開始し、下流の長瀞近辺から釣れ始め、徐々に上流へとポイントが移る。5月に入るとヤマメの活性も高くなり、ポイントも淵から瀬に変わって盛んにエサを漁るようになる。
　そして6～7月になると支流・浦山川にある浦山ダムから放水が始まり、本流の水量がグッと増える時期がしばらく続く。私はこのダム放水が荒川のベストシーズンの合図と思っている。水量が増すと、戻りヤマメが盛んにソ上してくると考えられるからだ。荒川で大ヤマメをねらうには、最高のチャンスとなるだろう。
　8～9月はダムの放水も終わり、猛暑による渇水傾向になり、日中は水温が高すぎて釣りにならない。ヤマメがねらえないことはないが状況は厳しく、涼しい朝夕マヅメの釣りとなる。

●大ヤマメのおすすめポイント

そんな荒川で大ヤマメが手にできる可能性の高いポイントを、下流から順に紹介してみたい。

　玉淀ダムから上流へ向かい1つめの橋が白鳥橋だ。この白鳥橋から親鼻橋の区間は長瀞エリアと呼ばれ、今回紹介する釣り場の最下流エリアとなる。

　景勝地としても知られる「長瀞の岩畳」「長瀞のライン下り」からも分かるように、トロ瀬、大淵、瀬といったダイナミックな渓相が続く。両岸が岩盤に覆

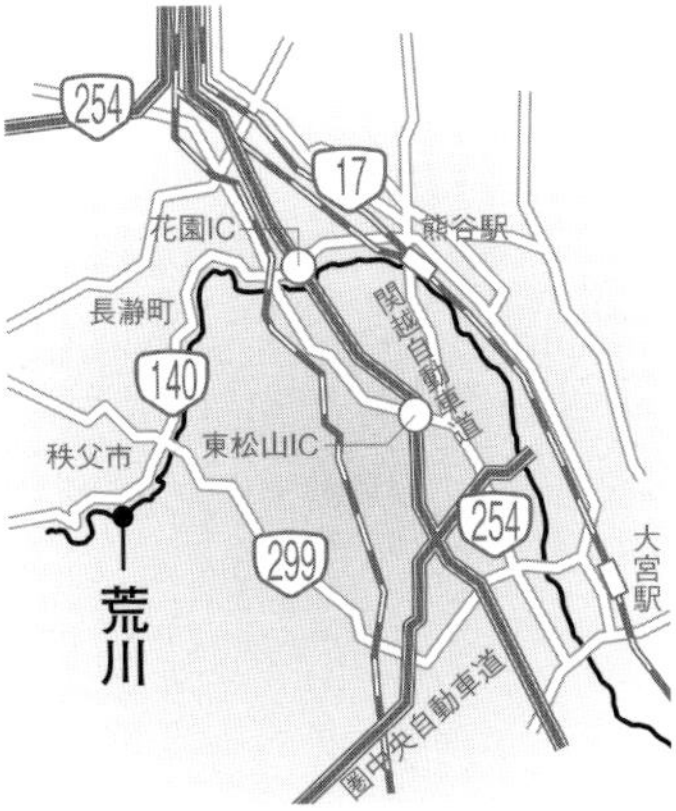

information

●河川名　荒川
●釣り場位置　埼玉県秩父市皆野町～長瀞町
●解禁期間　3月1日～9月30日
●遊漁料　日釣券1800円・年券1万1000円
●管轄漁協　秩父漁業協同組合（Tel 0494-22-0460）
●最寄の遊漁券取扱所　つり具・城峰（Tel 0494-24-4671）
●交通　関越自動車道・花園ICから国道140号を利用し秩父方面へ

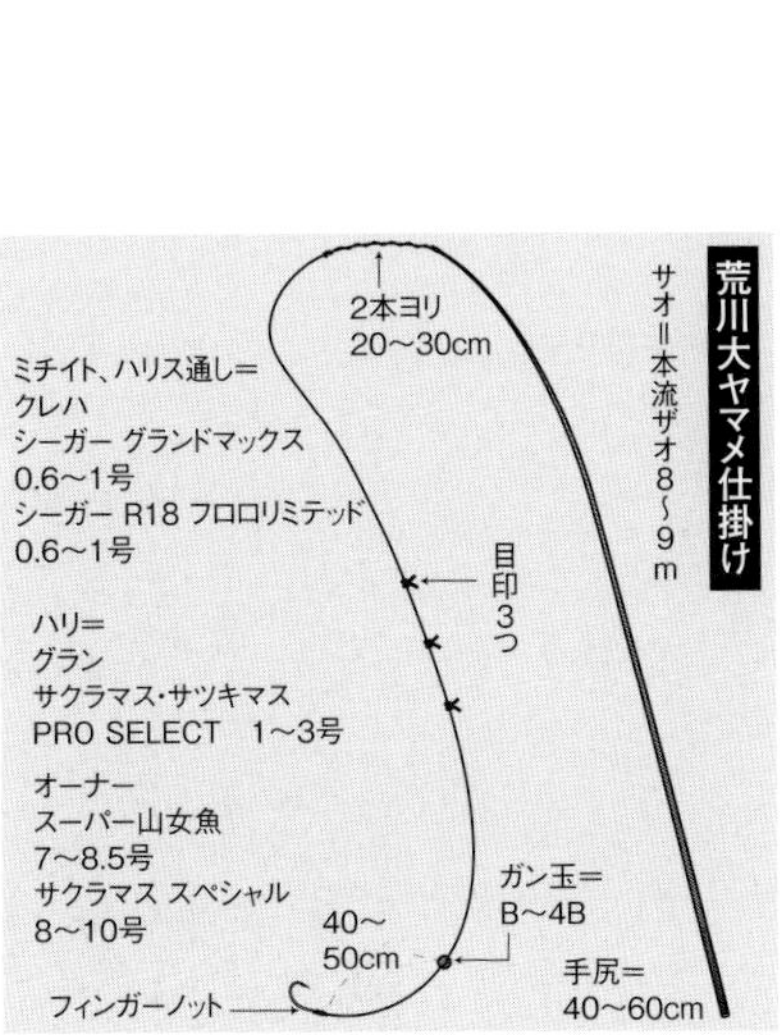

われたゴルジュ帯になっており、足場の悪いポイントも多いので、釣行には充分に注意したい。

シーズンでは3~5月と初期に実績があり、岩盤の入ったトロ瀬や淵のカケアガリをていねいに探るとよい。水温の高い状況では瀬にも入ってくる。

6月以降もソ上する戻りヤマメをねらえるが、ライン下りやカヌー、ラフティングが下ってくるため、窮屈な釣りを強いられることもあるので覚えておきたい。

白鳥橋上流の荒川。ダイナミックなトロや大淵が続く

中流域となる親鼻橋から西の淵の区間は皆野エリアと呼ばれる。瀬と深瀬が多い渓相で、5月以降に活性の高い魚が入ってくる戻りヤマメをねらうのに見逃せないエリアなのだが、2014年は皆野橋から秩父鉄道鉄橋までの間がキャッチ&リリース区間となり、エサ釣りは禁止されているので注意したい。

上流域となるのが和銅大橋から浦山川合流までで秩父エリアと呼ばれる。荒川で大ヤマメをねらうメインフィールドだ。

和銅大橋上流、横瀬川の合流点を望む。
戻りヤマメの好ポイントの1つだ

6月以降はこの秩父エリアで主に大ヤマメが上がっている。瀬、深瀬、荒瀬、トロ、淵と変化に富んだ渓相が和銅大橋の上下から浦山川合流まで続き、そのすべてで大ヤマメが期待できる。いずれも岩盤がらみのポイントには大ヤマメが付きやすいので、特に丁寧に探ってもらいたい。

このエリアでの注意点は、シーズンとポイントがアユ釣りと重なること。本流へのアユの放流が始まると、秩父エリアはカワウ除けにテグスを張る場所がでてくる。そういった場所では、長ザオは振りにくく、無理なアプローチは控えてトラブルのない釣行を心掛けたい。

参考までに私の荒川でのタックルだが、サオは9mの本流ザオをメインに、渇水時は8mも使う。仕掛けはフロロラインの0・6~1号をミチイトに基本は通し仕掛け。オモリは状況よって大小を使い分け、ハリは大型に備えた太軸を選ぶ。

エサはシーズン初期はクロカワムシ、キンパク、ピンチョロの川虫をメインに使い、目先を変えるためにオニチョロや

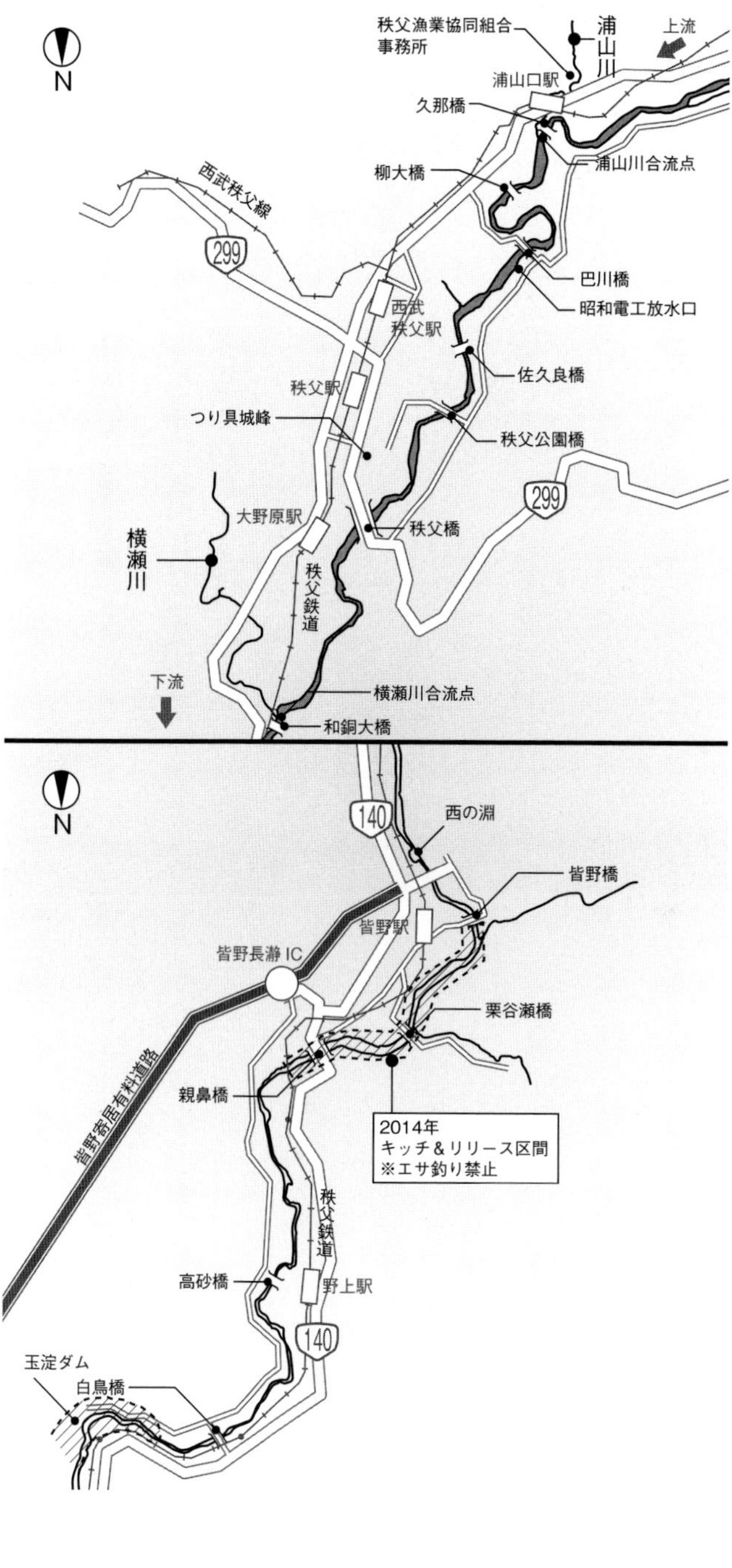

キヂも用意している。盛期はクロカワムシとキヂが効果的だ。

流し方は、エサを先行させてゆっくり探りながら流すほうが本流の大型ねらいには有効なようだ。荒川は総じて岩盤の多い河川で、岩盤には水流により溝ができており、そこに大ヤマメが潜んでいることが多い。岩盤の溝を上手く攻略できれば大ヤマメとの出会いがぐっと近づくはずだ。

最後に、秩父市内にある「つり具城峰」では、地元荒川に精通した店主が応対してくれる。渓流用品も充実しており、荒川で一番ホットな情報を得られると思うので訪れてみるとよいだろう。

14 山梨県 笛《ふえ》吹《ふき》川

日本三大急流の1つ、富士川へと注ぐ大支流 長大な流れの全域で渓魚がねらえる 大アマゴに的を絞るなら下流域がおすすめだ

下流域からソ上してきた戻りアマゴ。丸々と太った体高のある魚体で、きれいな朱点が印象的

profile

●千島克也

昭和49年生まれ、埼玉県在住。ホームグラウンドは荒川で、ヤマメの最大魚は50cm。ほかに桂川で釣ったアマゴ49cm、犀川のサクラマス61cmなどがレコード。『荒川銀影会』会長

笛吹川は国師ヶ岳と奥千丈岳を源とする西沢渓谷、甲武信ヶ岳、国師ヶ岳から発する東沢渓谷の2つの流れを源流域とし、広瀬ダムを経て甲府盆地へ流れ、釜無川と合流して富士川となる。

全長約47㎞の流れは山梨市・牧丘町を境に、上流域は大石、大岩が点在する渓流相、下流域は地形の開けた本流相に変化する。

上流域はアマゴ、イワナの混生。下流域は幅広の本流アマゴのほか、戻りアマゴや大型ニジマスなどが生息している。

●ソ上する大アマゴをねらう

そんな笛吹川で大アマゴの実績があるエリアとして挙げられるのが、笛吹市石和町から上流に位置する山梨市牧丘町の区間である。

このエリアはシーズンになると下流域からソ上する戻りアマゴが期待できる。サイズは30～40㎝が望め、丸々と太った体高のある魚体で、きれいなパーマークが印象的である。なかにはサツキマスと勘違いするような魚もサオを絞り込む。

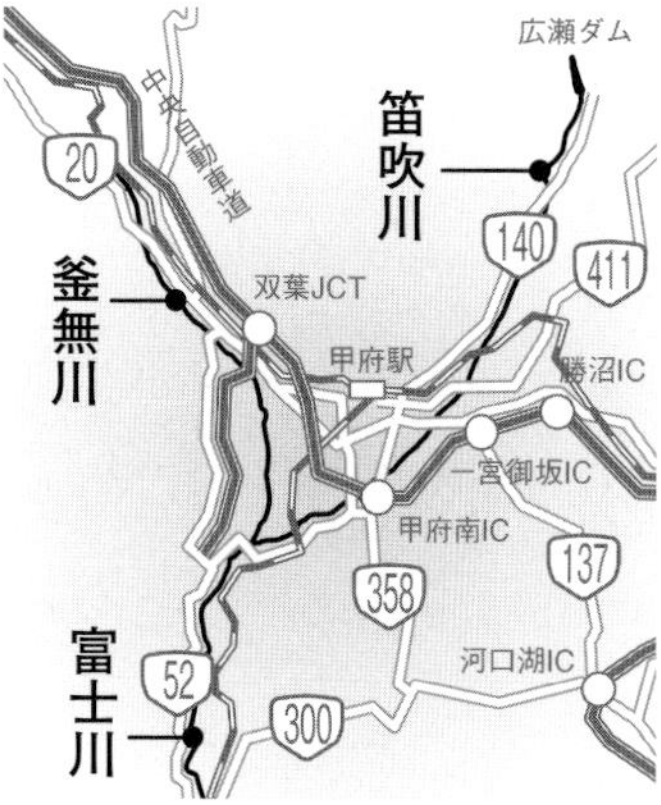

笛吹橋の上流も瀬が中心となる。どこに魚が付いているのかを見極めることが大切

information

●河川名　富士川水系笛吹川
●釣り場位置　山梨県山梨市～笛吹市
●解禁期間　3月1日～9月30日
●遊漁料　日釣券800円・年券4000円
●管轄漁協　峡東漁業協同組合（Tel 0553-22-1023）
●最寄の遊漁券取扱所　雨宮釣具店（Tel 055-262-4750）
●交通　中央自動車道・勝沼ICから国道411、140号で笛吹川へ

鵜飼橋上流の渓相。フラットな瀬が続く

笛吹川の下流は富士川であり、駿河湾からサツキマスがソ上するのだが、笛吹川まで上がってくるかどうかは微妙だ。基本的には富士川の大きなトロで育ったアマゴがソ上していると思われる。

大アマゴが期待できるシーズンであるが、笛吹川は甲府盆地を流れるため気温がかなり高い。そのため水温が上がりやすいので、まだ涼やかで水温も低く抑えられている5月上旬～7月中旬がベストといえる。

使用するタックルであるが、サオは7～7・5mクラスがよく、調子は先から胴あたりにしっかりパワーの乗る物が扱いやすい。本流釣りなのにやや短めと思われるかもしれないが、むやみにサオを長くしないほうが、操作性がよく大ものに出会う機会をアップさせると私は考えている。また笛吹川の水量に見合った長さでもある。

ラインは0・6号をメインに使う。素材はフロロカーボンがおすすめだ。比重がナイロンより大きいので流れに馴染みやすいほか、感度もよく小さなアタリも

上流に位置する山梨市牧丘町付近の流れ。落差のある渓相が見られるようになる

とらえやすい。さらに強度もあるため40cmクラスのアマゴなら勝負できるはずだ。ハリはがまかつのマス6～9号、またはカツイチ本流一番サクラ・サツキM・Lを使用している。

　エサは、笛吹川での川虫採取は困難となるため釣具店でキヂやブドウムシを購入する必要がある。どちらかといえばキヂのほうが実績は高い。

●落差の少ない瀬がメイン

　笛吹川は主に盆地を流下するため、流れにほとんど落差を感じることがない。基本はフラットな瀬が多くトロ場なども少ない。アクセントとなる川底の大石もないため、ポイントを見抜く力が必要となってくる。

　瀬が中心となるが、セオリーとしてねらいたい瀬頭など白泡の立つポイントよりは、緩やかな流れになる瀬尻に魚が付いていることが多い。

　さらに、川底が部分的に掘れているような場所を見つければ、大アマゴに出会える確率もアップする。また、膝下ほどの水深であっても大型のアマゴが付いていることがあるので油断は禁物。手前から流心へと順次探っていきたい。

　瀬釣りではオモリの重さが重要で、ガン玉もB～3Bの1個付けで対応するとよい。ガン玉の選択はエサが吹き上がりすぎない程度の重さを選ぶこと。重すぎると根掛かりの連続となるので、流れに馴染むギリギリの重さを見つけることが攻略のカギになる。

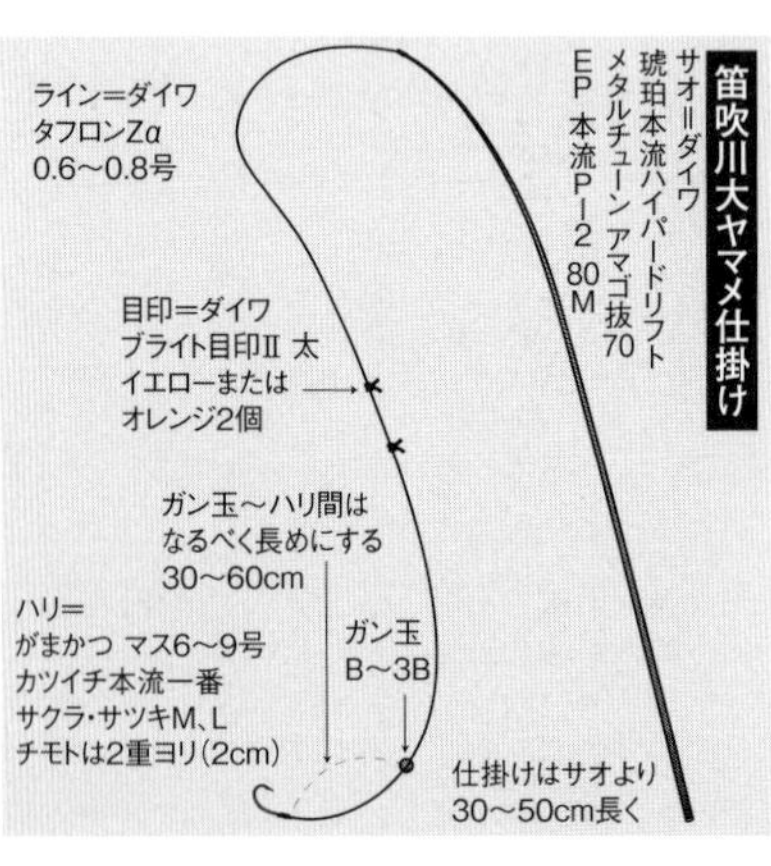

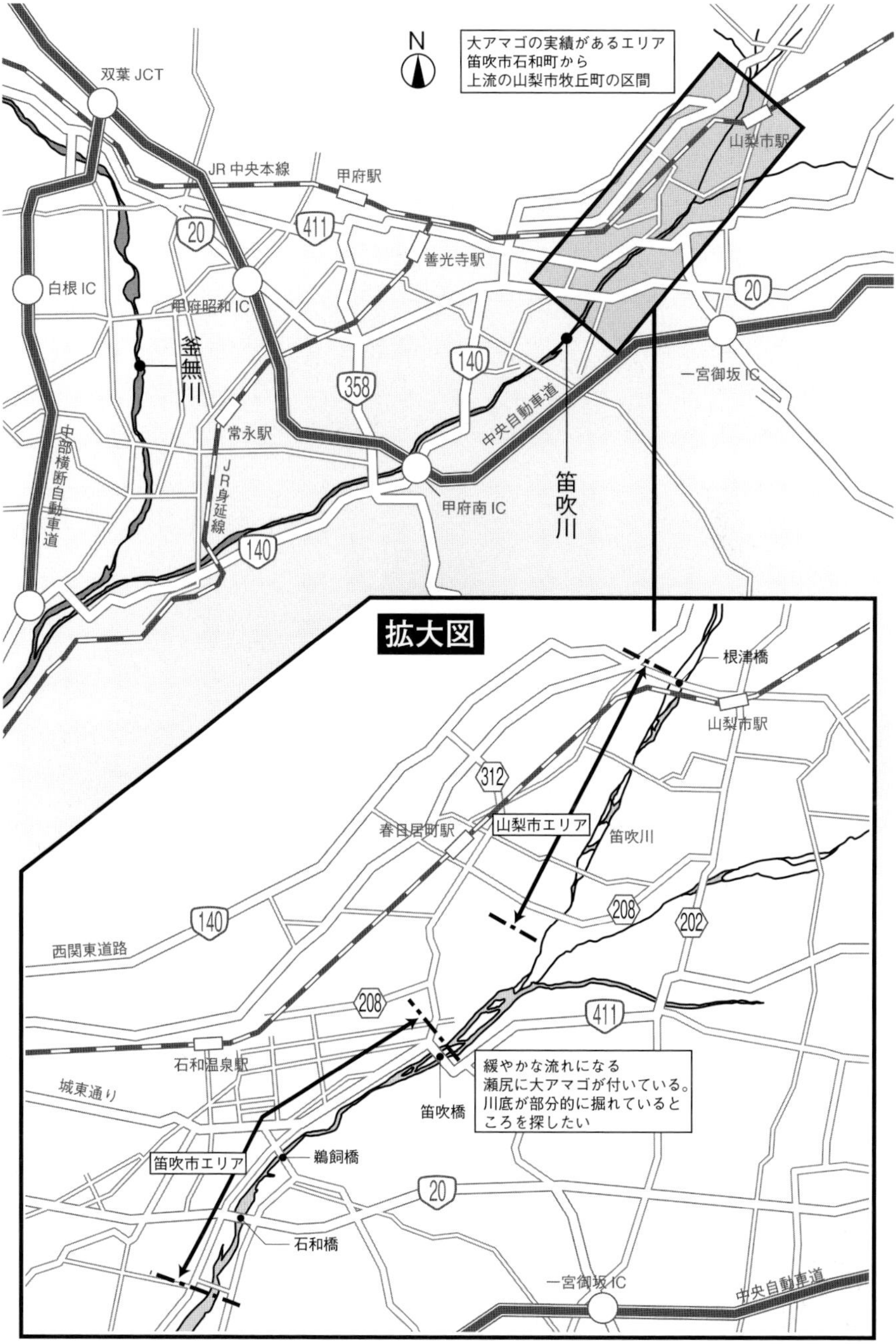
N
大アマゴの実績があるエリア
笛吹市石和町から
上流の山梨市牧丘町の区間
双葉 JCT
JR 中央本線
甲府駅
山梨市駅
411
20
善光寺駅
白根 IC
甲府昭和 IC
20
釜無川
140
358
一宮御坂 IC
中央自動車道
常永駅
中部横断自動車道
JR身延線
甲府南 IC
笛吹川
140
拡大図
根津橋
山梨市駅
312
春日居町駅
山梨市エリア
笛吹川
140
208
202
西関東道路
208
411
石和温泉駅
緩やかな流れになる
瀬尻に大アマゴが付いている。
川底が部分的に掘れていると
ころを探したい
城東通り
笛吹橋
鵜飼橋
笛吹市エリア
20
石和橋
一宮御坂 IC
中央自動車道

15

山梨県 富《ふ》士《じ》川

釜無川から富士川へと名を変える中流域
本流に育まれた大アマゴがねらえるエリア
冷水の流れ込む支流との出合がポイント

名前のとおり遠くに富士を望む大ヤマメの潜む流れ

profile
●若狭陽一
昭和28年生まれ。山梨県在住。渓流、本流釣り歴は15年。ホームグラウンドは富士川、桂川。大ものとの出会いを夢見て各地の川に出向く。山梨本流釣同好会所属『渓道會』事務局長

南アルプス北部、山梨県と長野県の県境に位置する鋸岳に源を発する釜無川が、富士川の始まりとなる。八ヶ岳を源流とする立場川と合流した後、山梨県域で尾白川、塩川、御勅使川などと次々に出合い、甲府盆地を南流して笛吹川と合流する。ここまでが釜無川の流れで、その合流点より下流を富士川と呼んでいる。

富士川は富士山の西側を南流し、早川、常葉川、波木井川、静岡県に入って稲子川や芝川などの支流を合わせ、駿河湾に注ぐ。長野、山梨、静岡と3県を貫き、流程１２８㎞を誇る大河であり、日本三大急流の1つに数えられている。

ここで紹介するのは、釜無川から富士川へと名を変える中流域、甲府地区から下流で、本流に育まれた大アマゴがねらえるエリアでもある。

●ポイントは支流の出合

周知のように富士川流域の甲府盆地は真夏に40℃を記録したこともあり、マス類にとってはつらい環境である。しかし、ものは考えようで、冷水の流れ込むポイントを順に探れば、高確率で釣果を手にできるのだ。湧水地、支流の流れ込みがこれにあたる。

したがってポイントは逆に絞りやすい。なかでも実績の上がっている大柳川の流れ込みと、常葉川の流れ込みについてここでは詳しく紹介したい。両支流とも、1年を通して安定した水温を維持しており、合流点及びその下流には大アマゴが付く。

大柳川の出合は、富士川本流の合流点と、少し下流の瀬のヒラキまでがねらいめとなる。ルアーの釣り人はその下流、鹿島橋下でも大型をヒットさせているようだ。

以前は合流点が深みになっており、べ

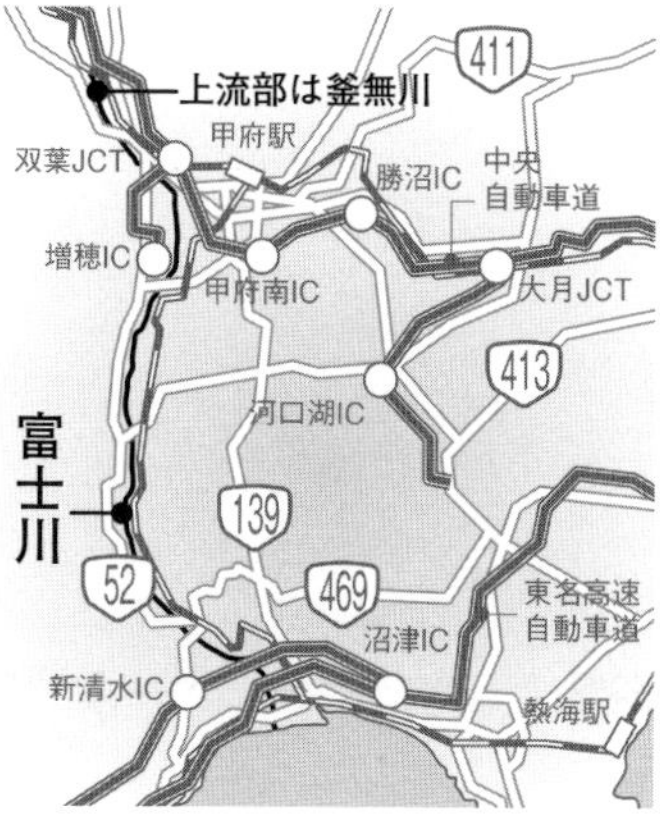

朱点の美しい本流育ちのアマゴ

ストポイントだったが、台風の影響で現在は多少浅くなっている。2013年は瀬頭から瀬尻のカケアガリ、流心近くの瀬尻で実績があったようだ。

エサはキヂに軍配が上がる。大アマゴをねらうシーズンは5月の連休前後から5月末まで。この時期、富士川本流は濁流でサオをだせない状況で、大柳川がササニゴリであればチャンスだ。合流点から1つめの堰堤まで差してくる大アマゴが手にできる。私自身も1日で3尾の大アマゴを釣りあげた経験がある。川の状況は日々変化するので、県外から訪れる際は現地の情報収集は必須である。

information

●河川名　富士川
●釣り場位置　山梨県西八代郡市川三郷町～南巨摩郡身延町
●解禁期間　3月1日～9月30日
●遊漁料　日釣券800円・年券4000円
●管轄漁協　富士川漁業協同組合（Tel 0556-62-2000）
●最寄の遊漁券取扱所　丸山つり具店（Tel 0556-42-2455）
●交通　中央自動車道・双葉JCTより中部横断道へ入り増穂ICを下車し国道52号で各ポイントへ

常葉川のねらい場所は、富士川本流の合流点に限られてしまうが、毎年必ず大アマゴが記録されている場所でもある。

しかし合流点上流に位置する富山橋下でも、アユの仕掛けに40㎝級の大アマゴが何度も掛かっているようで、こちらも見逃せないポイントとなるかもしれない。また、常葉川の上流部（合流点から約1㎞）にある下部温泉峡付近でサオをだすのも面白い。

エサは常葉川で採取できる川虫が一番。意外にも、ここだけはブドウムシでも実績があるので、増水時で川虫が採取できないときの予備エサとして忍ばせておきたい。

●大アマゴを手にするコツ

大もの攻略法だが、私にはこれといった手があるわけではないが、富士川でサオをだすときに注意していることがある。それは立ち位置。富士川は河原が発達しており、身を隠す場所が少なく、というよりほとんどない。

従って岸から離れて釣ることを心掛け

常葉川との合流部下流を望む。奥に見えるのが富山橋

大柳川との出合。合流点と下流のヒラキがねらいめとなる

ている。いきなり川に立ち込み1級ポイントでサオをだしている釣り人の姿を時折見かけるが、これでは大アマゴを手にするのは難しいと思う。岸寄りから流心へ、じっくり流れを探ることが大切だ。

流し方は人それぞれだと思うが、富士川の大アマゴは浮き上がるエサに好反応を示す気がするので、穂先を小刻みに上下動させ、誘いをかけて流すように私は心掛けている。また、富士川では1つのポイントで粘るのではなく、何ヵ所かをローテーションで探るほうが、大アマゴと出会える確率も上がるようだ。

2013年、富士川のアマゴが減少しつつあることを危惧し、山梨本流釣同好会をはじめとする有志により、アマゴの稚魚が富士川に放流された。水産試験場の協力も得て放流された稚魚は約2500尾。アマゴのソ上調査に生かしたく、稚魚はアブラビレがカットされている。もし、釣れたアマゴのアブラビレが切れていた場合は、富士川漁協にご一報を入れていただきたい。

最後に、近頃の釣り人は情報集めに必死で、スマホやコンピューターとにらめっこであるが、1つの川に通い詰め、自然から情報を得ることも大切。土手にあの花が咲いたらとか、あの山の中腹にある一本桜が咲いたらなど、季節を読むことも大ものに近づく有効な道筋だ。

ちなみに私は、自宅近くのカワウの営巣地から鳥が飛び立つ瞬間、飛行高度で今どの辺りまでアマゴがソ上しているかを読んでいる。自分の読みが当たり、手にした体高のある富士川の大アマゴは格別である。

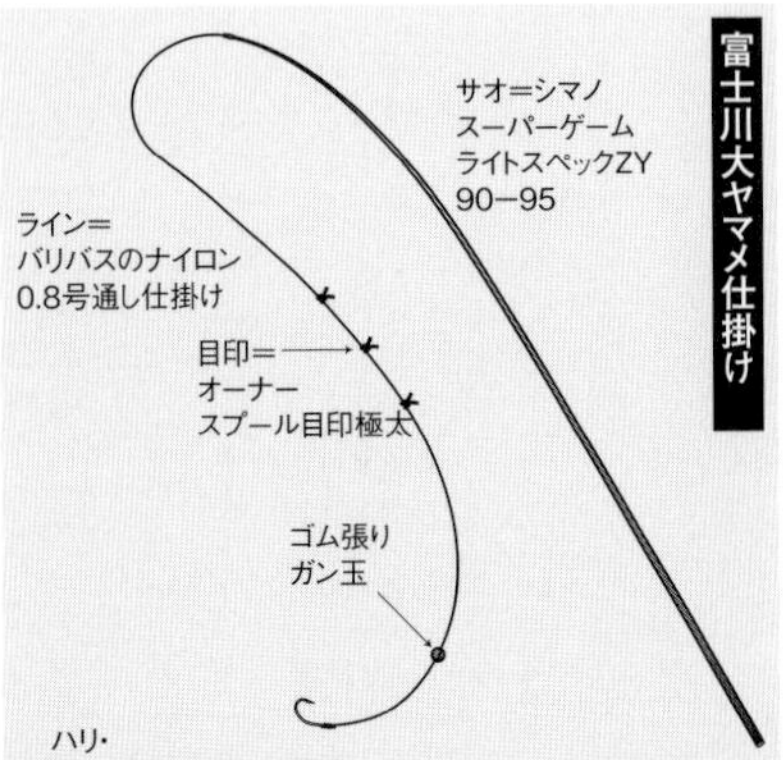

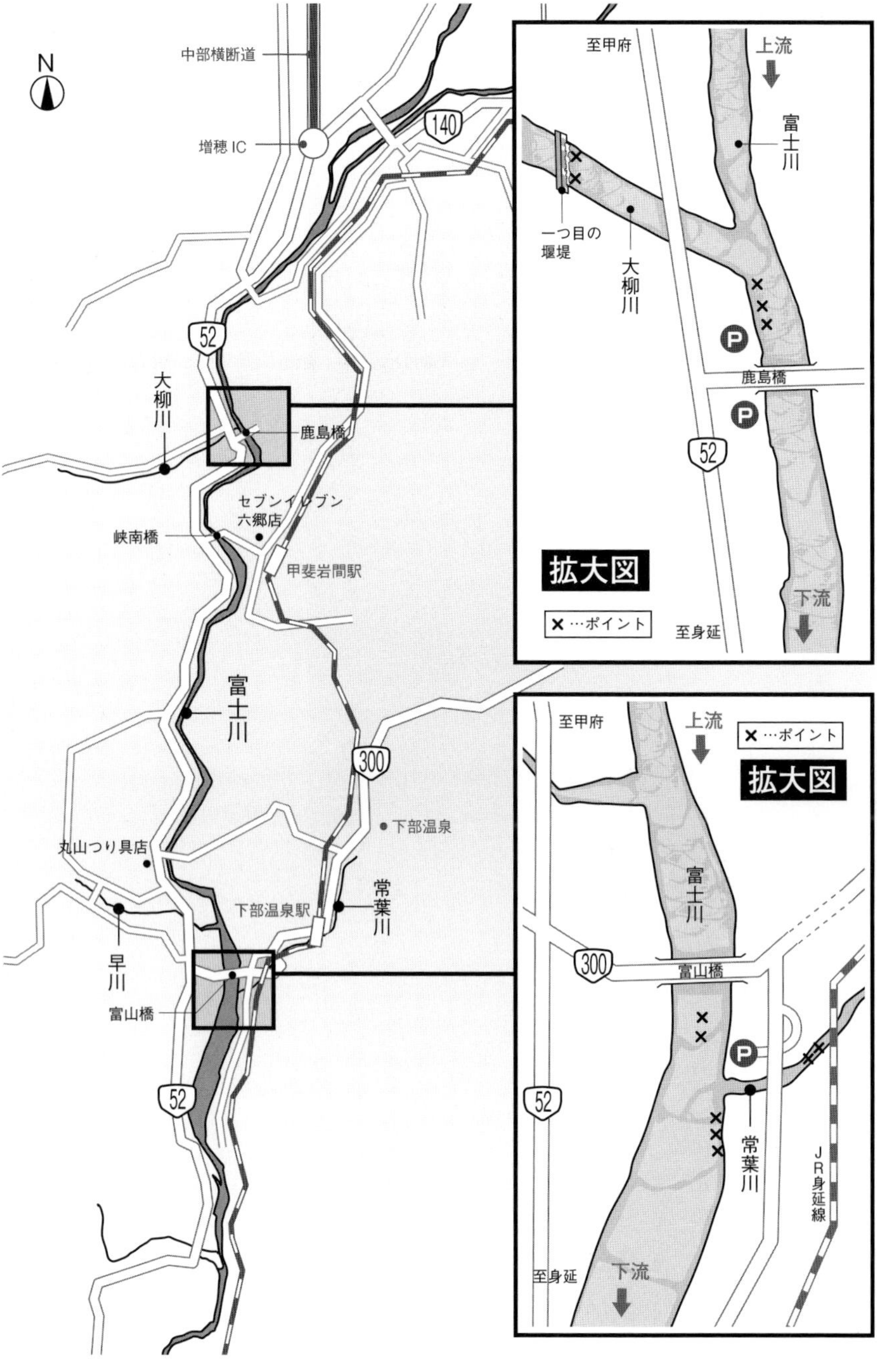
N
中部横断道
増穂 IC
140
52
大柳川
鹿島橋
セブンイレブン
六郷店
峡南橋
甲斐岩間駅
富士川
300
下部温泉
丸山つり具店
常葉川
下部温泉駅
早川
富山橋
52
至甲府
上流
富士川
一つ目の
堰堤
大柳川
鹿島橋
52
拡大図
×…ポイント
至身延
下流
至甲府
上流
×…ポイント
拡大図
富士川
300
富山橋
52
常葉川
JR身延線
至身延
下流

16

静岡県 芝《しば》川

富士の湧水群に源を発し富士宮市を流れる淵と瀬の連続する渓相が楽しめる富士川本流から差してくる大アマゴをねらう

下流部でおすすめの芝川中学校裏のポイント。盛期には瀬をねらって釣果が得られる

profile

●望月竜也

昭和45年生まれ、山梨県在住。渓流釣り歴24年。源流のイワナから本流のアマゴ、河口付近のサケ釣りまで、ノベザオで挑める魚を求めて釣り歩く。『甲駿渓遊会』代表

静岡県富士宮市を流れる芝川は、富士山の湧水を源に発して流れ富士川に注ぐ。解禁当初から水温も高く良型アマゴが望める河川だ。

●下流域のポイントとねらい方

水温が高いといってもシーズン初期は中下流部がねらいめとなる。最下流部エリアの芝川中学校付近では解禁から尺アマゴが顔をだすこともあり気は抜けない。ここへの入渓は芝川郵便局前に車道があり、進んで行った先から入渓するか新橋付近に駐車し、踏み跡や階段を利用して川へ下りたい。

この辺りは、淵や瀬が交互に顔をだす渓相を見せる。平水なら淵を中心に水深のある場所を探り、増水後は瀬のなかのヒラキにでてエサを追う魚をねらいたい。

大雨で富士川が増水すると、本流育ちの尺上アマゴが差してくるポイントでもある。そういった条件では、身延線鉄橋上下もおすすめだ。頭上に樹が覆う場所も多いので、サオは7m前後が扱いやすい。イトは平水で0・3号、増水時は

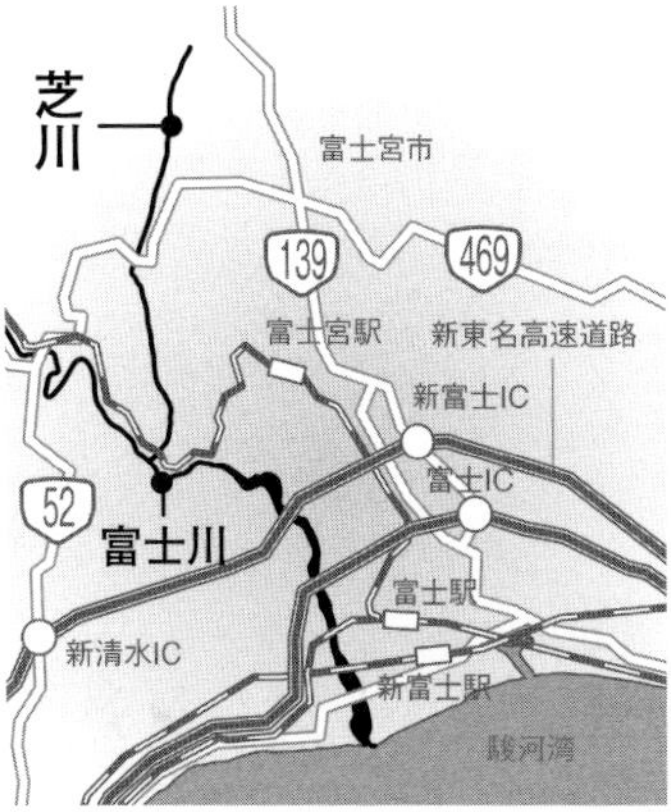

鳥並発電所下の淵で出た尺２寸の大アマゴ

０・６号以上を用意したい。

エサはキヂを中心にイクラも併用するといい。また初期から川虫類が採れるので、平水ならばクロカワムシやオニチョロ、ヒラタなどでねらうと釣果アップにつながる。

芝川橋の上下流は数年前の台風の影響で川が埋まり、ポイントがなくなってしまったが、５００ｍほど上流にある西山地区の取水堰堤は増水後に魚が溜まる場所として人気が高い。

ただし道が細いので注意が必要。県道75号線の小林工業テクニカルセンターを過ぎた先でも入釣できるが、ここは護岸上にあるフェンスを乗り越えて、足場の少ない石垣を降りるので釣行の際は注意すること。

西山地区の「Ｂ＆Ｇ海洋センター」から中部電力鳥並発電所付近までの流れは実績も高く尺上アマゴも期待できる。こちらは右岸の土手を少し下ると数台分の駐車スペースがあり、久保大橋から左岸の土手に沿って２００ｍほど進むと駐車できるスペースがあるので、どちらかを利用したい。

このエリアをねらうなら、ここから釣り上るか、１㎞ほど上流に位置する桂林第一水源の小屋から左岸の林道を２００ｍほど下って鳥並発電所前にでて釣り下る方法がある。

芝川は水深のあるトロ場に魚が着くことが多く、過去の大ものは淵やトロ場で記録されている。しかし、水の透明度が高い川のため、水深を見誤って軽いオモリで流れを探っている釣り人も多く、大アマゴの口へとエサが届いていなければ結果がでないのは当然となる。くれぐれもオモリの選択には充分注意したい。

information

●河川名　富士川水系芝川
●釣り場位置　静岡県富士宮市
●解禁期間　3月1日～10月15日
●遊漁料　日釣券1000円・年券3500円
●管轄漁協　芝川観光漁業協同組合（Tel 0544-66-0270）
●最寄の遊漁券取扱所　サークルK芝川町役場前店（Tel 0544-65-2922）
●交通　新東名高速・新富士川ICで下車し国道139号で富士宮市を経由して県道25号で芝川へ

下流部のポイントへと入渓する目印となる芝川郵便局前のようす。右側に降りて行く車道がある

下流域に架かる新橋付近には駐車スペースがあり、橋の脇から階段を利用して入渓できる

柚野農林産物直売所付近の流れにも好ポイントが点在する

●中上流域のポイントとねらい方

新緑の季節には上中流部も面白くなる。初期からも充分ねらえるが、早期は放流魚が多く、綺麗な魚を釣りたいのならば時期をずらすとよい。ちなみに大型のニジマスも放流されるため、強烈な引きには注意されたい。

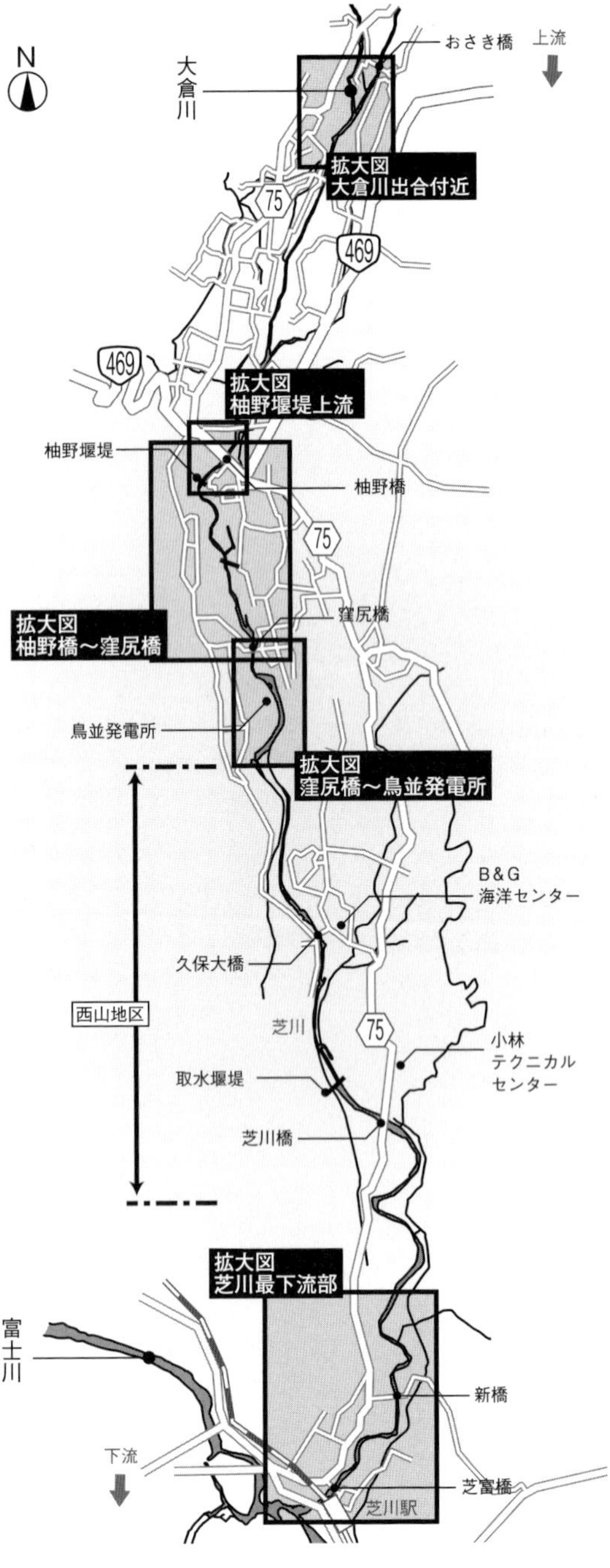

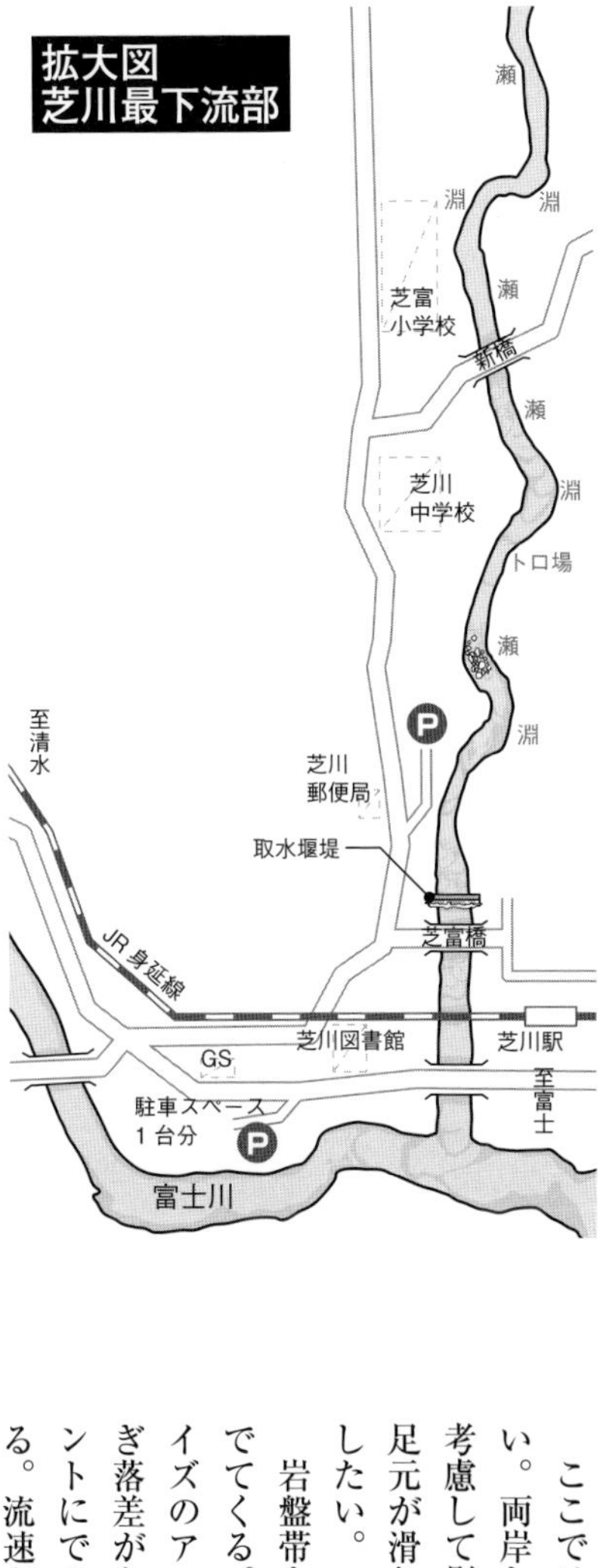

中流域にある久保大橋付近のようす。小さな堰堤が数基あり魚が付く場所になっている

上流域に架かる中橋付近は、普段は水が少ないが増水すると好ポイントに変わる

柚野堰堤も平水時は期待できないが増水後には魚が差す場所で、過去には40㎝オーバーのアマゴが仕留められている。窪尻橋付近にある「やすらぎ公園」から堰堤まで釣り上がり、住宅地を抜けて車に戻るパターンがおすすめだが、平水時は柚野堰堤で取水され流れが細くなるので増水時のみの釣り場といえる。

堰堤上は水量が復活する。柚野橋までの間は瀬が中心となるので小型が多いが、橋上の岩盤帯は足場が高く釣りづらいものの、大ものが潜んでいることがあるので見逃せないポイント。

ここでは太イトを使用して探ってみたい。両岸ともサオがだせるが、時間帯を考慮して影が出ない岸を選択すること。足元が滑りやすいので注意してサオをだしたい。

岩盤帯を越えて落差がなくなると淵がでてくる。ここは秋口に40㎝を超えるサイズのアマゴが入るポイントだ。淵を過ぎ落差がなくなると大きなヒラキのポイントにでるが、ここでも良型が手にできる。流速が遅いため仕掛けを流すのにテ

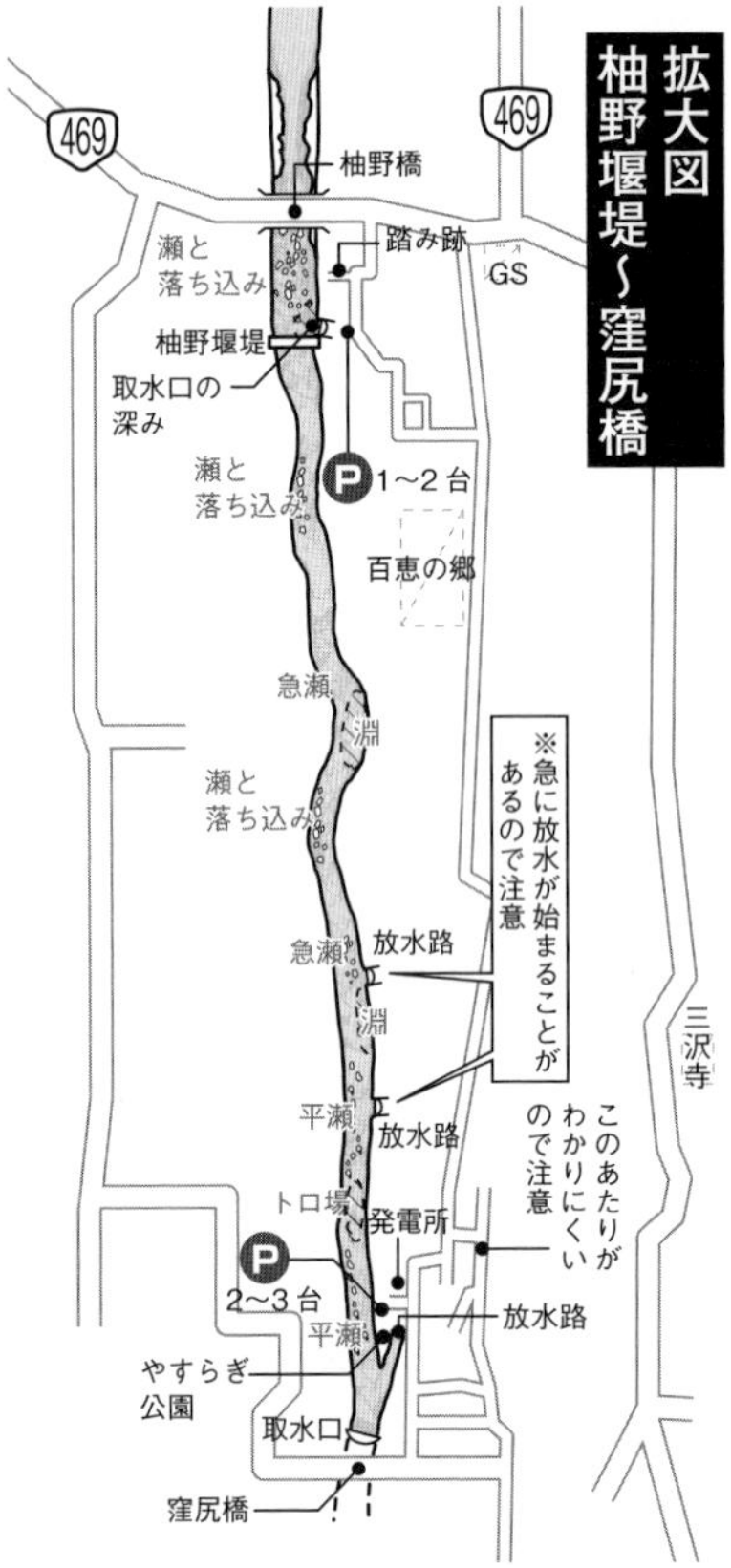

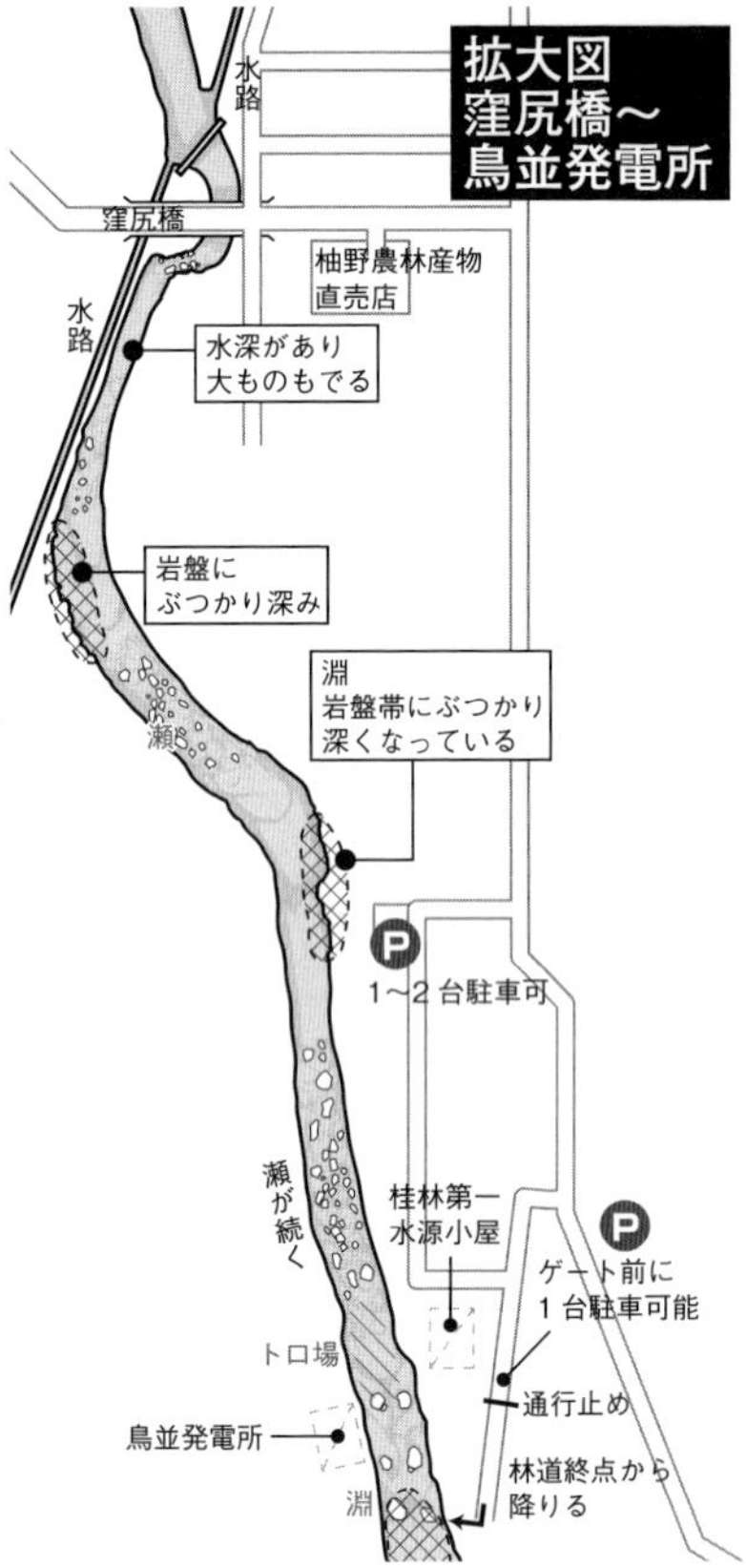

クニックがいる、攻略しがいのあるポイントだ。

ここから上流にも、実績のあるポイントが続くが、数年前の台風で川が埋まってしまい、アマゴも少なくなってしまった。中橋付近は普段は取水され水がないが、増水して水量がでた時は、一転して好ポイントとなる。

観光地として有名な「白糸の滝」は通年禁漁。隣の「音止めの滝」はサオをだすことができるが、入渓方法が説明し難いのでここでは割愛させていただく。

これより上流にもアマゴは生息するものの小型が多く、ニジマスの比率も上がるので説明を省く。

芝川での大もの攻略法は、基本的なことだが底に入る流れにエサを乗せることが一番。透明度が高いため水深を見誤ってしまいがちだが、しっかりと底へと届けられるオモリを選択し、じっくりと流すことで大型に口を使わせることができるはずだ。時間的には朝夕のマヅメ時がねらいやすい。

そして、大アマゴを手にする絶好のチ

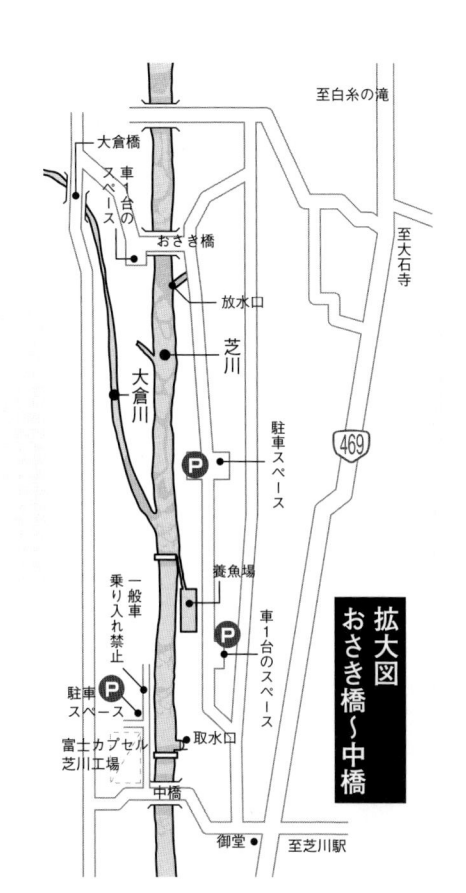

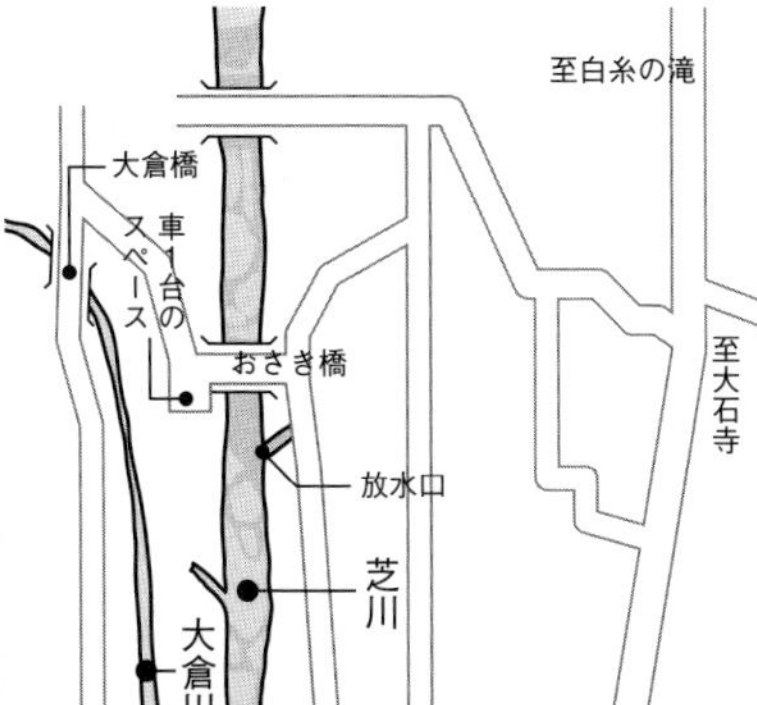

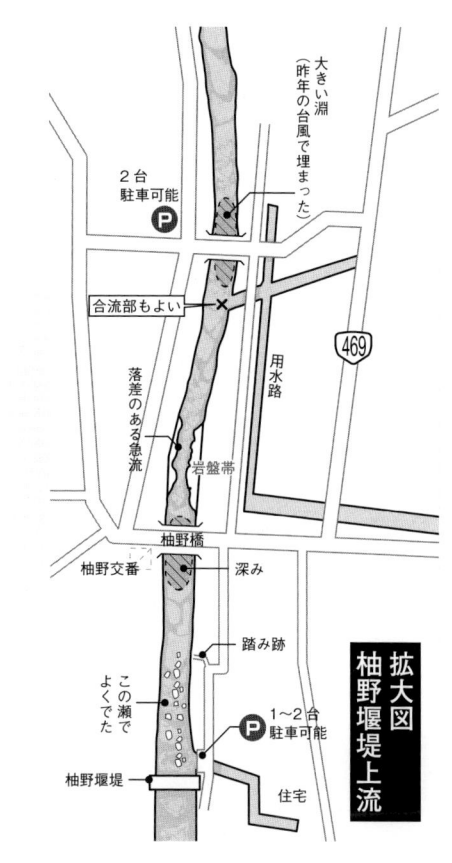

ヤンスは台風直後。他の河川で4、5日釣りにならない状況でも、芝川では翌日か翌々日には魚が動きだす。濁りが残っていても早い段階でサオをだしたい。

また、普段水がない区間は水量が復活し魚の活性が上がるので、そんな場所を探してサオをだしてみると、思わぬ好釣果に恵まれることもあるはずだ。

芝川の河川付近は釣具店がなく、エサ、仕掛けなどの準備は万全に。サオは7～8mが使いやすいが、場所によっては6mクラスも用意しておくと都合がよい。

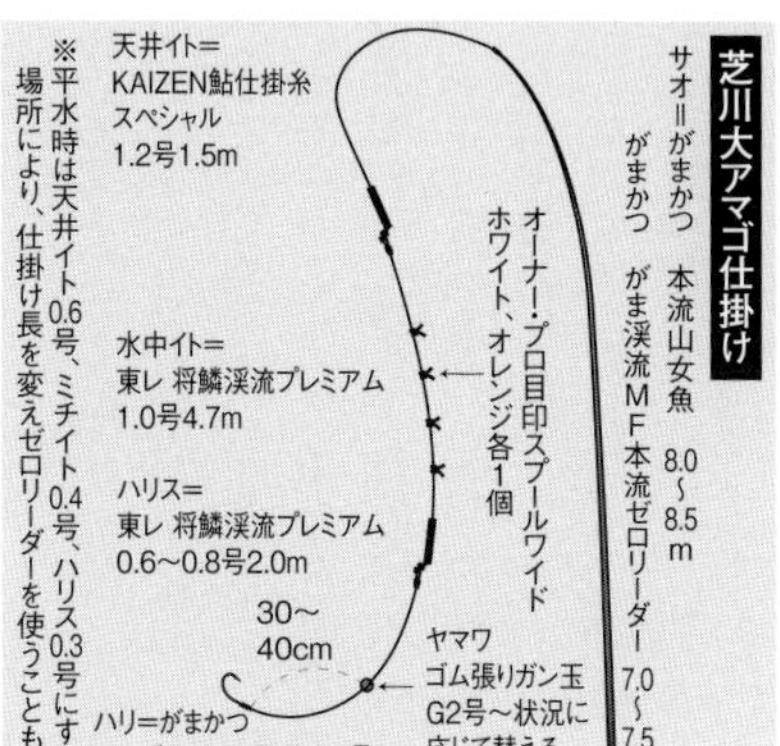

17 山梨県 桂川《かつら》

首都圏からも近い山梨の渓流釣り場
相模湖の上流に広がる流れはダイナミック
大淵と流れ込む瀬には大ヤマメが潜む

桂川は、山梨県南都留郡山中湖村に位置する富士五湖の1つ山中湖を源とし、富士山北麓の水を集めて流下しながら相模湖・津久井湖という2つのダム湖へ注ぐ。その相模湖から上流の流れが桂川、下流は相模川、さらに河口近くの下流では馬入川とそれぞれ呼ばれている。

ここでは、相模湖より上流の流れで、湖で大きく育ったヤマメのソ上が見られるエリアをピックアップして紹介したい。

●下流域のポイント
【清水下～金畑橋】

桂川本流では、杖突橋より下流はほとんど深トロの渓相が続き、渓流釣りには向いていない。ここから上流部が主な釣り場となる。

まず挙げられるのが「清水下」の淵だ。ここには大型が潜んでおり、過去にはコロガシに尺上のヤマメが掛かったこともある。

新倉橋真下にも水深5～6mの大きな淵があり、上からのぞくと大型の魚が泳いでいるのが見えることもあるが、残念ながら岸まで下りられず釣りにならない。両淵の間は瀬と淵が交互にあり、好ポイントとなっている。

金畑橋下流には水深4～5mの大型の淵があり、ていねいに探るとよい釣りができる。新倉橋からここまでは深トロが続く。

金畑橋右岸側には、川に下りられる階段がある。ここから下流の清水下まで歩くことは可能だが、かなり危険が伴う。初心者は控えたほうがよいだろう。所要時間は1時間程度だ。

浄水場下から吊り橋跡下150mくらいまでは、水深1・5～3mの淵が5、6ヵ所ある。各淵には大型のヤマメ、ニジマスが潜んでおり、これをねらう。淵の落ち込み付近や流れのヨレなどを丁寧に探ると、好釣果が期待できる。過去には尺上ヤマメの実績もあるが、川の両岸が切り立った崖になっているため、移動に

profile
●細田 充
昭和26年生まれ。山梨県在住。渓流釣り歴は30年以上。ホームグラウンドは地元の桂川と、岐阜県の高原川。渓流釣りも好きだが、アユの友釣りにもハマっている

大きな淵から瀬へと続くダイナミックな渓相を見せる桂川。首都圏から至近の本格的な渓流釣り場だ

information

●河川名　相模川水系桂川
●釣り場位置　山梨県大月市～上野原市
●解禁期間　3月1日～9月30日
●遊漁料　日釣券800円・年券4200円
●管轄漁協　桂川漁業協同組合（Tel 0554-63-0083）
●最寄の遊漁券取扱所　畠山釣具店（Tel 0554-26-5510）
●交通　中央自動車道・上野原ICを下車し左折。島田駐在所前の信号を右折し、国道20号を左折して各ポイントへ

は充分注意すること。

吊り橋跡付近には有料駐車場があり、20～30台駐車できる。この下の河原で川虫が採取できるので覚えておきたい。付近では年2回ヤマメ、ニジマスの放流が行なわれる。このエリアは渓相もあまり険しくなく釣りやすい。

塩瀬橋上流から梁川大橋下流までは瀬と淵が交互にあるが、川通しでは歩けないので注意したい。

●中上流域のポイント
【富士ドライブイン下～坂栄工業下】

富士ドライブインの下にある淵は水深1・5～2m。砂が入りかなり浅くなったため、あまりよいポイントではない。ただし数年前には大型の実績がある。そこから下は水深2～4・5mの淵が連続しているが、両岸が切り立った崖なので危険。所々で下へ降りられる場所があるので、そこで釣ることは可能。大型がでるが、あまりおすすめはできない場所だ。

キャンプ場下にある淵は、過去に大型ヤマメが釣られた実績がある。水深3～4mで中央に岩があり、落ち込みから岩の周りを釣ると大型がでる可能性が高い。ここと富士ドライブイン下の淵の間は瀬が続く。水深1～1・8mで、水温の上がる初夏がねらいめだ。

その上にある淵は水深3～4m。落ち込み付近から岩が沈んでいるので、好ポイントになる。その下流30mくらいの場所で徒渉可能だ。

坂栄工業下の駐車場付近にある瀬は、岩の周り、トヨ（溝）、流れのタルミなどをていねいに探ると好釣果につながる。
このエリアは坂栄工業下から入川し、川虫を採取して釣り下り、富士ドライブイン下の淵まで釣り下るコースもおすすめだ。

【坂栄工業下～虹吹橋】

坂栄工業から虹吹橋下流は、川通しに歩くことが可能。付近は深い渓谷なので、遡行には注意が必要。川を渡るときは浅い場所を見付けて渡る。所要時間はおよそ1時間半。

大型のヤマメとレギュラーサイズの魚体

坂栄工業下の駐車スペース（畠山釣具店）付近からは瀬が続き、所々に水深のあるトヨがある。ポイントを捜しながら釣るとよい。4月頃に暖かくなってくるとよいポイントになる。その上の淵から下畑橋上流にある淵まではトロが続くため、渓流釣りには不向き。

その淵からヒノキ林下の淵までは浅めの瀬が続く。あまり粘らず、軽く流す感じで探るエリア。どちらかというとアユ釣りポイントで、川虫の採取は可能。

ヒノキ林下の淵は大きく、水深2～3m。中央に岩があり、落ち込みから岩までをていねいに釣る。粘りが必要な場所である。

県営団地（堀の内団地）裏からヒノキ林を下り入川できる。川へ降りると川虫採集可能な場所があるので、採集してから釣り下ってもよい。

【虹吹橋～砂利採集場】

このエリアは、川通しで歩くことが可能で、所要時間は1時間半から2時間ほどだ。

佐々木オトリ店横の淵は水深1・5～2mと浅めだが、大型のニジマスが飛びだすこともあるので注意。そこから大月総合体育館下にある淵までは、大きな淵はない。

大月総合体育館下の淵と、その上流の川が屈曲している場所にある淵は、かなりの大場所。エサ釣りにはあまり向かず、ルアーやフライでねらったほうがよいかもしれない。

そこからオトリ店下の淵までの間に瀬

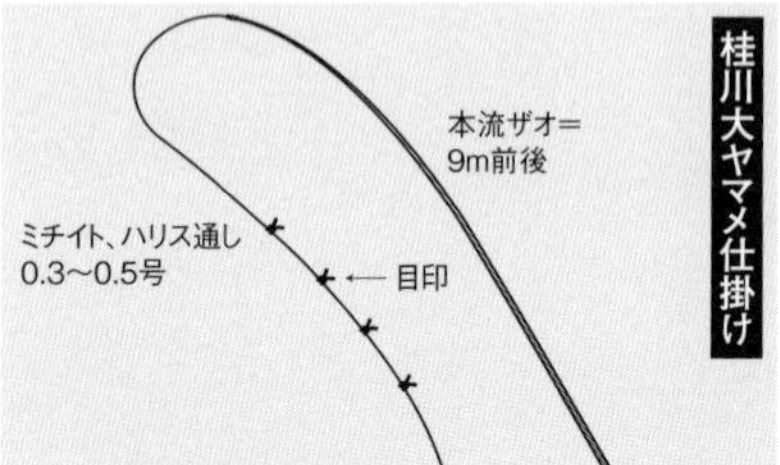

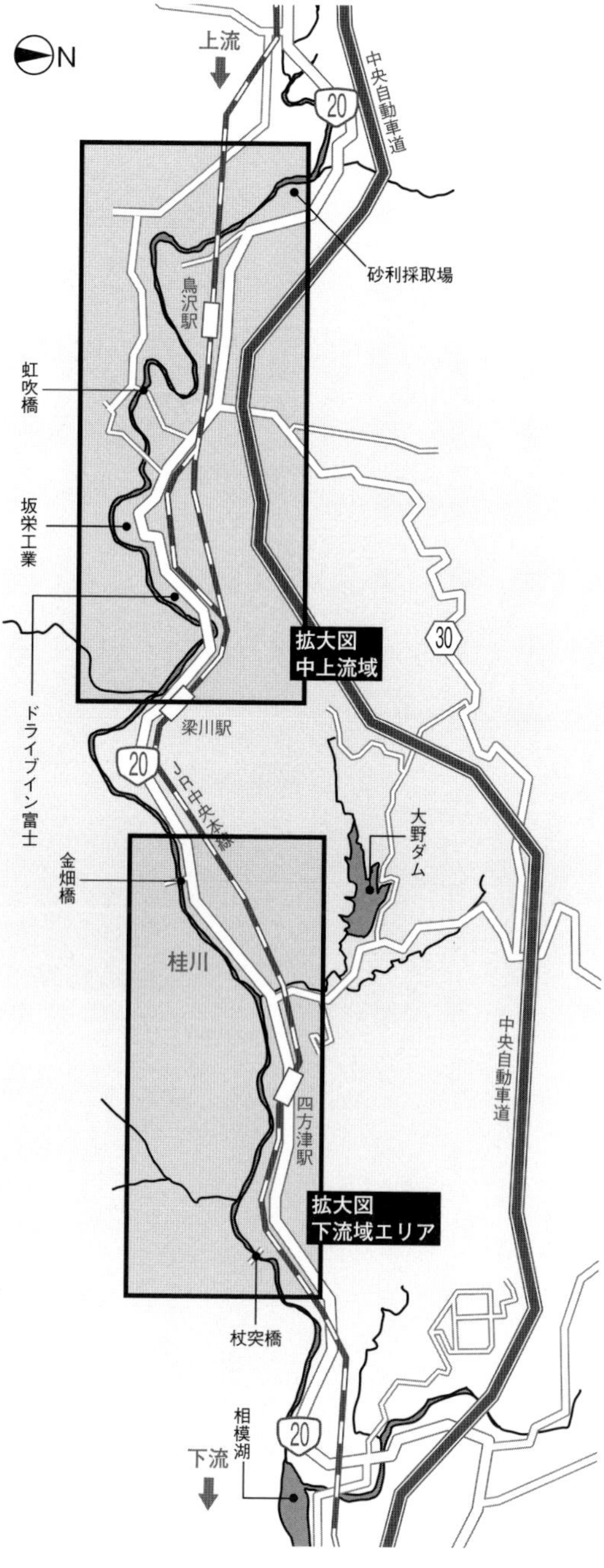

があるが、水深があり、型のよいヤマメが何尾かは顔をだす。オトリ店下の淵は、過去に大型の実績もある。水深3～4mで、かなり規模の大きな淵である。ポイントが絞りにくいので、丹念に探ることが必要だ。

3月下旬から5月中旬までは、あけぼの橋上流にある淵と砂利採集場下の淵の間にある瀬で魚は活発にエサを食べているようだ。この瀬は全体が浅いため、トヨになっている場所や石の陰を探ると釣果が伸びる。

ちなみに、あけぼの橋上流にある淵は、あまり石も入っておらず、魚が付ける場所ではない。粘らずに早めに見切ったほうがよいだろう。

砂利採集場下の淵付近は、漁業組合が年間2回ヤマメ、ニジマスの放流をしており、魚影の多いポイント。淵は水深3～4mで場所も広いため、過去に放流された魚が残っている。年に数尾は大型が釣れるので、見逃せないポイントとなっている。

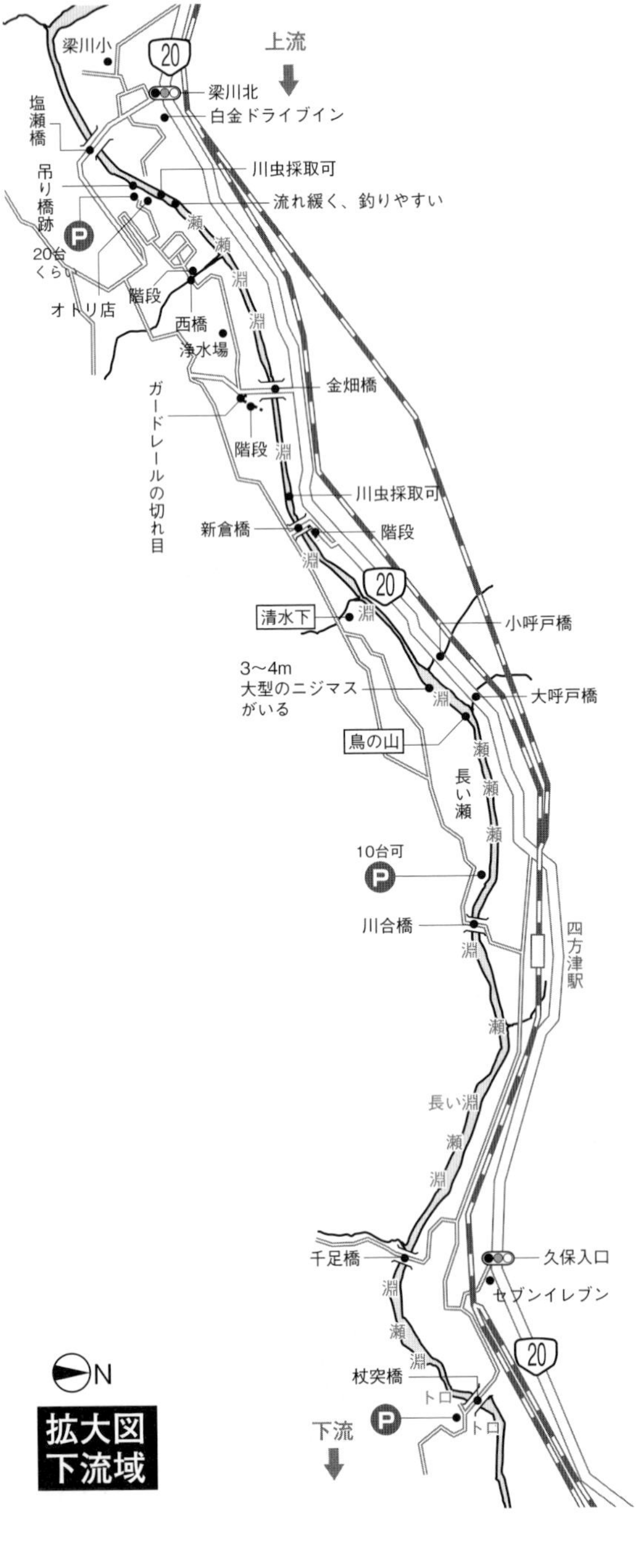

四方津駅からすぐにある川合橋。下流を望むと大きな淵が見える

新倉橋から下流を望む。橋の脇には階段があり、川まで下りられる

金畑橋の上流部を望む。ヤマメのみならず、アユの釣り場としても知られている

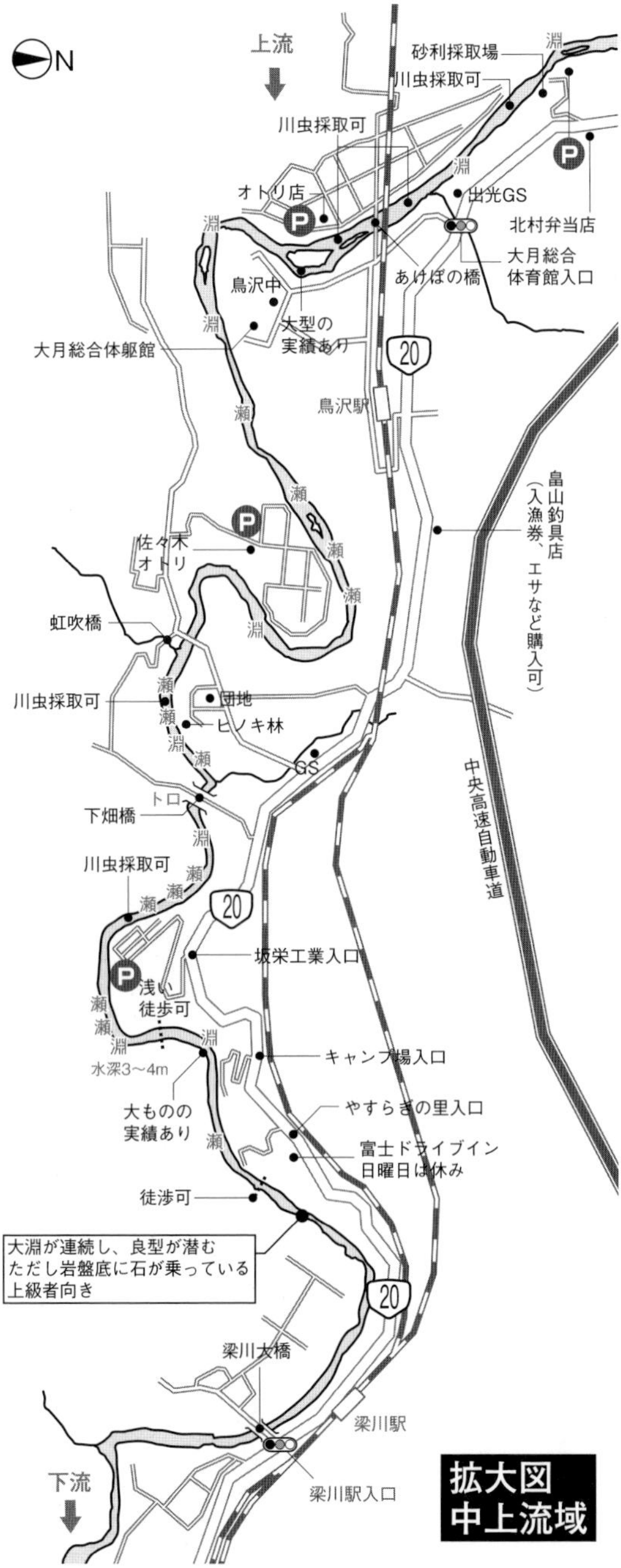

大柳川との出合。合流点と下流のヒラキがねらいめとなる

虹吹橋から下流を望む。左岸にあるヒノキ林の辺りから入渓可能

あけぼの橋から下流を望む。川幅も広く、川虫の採取も可能

砂利採取場付近も人気のポイント

18

長野県 依《よ》田《だ》川

名峰・霧ヶ峰を源として千曲川へ注ぐ 国道に沿う流れは入渓しやすい 上中流域では居着きの大ヤマメを手にできる

profile

●池田久敏

昭和54年生まれ、長野県在住。渓流釣り歴10年。ホームグラウンドの上川、宮川でヤマメをねらい足繁く釣行を重ねる。『信州山女魚路』代表。長野県釣りインストラクター

長野県上田市を流れる千曲川の支流となる依田川は、霧ヶ峰を水源とする和田川と蓼科高原を水源とする大門川が合流してその名に変わる。

山に囲まれた農村地帯に位置し、国道に沿って流れているため入渓しやすい。2月16日の解禁日にはまだ降雪が見られる中、多くの渓流釣りファンがサオをだす魅力あふれる川である。

依田川のポイントは大きく3つに分けることができる。1つめは比較的ポイントが分かりやすい上流域。2つめはダイナミックな渓相でテクニカルなエリアが続く中流域。3つめは千曲川本流から差してきた魚をねらう下流域だ。

今回はそのポイントの中でも、居着きの良型ヤマメがねらえる上流域と中流域を、過去の実績を基に攻略法を交えながら紹介したい。

●上流域のポイント攻略

最初に紹介するのは上流部の長門から古町地区。ここは小堰堤が続くためポイントが分かりやすい。ひと抱えほどもある岩が点在しており、その周囲も丁寧に探りたい場所だ。

この区間で大ヤマメをねらうために一番重要になるのは水量である。上流部だけあって平水時の水深は膝下程度のため、警戒心の強い大型にはやや物足りない状況だ。

そのため依田川上流部では増水が大ヤマメの活性を上げる1つのキーワードになる。サオは6～7mの渓流ザオで充分ポイントを探ることができるが、ズーム機能が付いていると便利だ。

イトは自分の釣り方に合わせて選択してもらえればよいが、食いが渋る状況では、軟調子のサオに細イトの組み合わせで大型をねらってみても面白いかもしれ

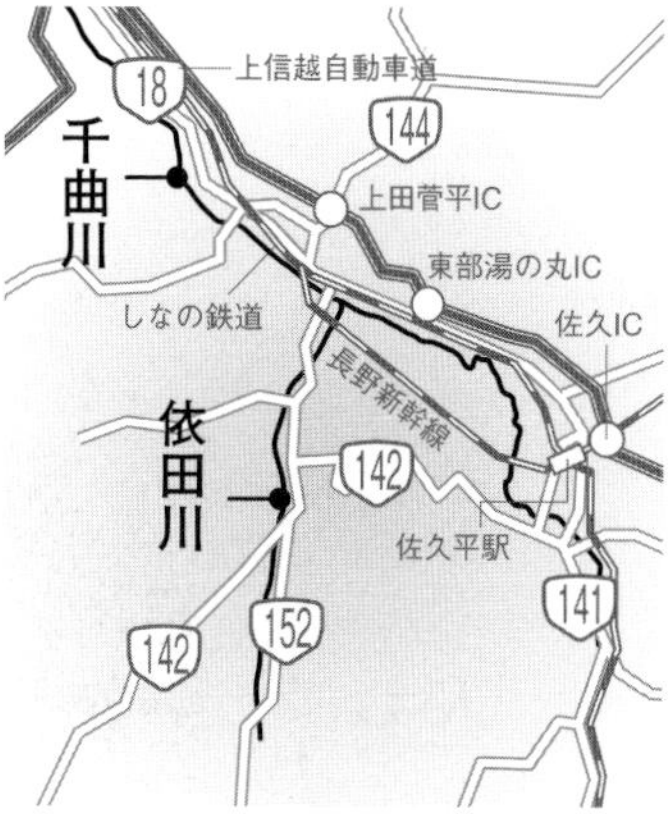

中流域に架かる武石橋から見た武石川出合の流れ。すぐそばに市街地があるとは思えないほどのダイナミックな渓相を見せる

information

●河川名　千曲川水系依田川
●釣り場位置　長野県小県郡長和町～上田市
●解禁期間　2月16日～9月30日
●遊漁料　日釣券1260円・年券6300円
●管轄漁協　上小漁業協同組合（Tel 0268-22-0813）
●最寄の遊漁券取扱所　セーブオン信州和田村店（Tel 0268-41-6024）／ローソン信州長門道の駅店（Tel 0268-68-0388）
●交通　上信越自動車道・東部湯の丸ICを下車し、国道152号で依田川へ

ない。

最後に、この区間で大ヤマメが必ず居着く条件と場所を説明しよう。ズバリ梅雨後の増水時の大門川と和田川合流点。ここは私自身何度も楽しい経験や悔しい思いをした場所だ。パーマークの綺麗な尺上ヤマメを手にしたときの感動は今も脳裏に焼き付いているし、水面に出たヤマメの顔まで拝んだのに最後のローリングでバレてしまったことなど、よくも悪くも貴重な体験をさせてくれた。なかなか好条件がそろうことがないが、ぜひねらってほしい場所だ。

●中流域のポイント攻略

次に紹介するのは武石川が合流する中流域。ここはすぐそばに市街地があるとは思えないほどのダイナミックな渓相が展開している。

釣り人の身長を越えるような大岩が複雑な流れを形成し、点在する淵は水深が深く、解禁初期から大ヤマメがねらえる場所だ。

ここではサオは7m以上のものをおす

上流域で仕留められたヤマメ。美しい魚体ながら、その顔付きは精悍そのものだ

すめしたい。細イトは禁物で、しっかりとやり取りできる仕掛けで臨もう。

この区間で大ヤマメをねらうには、複雑な流れをいかに攻略するかが重要になる。そのためオモリ使いや流し方に技術が必要になってくる。

まずは大きなオモリで底の形状を探りながら徐々にオモリを軽くして、仕掛けが流れに馴染みながら自然に流れるような状態にもっていきたい。

そしてこの区間で忘れてはいけなのは、魚を掛けた後にどうやり取りを行ない、どこで取り込むかを常に考えておくこと。ダイナミックな渓相ゆえ足場が悪く、魚が下流に走った際についていけず、サオが伸されてしまったり、イトが切れたりと私も苦い経験をしたことがある。ここでは0・6号以下のイトの使用はおすすめしない。

以上が依田川の有望ポイントと攻略法である。エサは現地採取の川虫が基本になる。場所によっては川虫の成長が遅いところもあるため、支流で採取を行なうのも1つの方法だ。

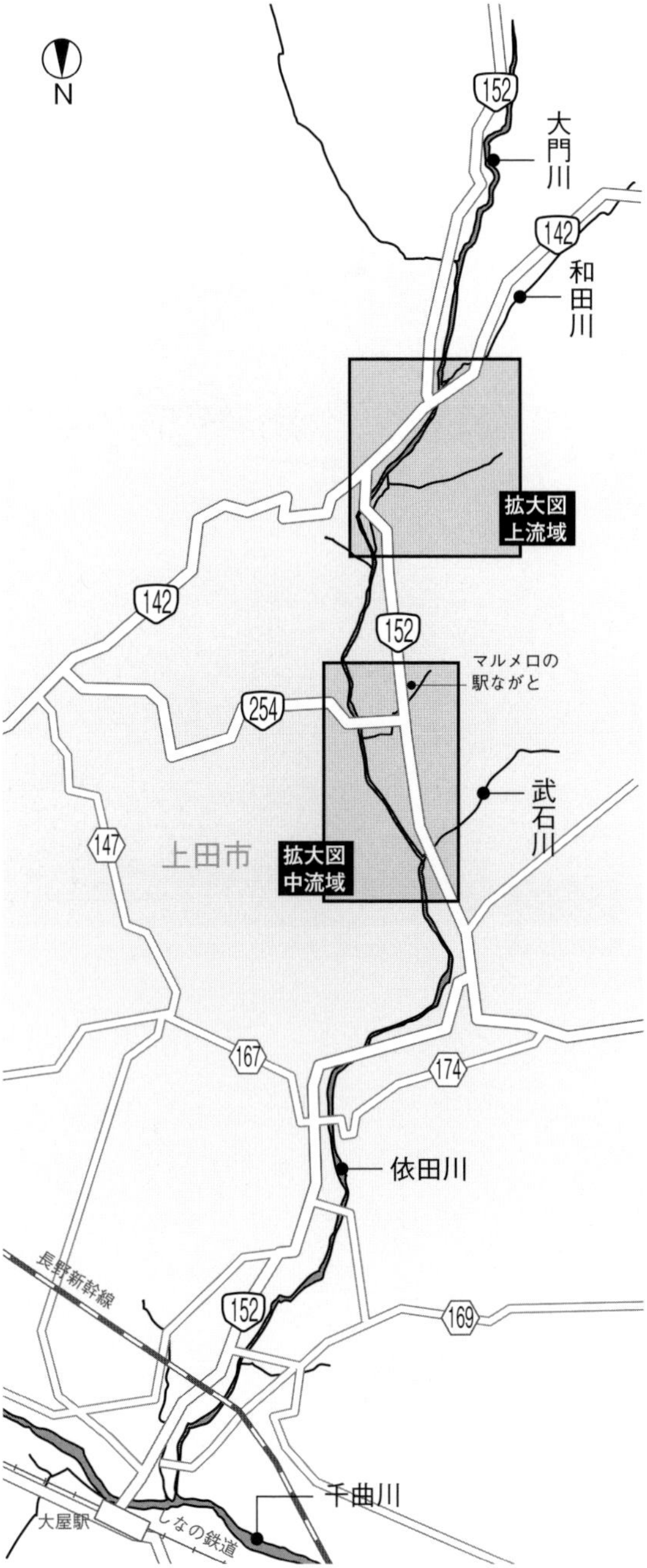

解禁初期は川虫の採取は困難な場合が多いので、ブドウムシなどの予備エサを準備しておくとよいだろう。山に囲まれた農村地帯を流れる川なので、キヂも有効なエサとなる。梅雨時期の降雨後に道路でキヂを見かけるようになったら迷わずエサとして使いたい。

最後に基本的なことではあるが、川へのアプローチは慎重に。渓流釣りで魚に一番警戒心を与えるのは、自然環境や外敵ではなく釣り人自身である。不用意に川に近づきサオを伸ばし始めては、魚に「釣り人が来たから早く逃げてね」といっているようなものである。

また、依田川はアプローチがしやすいため、先行者に会うこともしばしばだ。楽しい釣りを行なうためにもお互い声を掛け合い、迷惑な駐車は避けること。釣りのマナーを守ることを心掛けて、1日を気持ちよく過ごしたものだ。

大ヤマメは気難しいターゲットだ。釣りはサオを仕舞ったら終わり。最後まであきらめず、この魅力的な依田川で大ヤマメをねらっていただきたい。

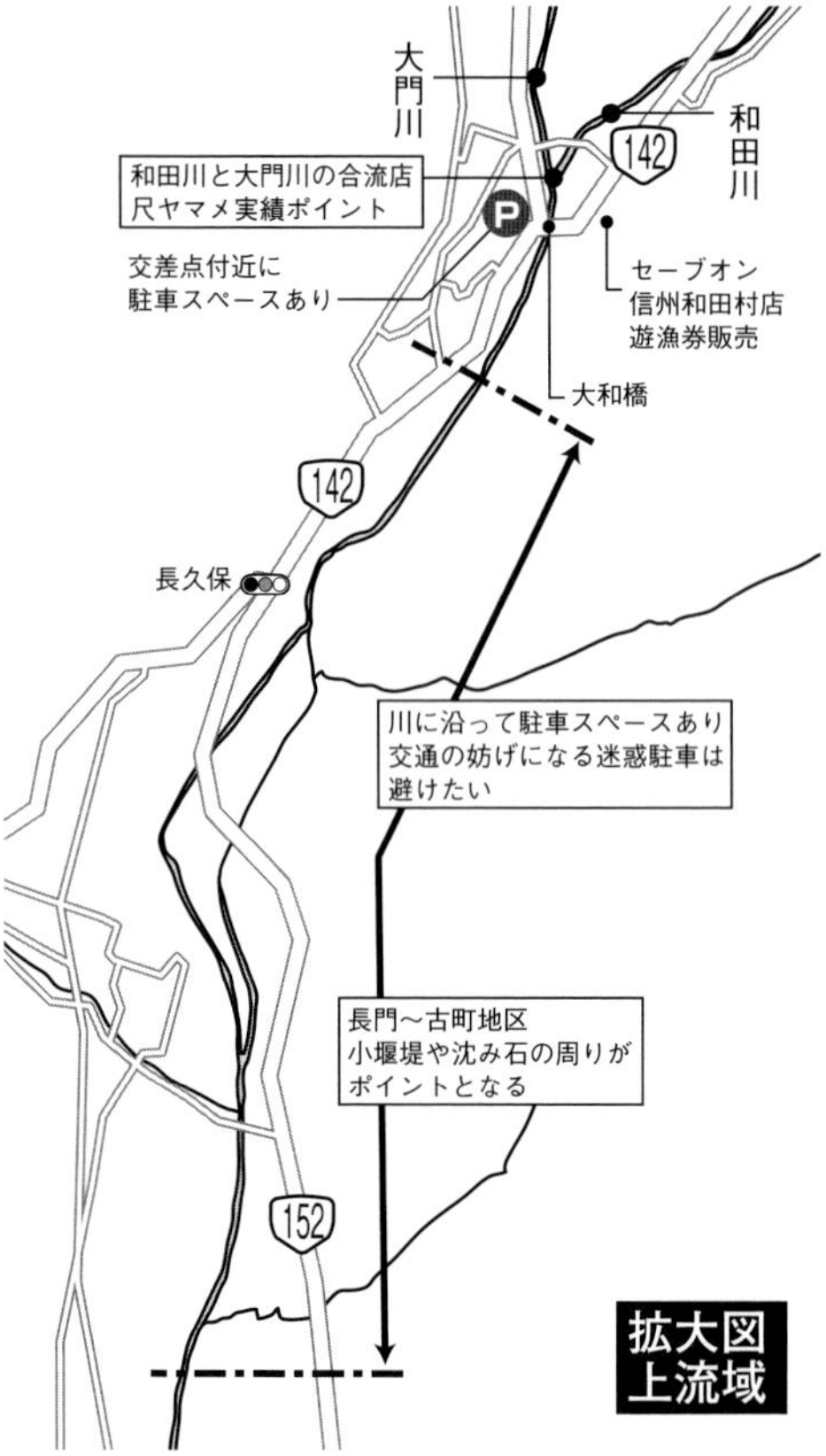

長門～古町地区を流れる依田川。山に囲まれた農村地帯を縫う流れは里川の風情

大門川と和田川の合流部付近の流れ。梅雨後の増水時に大ヤマメが手にできる

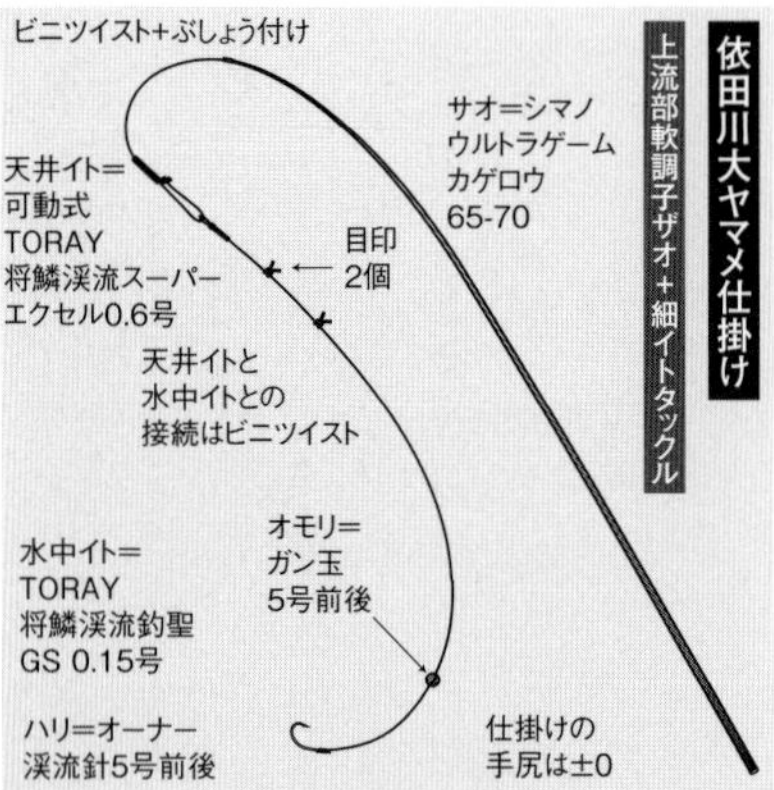

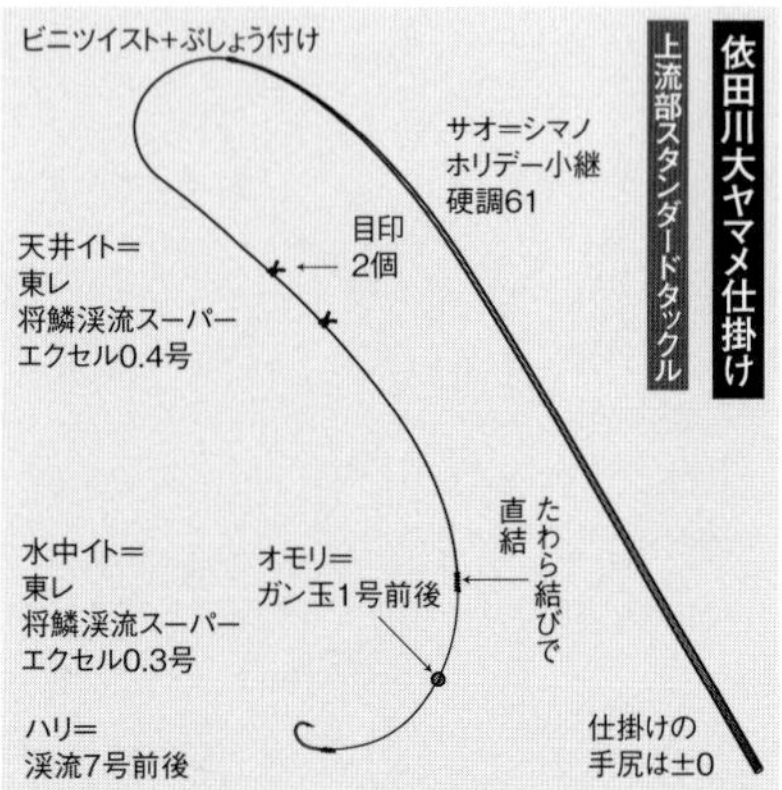

中流域の渓相は大岩が複雑な流れを形成し、点在する淵は水深があり解禁初期から大ヤマメがねらえる

中流区間で大ヤマメをねらうには、複雑な流れをいかに攻略するかが重要になる

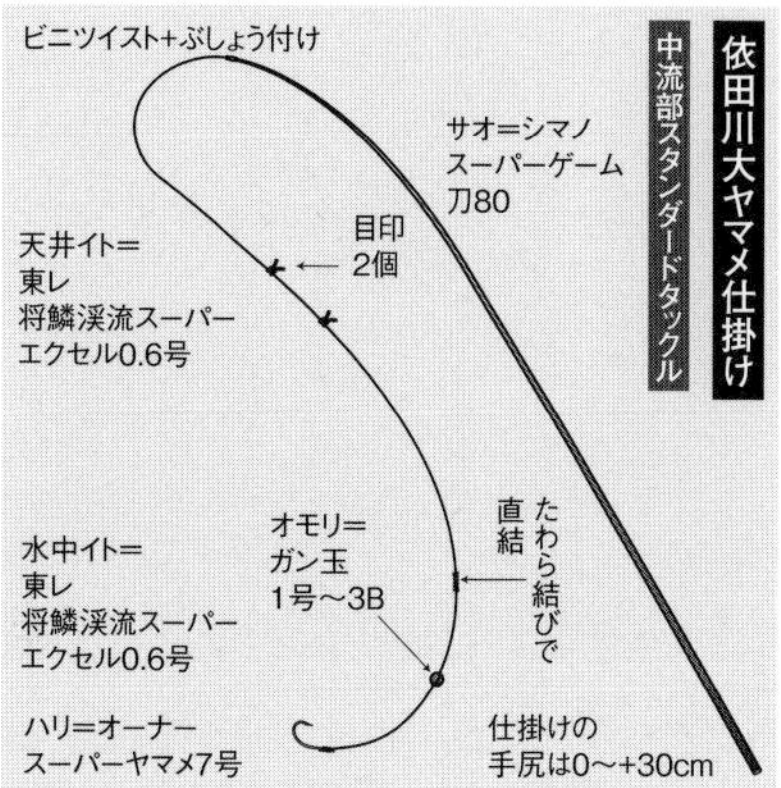

中流域で手にしたヤマメはパーマークの薄れた銀色の魚体だった

19

長野県 梓《あずさ》川

槍ヶ岳に源を発し南流する渓を釣る
ヤマメを筆頭に多彩なマス類が生息する
奈川渡ダムからソ上するモンスターにねらいを絞れ

大石が点在する流れに大型アマゴやサクラマス、イワナなど、モンスター級の魚が潜んでいる

profile

●千島克也

昭和49年生まれ、埼玉県在住。ホームグラウンドは荒川で、ヤマメの最大魚は50cm。ほかに桂川で釣ったアマゴ49cm、犀川のサクラマス61cmなどがレコード。『荒川銀影会』会長

梓川は北アルプスの槍ヶ岳を源とし、観光地で有名な上高地を流れて奈川渡ダムへ流れ込む。さらに松本市街地まで流下して奈良井川と合流し、犀川と名を変えて千曲川と合流した後、日本海へ注いでいる。

源流域の槍ヶ岳は日本で5番目に高い山岳で、そこから流下する65㎞に及ぶ流れは上高地をはじめ素晴らしい景観を楽しめる。

梓川の渓流エリアとしては、奈良井川との出合となる最下流部から沢渡温泉上流まで釣りが可能だ。釣れる魚は主にヤマメ、アマゴ、イワナ、ブラウントラウト、ニジマスなど多彩な顔ぶれ。特に下流域では大型のニジマスやブラウントラウトに出会えると大人気なのだが、私は奈川渡ダム上流をメインに釣りをしている。

●60㎝級のモンスターも出る

ここでは、ダムの上流部でのポイントの見つけ方や釣り方をメインに紹介したい。奈川渡ダムのすぐ上流に位置する沢

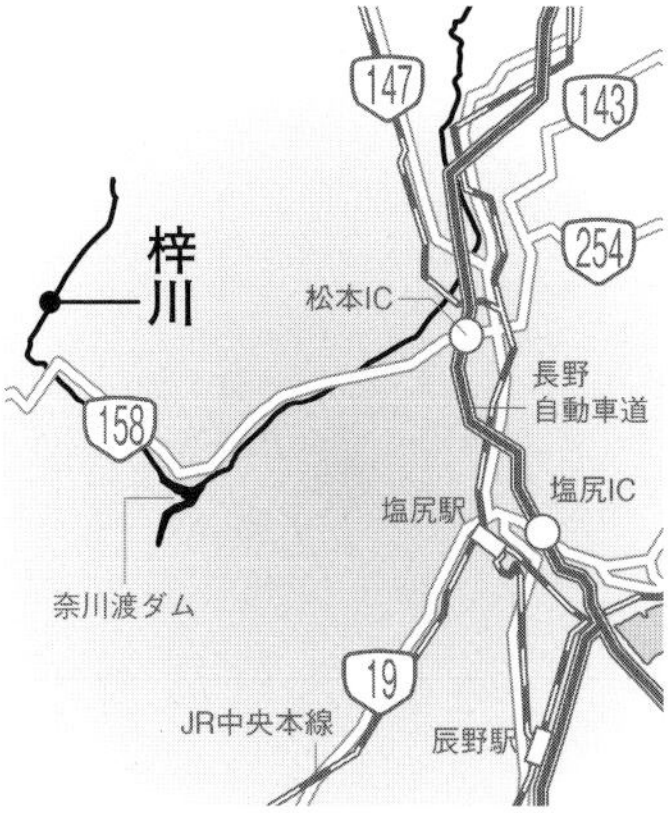

大岩の脇や裏、流れ込みにできる白泡の下は大型の魚にとって姿を隠すにはうってつけの場所

渡温泉周辺が、私のおすすめするエリアだ。大石が点在する流れに大型アマゴやサクラマス、イワナなど、モンスター級の魚が潜んでいる。サイズは30～40㎝後半が多いが、なかには60㎝を超える魚体も記録されている。だが近年、サイズが低下しているため60㎝級の話を聞くことが減ってしまった。

これらの魚は奈川渡ダムで育ったもの。6月あたりから少しずつソ上し始め、9月には産卵のために婚姻色をまとった魚体が手にできる。

そんなモンスターと対峙するためのタックルを準備しておきたい。私が梓川で使用するタックルであるが、まずはサオ。海からソ上するサクラマスをねらえるパワーのあるアイテムを選びたい。長さも8～9ｍと本流仕様だ。

次にライン。大ものとのやり取り、また取り込みにおいてラインは重要なファクター。大ものは魚体の重量もあり、ラインが伸びることが多い。伸びるとやり取り中のライン切れは防ぎやすいのだが、取り込み時に腕を頑張って上げてもタモ入れが困難になることもある。そのため伸びが少なく強度が高いフロロカーボンがおすすめだ。サイズは1・25～1・5号を使用している。

最後にハリであるが、大ものとのやり取りで折れたり伸ばされたりするようなハリでは信頼度に欠けてしまう。できれば軸の太いハリを選びたい。私がよく使うのは「がまかつ　ランカートラウト」の8～12号。軸が太いとで刺さりが悪いと思われがちだが、パワーのあるサオを使用するため、しっかりとハリ掛かりするようだ。

エサは大型のキヂに実績がある。イク

information

●河川名　信濃川水系梓川
●釣り場位置　長野県松本市
●解禁期間　2月16日～9月30日
●遊漁料　日釣券500円・年券3500円
●管轄漁協　安曇漁業協同組合（Tel 0263-79-2729）
●最寄の遊漁券取扱所　つり具の三平（Tel 0263-27-2538・松本市）
●交通　長野自動車道・松本ICを下車し国道158号を右折、上高地方面へ進み奈川渡ダムを経て釣り場へラやブドウムシでも食ってくるため、予備エサとして持参したい。

奈川渡ダムからソ上してきたと思われる銀化したヤマメ

●上流域の釣り方とポイント

このようなヘビータックルでの釣りでは流し方などに工夫が必要となる。基本的にラインが太いと流れに馴染ませることが難しく、釣果も落ちてしまう。しかし釣れないからと、ラインを細くするのは避けたい。せっかく掛かった大ものもバラしてしまう。

太いラインでしっかり馴染ませるには、ガン玉を重くすること。そのとき必要となるのはハリスの長さである。ガン玉を重くするとエサにテンションがかかり、不自然な動きになりがちだ。あまり不自然すぎる流し方は、魚に警戒心を与えてしまうのでマイナス面が大きい。

私はガン玉の重さによってハリスの長さに変化を付けている。20〜70cmを基本として、軽い場合はハリスを短く、重い場合はハリスを長く取っている。これだけのことで、よい釣果に恵まれる可能性が高くなるのだ。

このエリアは大淵などの大場所が少なく、ここぞと思えるポイントが見つけにくいが、大アマゴの潜む場所は必ずある。

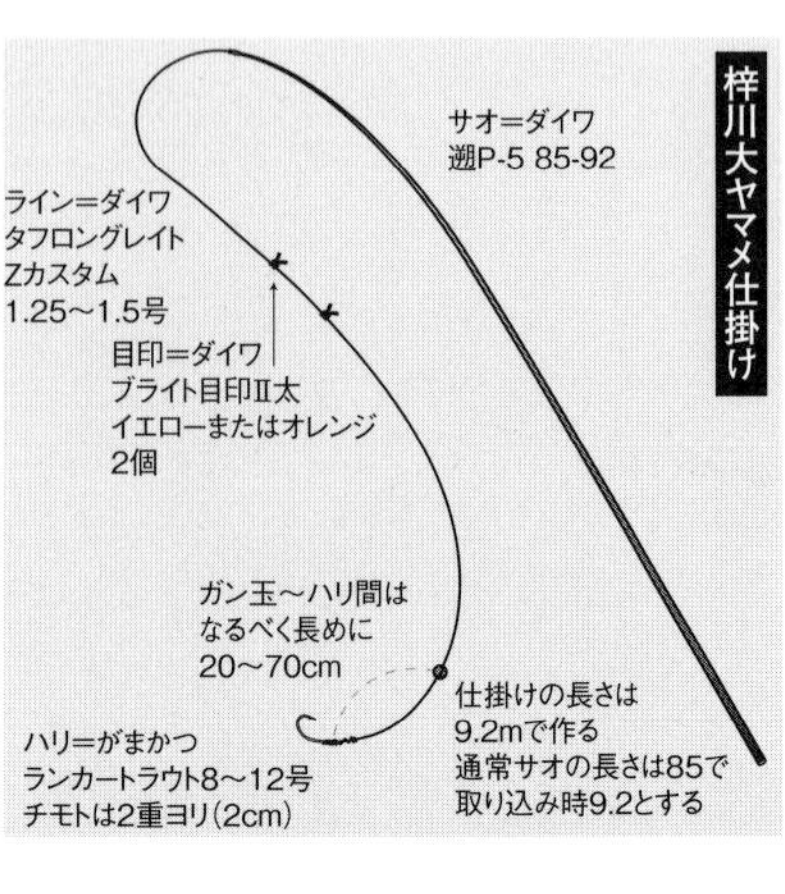

梓川大ヤマメ仕掛け

そんな実績のある流れが、トロの流れ込みにできる白泡直下である。白泡の下は大型の魚にとって姿を隠すにはうってつけの場所となる。このように大型の魚が身を潜められるポイントをうまく見抜くことが大切だ。

梓川は標高の高い釣り場である。夏場はよいが9月になると急激に気温が下がり、霜が降りることもあるのでウエアは厚めのものを用意するとよい。また、自然豊かな釣り場である。釣れた魚はなるべくキャッチ&リリースを心掛けたい。

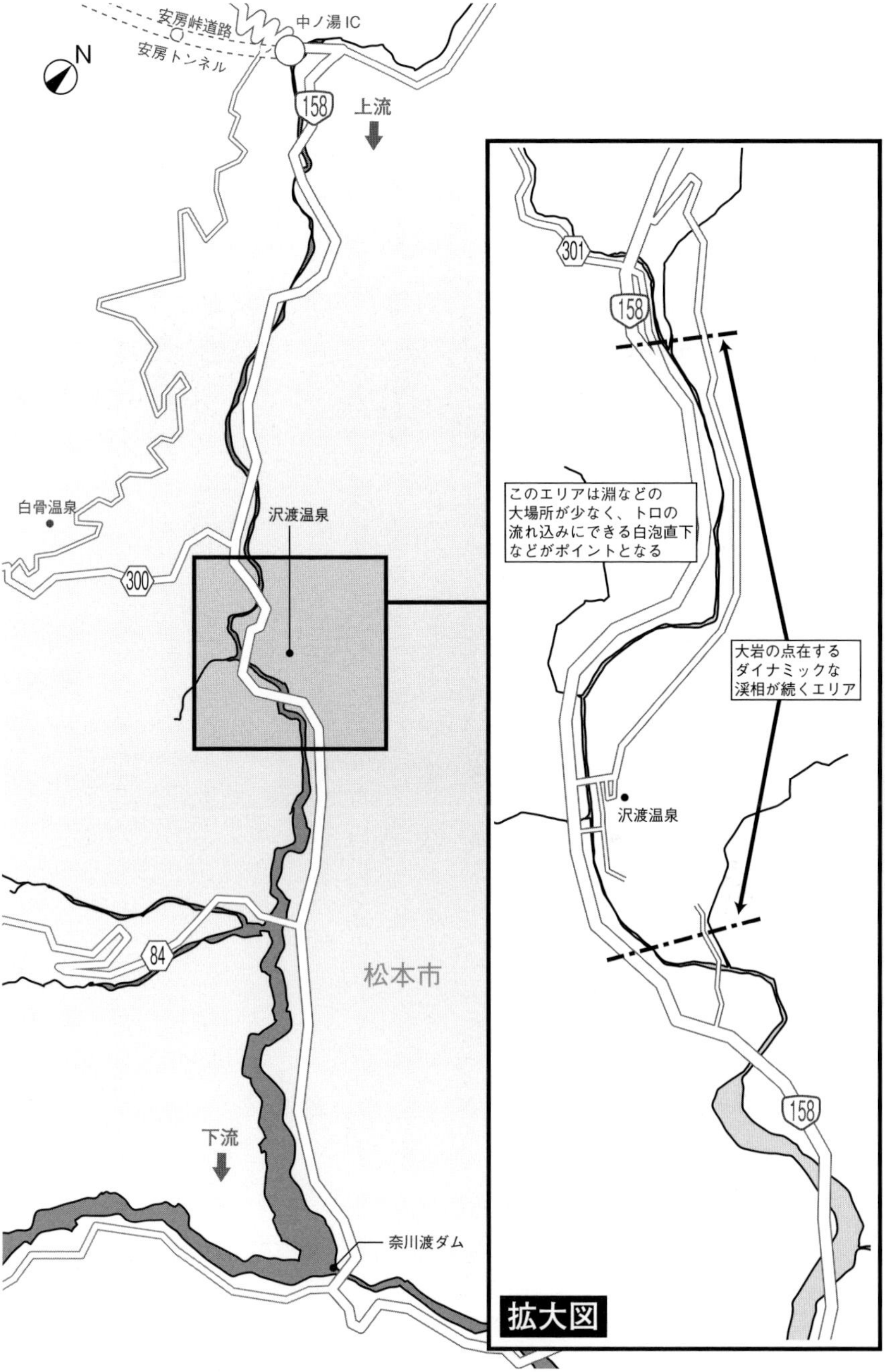

N
安房峠道路
中ノ湯IC
安房トンネル
158
上流
白骨温泉
沢渡温泉
300
84
松本市
下流
奈川渡ダム
301
158
このエリアは淵などの
大場所が少なく、トロの
流れ込みにできる白泡直下
などがポイントとなる
大岩の点在する
ダイナミックな
渓相が続くエリア
沢渡温泉
158
拡大図

犀川は９ｍ前後のサオで広くポイントを探りつつ、足を使って広範囲を釣り歩くのが釣果を手にするコツだ

20 長野県 犀《さい》川

下流部は10kmに及ぶC&R区間
豊かな水とエサが、渓魚を大きく成長させる
支流の流れ込みの攻略がキーポイント

北アルプス南部の槍ヶ岳に源を発し、上高地を流下して安曇三ダム（奈川渡ダム、水殿ダム・稲核ダム）を経由し、奈良井川が合流する。ここを境にして上流部を梓川、以降を犀川と呼び、長野市で千曲川へと注ぐ。

profile

●池田純也

昭和61年生まれ、長野県在住。18歳の時、地元・犀川で50cmのニジマスを釣って以来、本流釣りの魅力にハマる。『遊釣会』会長。犀川漁協組合員

●通年サオのだせるC&R区間

そんな犀川で大ヤマメをねらうなら、下流部となる犀川殖産漁業協同組合の漁業区域に的が絞られる。上流は平発電所ダムの御曹子橋に始まり、下流は千曲川との出合付近までの本支流全域となっている。

犀川本流域は川幅も大きく水量も豊富なことから、渓魚のエサとなる小魚や水生昆虫も豊富に生息している。そして、イワナ、ヤマメ、ニジマス、ブラウントラウトと多種の渓魚が生息し、どの魚にしても大ものに出会えるチャンスが非常に高い。

また、犀川下流域には周年ニジマス釣りを楽しめるキャッチ&リリース（C&R）区間が設定されており、冬期の釣り

豊富な水量と川幅のある流に育まれた大ヤマメは銀化し、美しい魚体をみせる

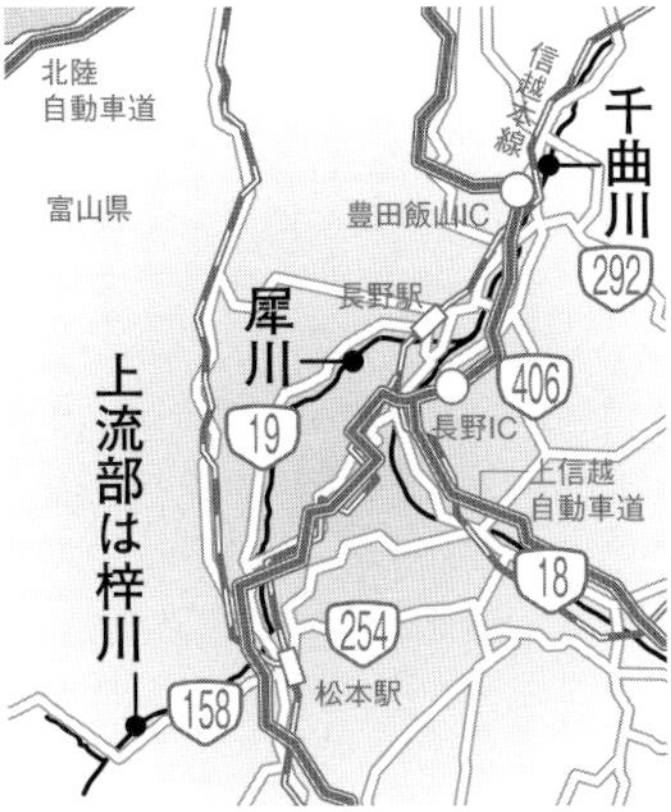

冬季でも採取できる川虫がクロカワムシ。活性の低い時期でもヤマメは口にしてくれる

場としても県内外から大勢の釣り人で連日賑わいをみせている。その区間は約10㎞前後と非常に長く、これだけの距離をC&R区間にしている川は、全国的に見ても数少ない。

2014年から漁協の規定が改正され、C&R区間が若干ではあるが以前よりも短くなり、上流は平発電所下流の放水口にあたる大八橋の下流から、更級橋の間となっている。

当然のことながらC&R区間では釣った魚を持ち帰ることはできない。

更級橋から下流については禁漁期間内の2月16日から9月30日までは持ち帰ることができる。

●支流の流れ込みをねらえ

豊富な水量と川幅のある流に育まれたヤマメは銀化し、尺上まで手にすることが可能だ。しかし大ものが必ずしも1級ポイントにいるとは限らない。確かに魚の付く要素はあるのだが、ここで大事なのは賢い魚こそ大ものになるということ。思いもよらない小場所で大ヤマメが釣れるケースもあるので、ちょっとした流れにも仕掛けを入れるようにしたい。

また、犀川で大ヤマメを手にできるポイントの条件もある。下流域は山々に囲まれているため、数多くの支流が本流へ流れ込んでいる。その支流が大ヤマメの釣果に影響を与えるのだ。

もともと警戒心が強いとされるヤマメだが、そのサイズが大きくなるにつれて、警戒心もより一層強くなるのが当然。

そんな大ヤマメの警戒心を薄くさせるのが、濁りの状態。濁流は論外だが、ササニゴリとなれば流下するエサを活発に漁るようになるし、仕掛けも目立ちにく

information

●河川名　信濃川水系犀川
●釣り場位置　長野県長野市
●解禁期間　2月16日～9月30日（ニジマスのみ周年）
●遊漁料　日釣券1000円・年券5000円
●管轄漁協　犀川殖産漁業協同組合（Tel 026-262-2212）
●最寄の遊漁券取扱所　上州屋長野川中島店（Tel 026-285-7660）／セブンイレブン信州新町店（Tel 026-262-2555）
●交通　上信越自動車道・長野ICを下車して国道19号で犀川へ

犀川本流域は川幅も大きく水量も豊富でイワナ、ヤマメ、ニジマス、ブラウントラウトと多くの渓魚が生息し、どの魚にしても大ものに出会えるチャンスが非常に高い

くなる。

多少の雨では本流は濁らなくても、支流から流れてくる水は濁っていることがある。その濁りが本流へと交わったところが大ヤマメが身を隠す場所でもあり、ポイントとなるのだ。

夕立などで支流が一気に濁ったときなどは、本流へ流れ込んできた水がどのような交わり方をするのかを観察してみたい。そして魚の付きやすそうな流れの筋を見つけ、どう釣るかをイメージすることが大事な要素となり、釣果にもつながる。

夏場は支流からの冷たい水を好む大ヤマメが、朝夕のマヅメ時に出合の岸寄りに付いていることも多い。

本流へと流れ込む支流の数だけ大ヤマメのポイントが存在すると考えて、積極的にサオをだしてみたい。

下流域のC&R区間は周年サオをだせることから、夏と冬とでは水量の変化が大きくなるため、冬の減水時には魚の付き場も変わってくる。また、冬場でも現地でクロカワムシが採取でき、活性が低いときでも反応してくれる効果的なエサとなっている。

最後に、ヤマメは細い仕掛けで釣るのが一般的であるが、犀川ではヤマメのサイズも大きければ、他の渓魚もモンスター級が掛かるため、普段使用しているヤマメ仕掛けの倍の強度があるサオ、仕掛けで挑むのが望ましい。ポイントも広く、数多くあるので、9m前後のサオで広く探りつつ、1ヵ所で粘るよりも足を使って探るほうが釣果を手にできるようだ。

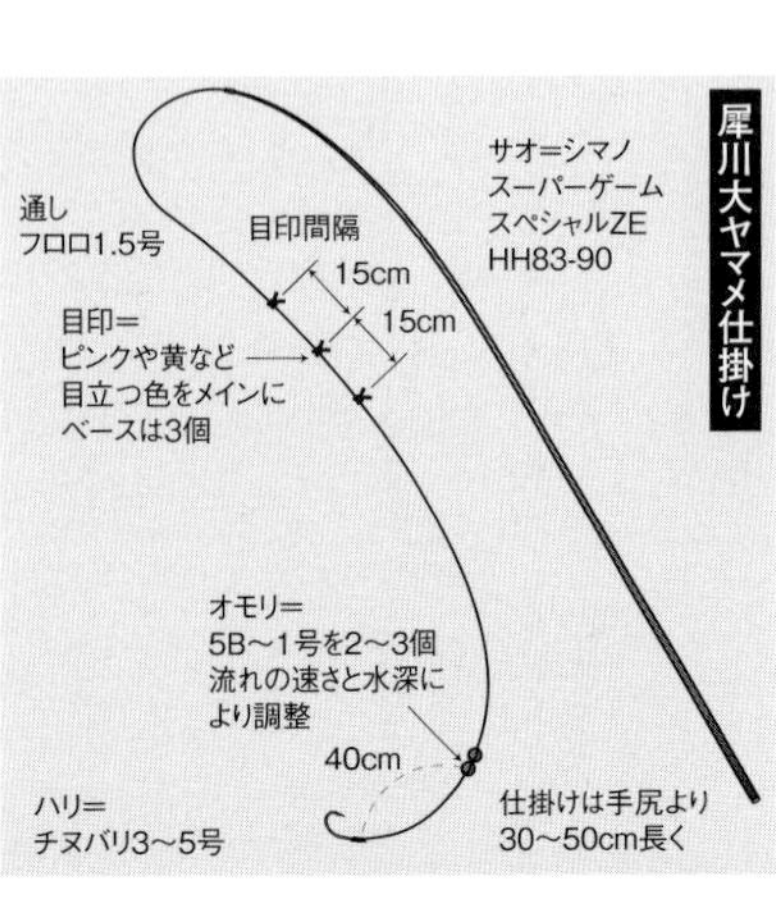

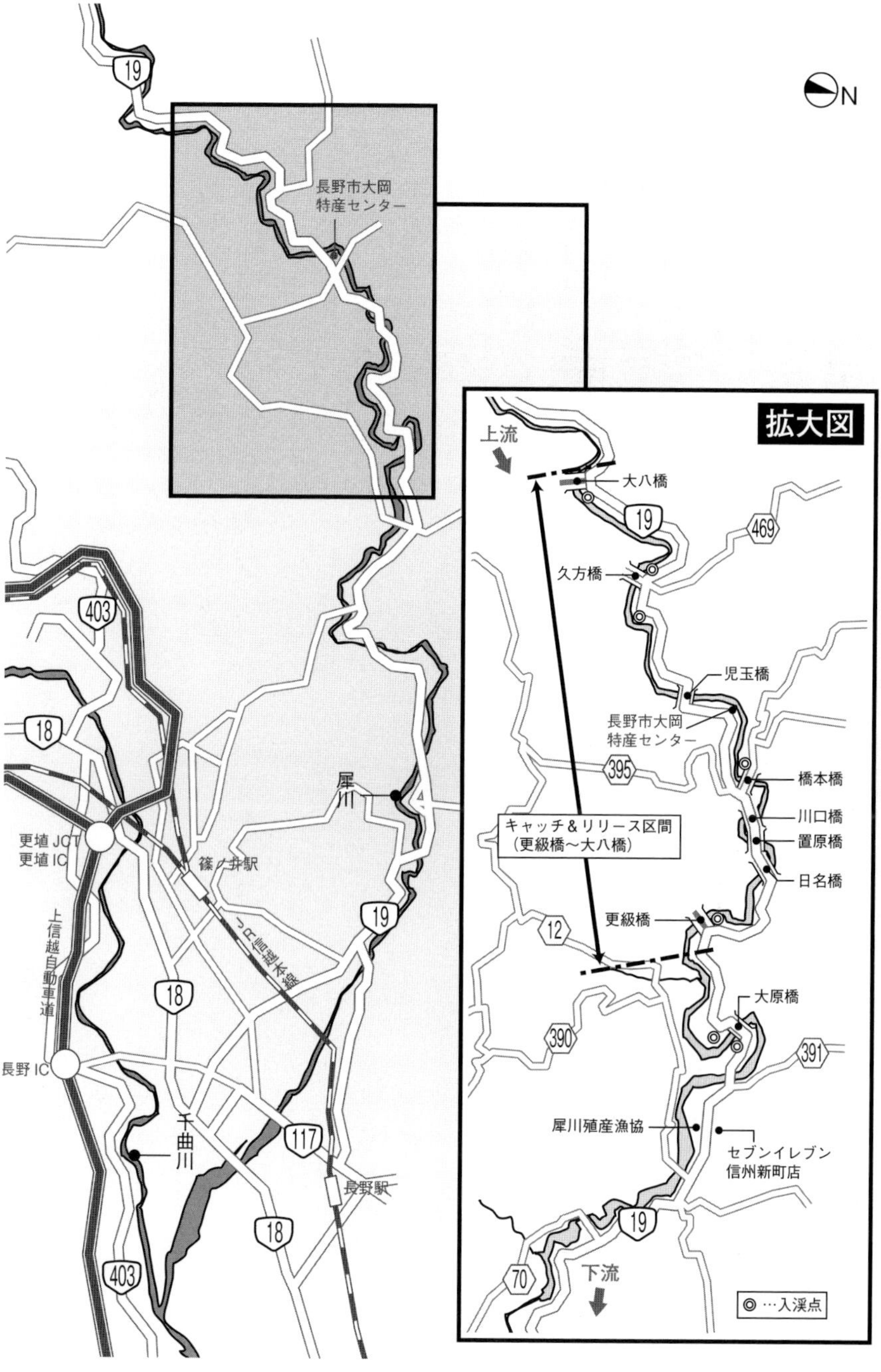
N
19
長野市大岡
特産センター
403
18
更埴JCT
更埴IC
篠ノ井駅
JR信越本線
上信越自動車道
長野IC
犀川
19
18
千曲川
117
長野駅
18
403
拡大図
上流
大八橋
19
469
久方橋
児玉橋
長野市大岡
特産センター
395
橋本橋
川口橋
置原橋
日名橋
キャッチ＆リリース区間
（更級橋～大八橋）
更級橋
12
大原橋
390
391
犀川殖産漁協
セブンイレブン
信州新町店
19
70
下流
◎…入渓点

21 長野県 上《かみ》川

諏訪湖へと流れ込む天竜川水系の渓 諏訪マスと呼ばれる良型のアマゴをねらう チャンスはソ上を誘発する雨後の濁り

天竜川水系の上川は長野県諏訪市・茅野市を流れ諏訪湖に流入する河川で、良型のアマゴがねらえる川の1つである。

諏訪湖からソ上してきたアマゴはパーマークが消え、銀色の魚体に朱点が映えて美しく、地元では諏訪マスとも呼ばれている。

私が上川で諏訪マスをねらう際よく釣行するのは主に下流部。このエリアは中央道の諏訪ICを下りてすぐとアクセスが容易で、駐車スペースも多く、ポイントも豊富なところがよい。

5月下旬から7月中旬までがよいシーズンで、諏訪湖からソ上するアマゴがねらえる。サイズは尺～尺2寸がメインだが、ときには40cmオーバーも手にできるので小規模な川ながら釣果は侮れない。

●堰堤下が諏訪マスのポイント

まず上川のポイントとして挙げられるのが、下流部の最初のソ上止メである上川堰堤だ。堰堤脇に車数台分のスペースがあり、川へ下りるのも簡単で入渓しやすい。

ここから下流1kmの流れが、エリアではもっとも魚影・ポイントともに多い。シーズンの盛期になると、1日で尺上のアマゴを2ケタ釣る人もみられるほどだ。

profile

●黒沢絢也

昭和62年生まれ、埼玉県在住。渓流釣り歴10年。シーズンはホームの荒川を中心に利根川や千曲川などへ釣行。いつか荒川で50cmのヤマメを釣ることが目標。『荒川銀影会』所属

上川は岸寄りの流れでも大ヤマメがヒットする。アプローチするときはすぐに立ち込まず、流心の手前の浅瀬から探りたい

上川堰堤直下はプールになっており、ソ上してきた魚が足止めされて溜まっていることが多い。少し下流に行くと放水口からの流れと合流して水深のあるポイントになり、そこでも大アマゴの実績がある。

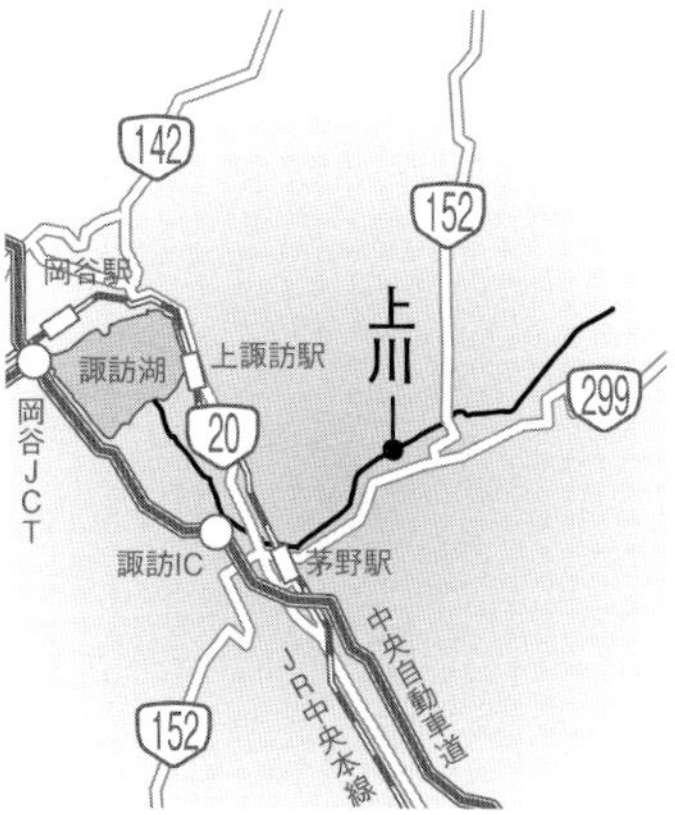

諏訪湖からソ上してきた大アマゴは諏訪マスとも呼ばれ、パーマークの薄れた銀色の魚体に朱点が映える。写真は34cmの諏訪マスだ

information

●河川名　天竜川水系上川
●釣り場位置　長野県諏訪市、茅野市
●解禁期間　2月16日～9月30日
●遊漁料　日釣券1000円・年券6000円
●管轄漁協　諏訪東部漁業協同組合（Tel 0266-73-5060）
●最寄の遊漁券取扱所　松田屋釣具店（Tel 0266-52-2545）／セブンイレブン諏訪インター店（Tel 0266-53-1010）
●交通　中央自動車道・諏訪IC下車して直進で上川へ

注意したいのは、流心手前で膝下くらいの浅い岸寄りの流れでも大アマゴがヒットしてくること。アプローチするときはすぐに立ち込まず、流心手前の浅瀬や瀬の中にあるちょっとした深みなどを丁寧に探るとよいだろう。

上川で使用するタックルだが、サオは7～8ｍの本流ザオがよいだろう。6月中旬から川の周りの木や草が伸びて釣りづらくなるのと、細かいポイントも探れるからだ。イトはフロロカーボンの0・6～1号を張り、マスバリの8～9号を結んでいる。

このエリアはニゴイもよく掛かるので、太めのイトで場荒れさせないように早めの勝負を心掛けることが好釣果につながる。

エサはキヂを使用することが多い。クロカワムシも豊富に採れるのだが、キヂのほうが反応がよいようだ。増水時は太めを選び、平水時は魚も警戒して口を使わないことが多いので、レギュラーサイズを房掛けにしてアピールするのも手だ。

上川で大きく育った諏訪マスに出会うのに、最も重要なのはタイミングだ。私はタイミングが悪いことが多く、初めて上川に釣行したのは6月上旬だった。大渇水でニジマス、ニゴイ、ハヤしか釣ることができなかったのを覚えている。

その後、上川周辺の天気をみて雨後にタイミングを合わせて釣行した際に25㎝のアマゴを釣ることができたが、諏訪マスには出会えずにいた。しかし、同行者やほかの釣り人はしっかりと尺上のアマゴを釣っていたのだ。

それから自分も諏訪マスを求めて何度も通い詰め、天気、水量をしっかり調べて釣行した際に34cmの諏訪マスに出会うことができたのを記憶している。

　上川は増水しても水の引きが早いので、まとまった雨が降っても2日もすれば平水に戻っていることが多い。私が本命に出会えたときも明け方まで雨が降っており、川に着いたときは強い濁りでサオをだすのをためらった。車の中で休んで午後まで待っていると、ササニゴリのベストタイミングになって大釣りに巡り合うこともある。

　そのため雨の次の日は大チャンスになることが多い。梅雨入りから梅雨明けまでが全盛期なので期間は短いが、タイミングを合わせて通えば本命に出会える可能性が高いはずだ。

　川の規模が小さいのに釣り人がとても多いので、ポイントの譲り合いなどを心掛けてトラブルのないように釣りを楽しんでもらいたい。

上川のポイントとして挙げられるのが、下流部の最初のソ上止メである上川堰堤の下だ

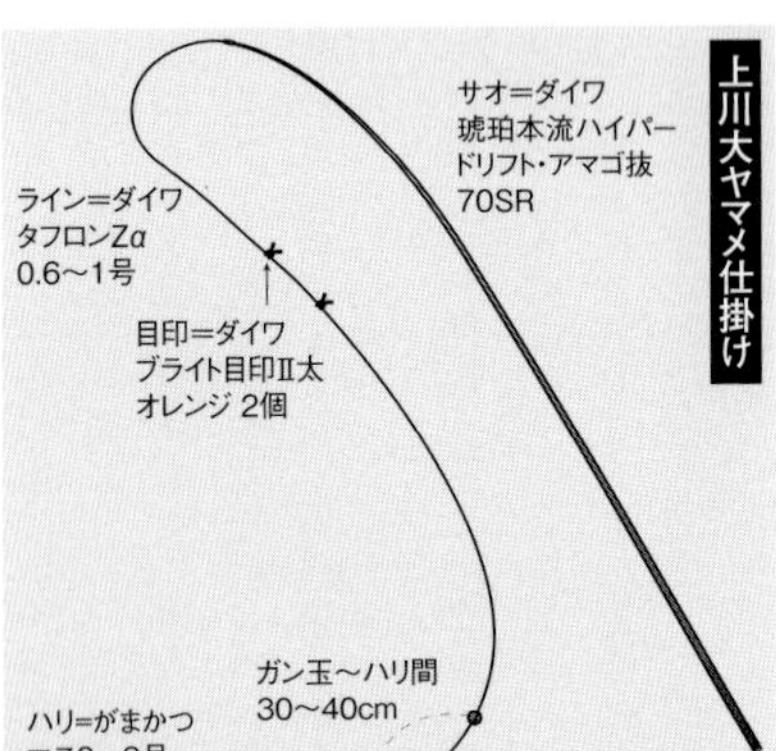

上川大ヤマメ仕掛け

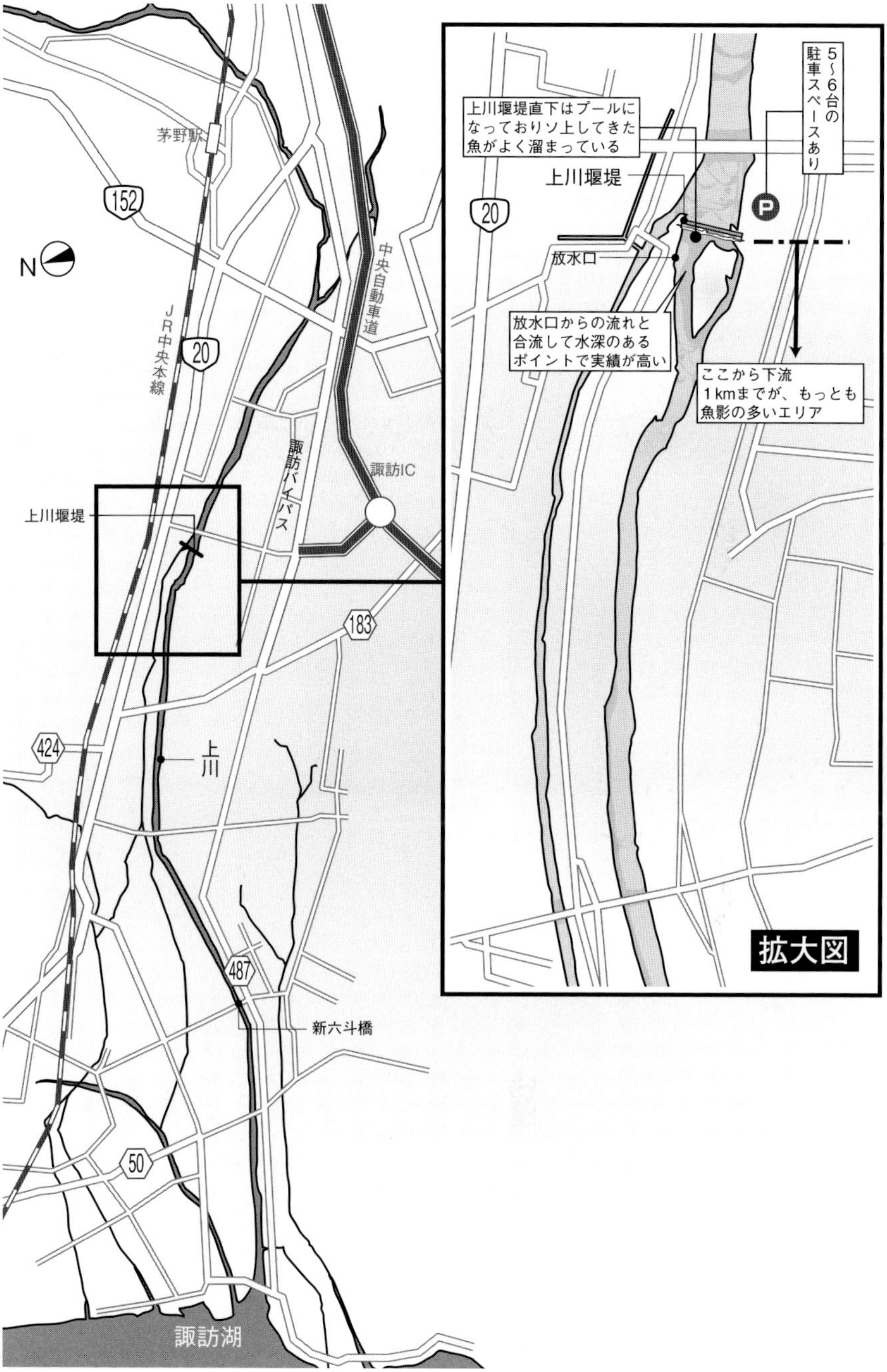
茅野駅
152
N
JR中央本線
20
中央自動車道
諏訪バイパス
諏訪IC
上川堰堤
183
424
上川
487
新六斗橋
50
諏訪湖
上川堰堤直下はプールになっておりソ上してきた魚がよく溜まっている
5～6台の駐車スペースあり
上川堰堤
20
放水口
放水口からの流れと合流して水深のあるポイントで実績が高い
ここから下流1kmまでが、もっとも魚影の多いエリア
拡大図

大岩が点在する瀬に、流れ込む淵など高低差のある流れが連続する西野川の渓相

22 長野県 西《にし》野《の》川

北アルプスを源に御嶽山麓を流れる渓
最下流部はキャッチ&リリース区間が設定
その上流部でも良型のアマゴやイワナが釣れる

profile

●黒沢絢也

昭和62年生まれ、埼玉県在住。渓流釣り歴10年。シーズンはホームの荒川を中心に利根川や千曲川などへ釣行。いつか荒川で50cmのヤマメを釣ることが目標。『荒川銀影会』所属

西野川は、北アルプス最南端の鎌ヶ峰を水源にし、西又川、藤沢川、末川など多くの支流を集めて開田高原を南下する。三岳村に入ると鹿ノ瀬川、白川などの支流を寄せて大島ダムで王滝川に流入する、流程60㎞の王滝川最大の支流である。

●西野川のポイントと釣り方

私がよく釣行するエリアは、白川出合から野中橋までの間である。この辺りは川と道が比較的近く、駐車スペースも所々にあり、川に下りる道も分かりやすくなっている。

さらに年間を通して渓魚の魚影が多く、良型のアマゴやイワナが釣れる。増水後は居着きの大アマゴに加え、下流にある常磐ダムからソ上してくる40㎝クラスのアマゴが釣れることもある。

この白川出合から王滝川（常磐ダム）までの間は「御嶽の里C&R区間」と名付けられたキャッチ&リリース区間になっているので、釣りあげた魚はやさしくリリースしていただきたい。

野中橋より上流はゴルジュ帯の渓相へ

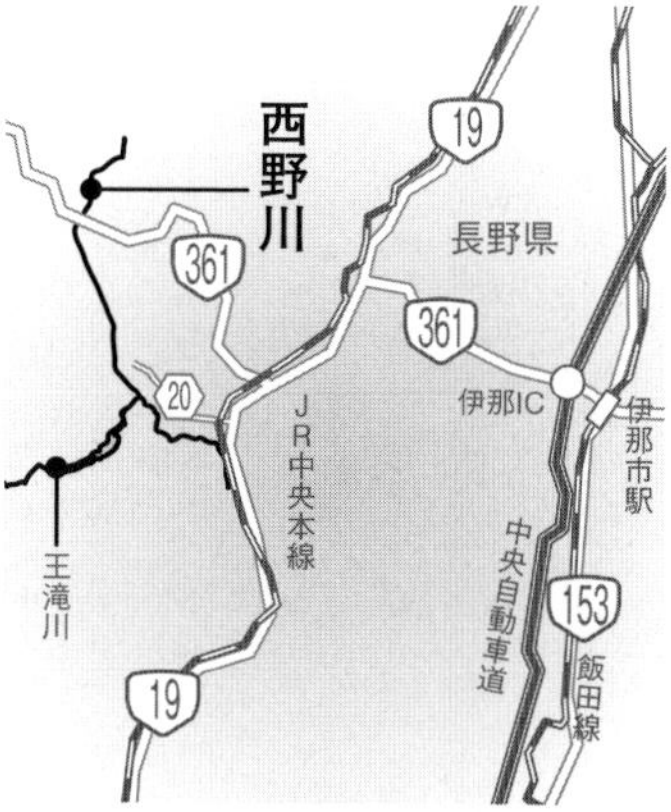

朱点も鮮やかな 32cm のアマゴ。西野川のトロフィーだ

と変化する。駐車スペースも少なく、通ラズもあり遡行が大変で釣りづらい。魚影も少なく入釣はあまりおすすめしない。

　私は毎年8月頃を好んで木曽川水系に釣行している。その理由は、真夏の時期でも涼しく快適に釣りができることと、他の河川に比べて水温も低いので魚の活性も高くてアタリも多いからだ。

　また、河原が開けていて8mの本流ザオも振れる。長い瀬や大きなプールなども豊富で、小さい堰堤の落ち込みや、護岸ブロックの周りの巻き返しなど、探っていけばポイントは無数に存在する。一日中飽きることなく楽しめるはずだ。

information

- ●河川名　木曽川水系西野川
- ●釣り場位置　長野県木曽郡木曽町
- ●解禁期間　3月1日～9月30日
- ●遊漁料　日釣券2000円・年券9000円
- ●管轄漁協　木曽川漁業協同組合（Tel 0264-22-2580）
- ●最寄の遊漁券取扱所　オオハタ釣具店（Tel 0264-22-2497）※木曽福島町のコンビニでも販売
- ●交通　中央自動車道・伊那ICを下車して国道361号、国道19号を木曽福島方面に向かい王滝村の看板が見えたら右折、県道20号で釣り場へ

　西野川で使用するタックルだが、サオは7mの本流ザオがあれば充分なように思えるのだが、私は8～9mをメインで使用している。

　川の規模からすれば少し長すぎるように感じるが、大きく深い淵が多いことと、あまり立ち込まずにアプローチをしたいためだ。

　イトはフロロカーボンの0・3～0・8号の通し仕掛けを使用している。魚影が多い渓なのだが、それに比例して釣り人も多く、全体的に魚がスレている。川の水量を見てイトの太さを使い分けることが好釣果につながる。

　特に増水後は、平水時の状況がウソかと思えるくらい良型のアマゴが掛かることがあるので、太めのイトを使用することをおすすめする。

　ハリはマスバリの6～8号をエサのサイズによって使い分ける。そのエサだが、瀬を流すときは川虫を使い、淵をねらうときはキヂが効果的だ。西野川では川虫が豊富に採れるのでエサの心配はしなくてよい。

河原が発達しているため本流ザオで大アマゴとのやり取りも楽しめる

釣行の際、西野川周辺でキヂを販売している所は少ない。木曽福島町のコンビニならほとんどの店舗で販売しているので、多めに購入しておくとよい。キヂのサイズ、付け方、流し方で釣果に差がでるので、いろいろ試してみてその日のヒットパターンを見つけることが大事だ。

●大アマゴを手にするコツ

西野川に通って尺上のアマゴを何度も手にしているが、私が大ものを手にするのに大切だと感じたことは2つある。

まず1つめはエサの付け方で、キヂの場合はしっかりミミズ通しを使い刺し通すことと、川虫の場合はハリが見えないようにエサ付けすることが大切だ。ハイプレッシャーな釣り場なので、これだけで大分釣果が変わってくるはずだ。

そして2つめは時合で、いつも朝マヅメから釣りを始めるが、早朝にあまり尺上が釣れたことがない。尺上が釣れるのは日が差してきて、水温が上昇する日中に多いような気がする。

大きくて深い淵では2、3時間粘ってから釣れることも多いので、時合を待って、大きめのオモリを付けて底までしっかりエサを沈め、じっくり探ってみたい。

過去の釣行では、40cmクラスの大アマゴの姿を確認しながらバラしてしまったり、姿を見せずに0・8号を切っていったモンスターもいたので、いつか西野川で40cmオーバーの大アマゴを手にしたいと思っている。

最後に、どの河川でも夏場のゲリラ豪雨で急に増水することがあるが、このエリアは特に多いので注意したい。増水後はよく釣れてチャンスだが、雨が降っているときは携帯の天気予報などで西野川より上流の天気も調べ、無理のないように、まず自分の安全第一で釣りを楽しんでもらいたい。

西野川大ヤマメ仕掛け

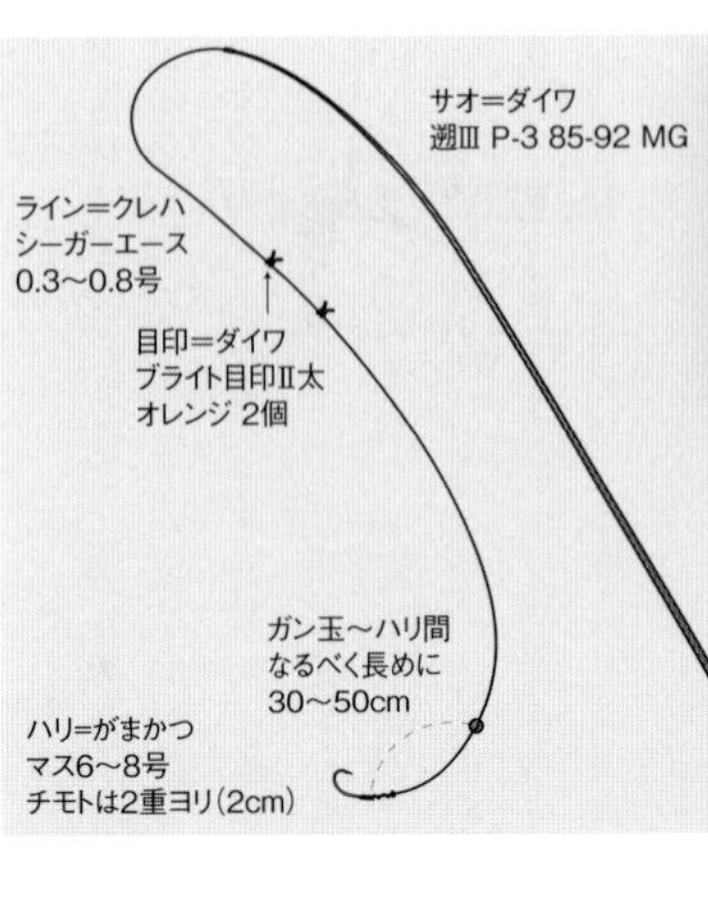

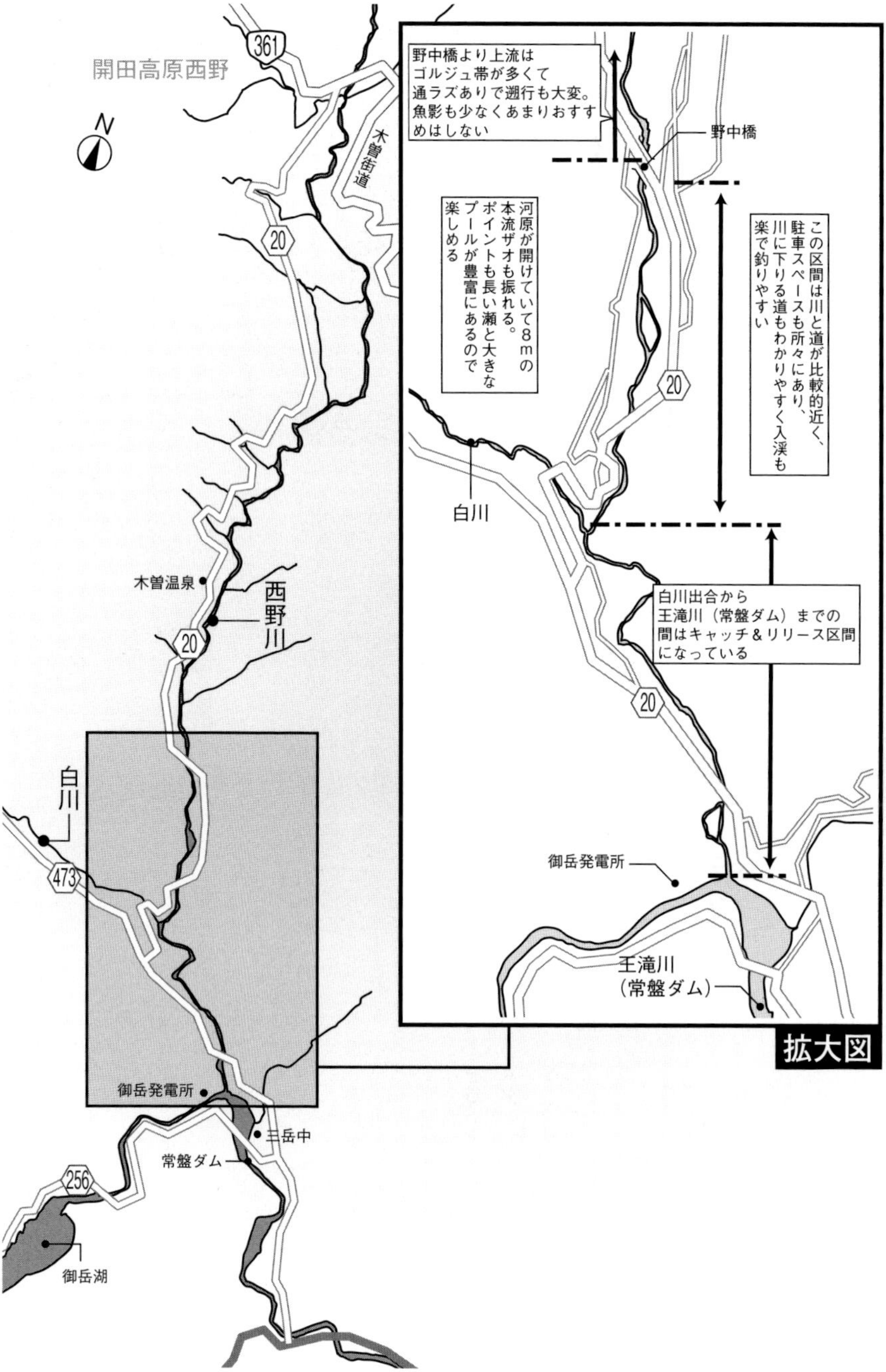
開田高原西野
361
N
木曽街道
20
野中橋より上流は
ゴルジュ帯が多くて
通ラズありで遡行も大変。
魚影も少なくあまりおすす
めはしない
野中橋
河原が開けていて8mの本流ザオも振れる。ポイントも長い瀬と大きなプールが豊富にあるので楽しめる
この区間は川と道が比較的近く、駐車スペースも所々にあり、川に下りる道もわかりやすく入渓も楽で釣りやすい
20
白川
白川出合から
王滝川（常盤ダム）までの
間はキャッチ＆リリース区間
になっている
20
御岳発電所
王滝川
（常盤ダム）
拡大図
木曽温泉
西野川
20
白川
473
御岳発電所
三岳中
常盤ダム
256
御岳湖

飯豊川第二発電所より下流は開けた渓相を見せる。釣り応えのある瀬と淵が連続する

23 新潟県 加《か》治《じ》川

飯豊山を源に日本海へと注ぐ単独の渓 上流域は深い峡谷、ねらいめは内ノ倉川出合から 大ヤマメの群れに遭遇する夢のチャンスも

profile

●高橋宗久

昭和51年生まれ、新潟県在住。釣り歴は25年ほど。『つり人』3月号（2014）では、羽越国境の小河川の釣りを紹介した。サクラマスなどをねらって東北の各地を巡っている

飯豊山地核心部から流れだす加治川は、あるいは上流部の別名・飯豊川で呼んだほうが釣り人には通りがよいかもしれない。50㎞近い流程のうち、加治川治水ダム付近から上流の20㎞は峡谷状となる一方、支流の内ノ倉川合流点より下流は谷も開け、比較的容易に入渓が可能だ。加治川の大ヤマメはこのエリアがねらいめとなる。

加治川で大ヤマメをねらうなら、季節によってエリアを絞るとよい。初夏から夏にかけては飯豊川第2発電所放水口までの下流部、秋は放水口から内ノ倉川合流点の上流までの区間が目安となる。

●良型ヤマメの群れを探す

加治川のヤマメ釣り場は大槻にある第一頭取工よりも上流が一般的だ。しかし、水温が上昇する7月上旬頃までは、さらに下流でも大もののチャンスがある。

大友に架かる県道60号の大新橋付近は、毎年少しずつ流れが変わるが、増水時にも流速が上がらないような広いトロ場ができていれば、サオをだしてみるべきだ。

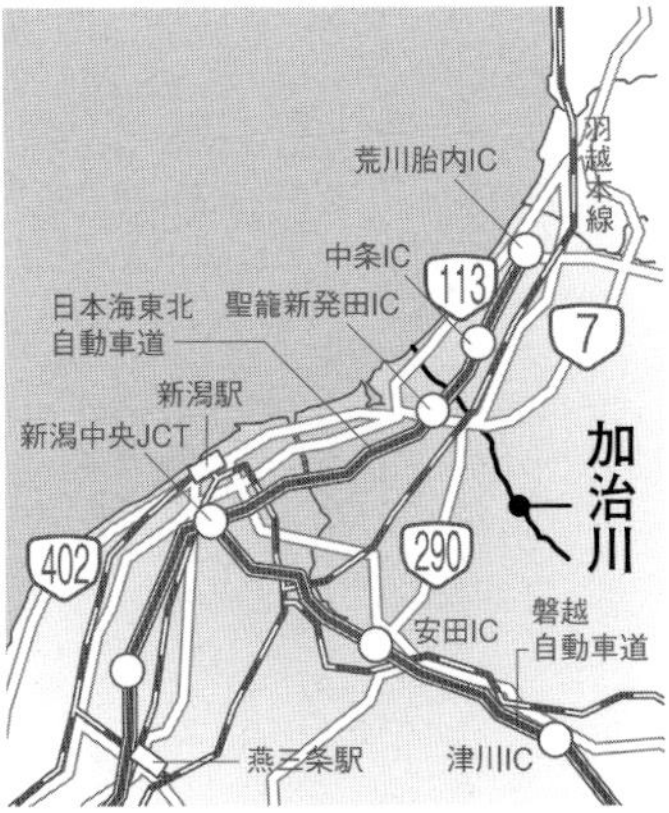

パーマークが濃く浮き出た幅広の大ヤマメが手にできる

特に雪代が落ちた直後、5月下旬から6月半ばまでがチャンス。水面を逃げ惑うオイカワを追って大きなイワナがボイルするのに遭遇し、粘った末にアメマスと見間違うかのような極太の40㎝超を手にしたこともある。

東柳橋周辺もポイントは多い。橋上流500mほどのところには砂利プラントがあり、この上下に続く淵や深瀬は大ヤマメの気配が濃厚だ。とりわけ、橋上流で左岸にテトラが並ぶ深みは魚が溜まりやすく、夕マヅメのわずかな間に41㎝を頭に尺前後のヤマメを固め釣りしたこともある。

いずれもパーマークが濃く浮き出た幅広の大ヤマメで、淵頭の流れ込みに次々と入ってきてはハリ掛かりするようなイメージだった。

加治川のヤマメは群れで動いているようで、当たれば1ヵ所で大釣りするが、外すと一瀬で1尾でるかどうかのシビアな釣りを強いられる。

群れは6月頃なら中流エリアに点在するが、移動が激しい。また、群れによってサイズは決まっており、20㎝前後の小型の群れもいれば前述のような大型の群れもいる。当然、大型の群れは貴重で、探り当てるのは容易ではないが、あきらめず探り歩くことで遭遇率は増す。足で釣る大ヤマメである。

●放水口は夏場におすすめ

加治川右岸にある小戸の集落を過ぎて上流に向かうと、左手に発電所が見えてくる。飯豊川第2発電所である。付近の路肩に駐車し、発電所下の杉林からヤブ漕ぎで河原に出る。

上流には発電所の放水口があり、水は

information

●河川名　加治川
●釣り場位置　新潟県新発田市
●解禁期間　3月1日～9月30日
●遊漁料　日釣券1000円・年券5000円
●管轄漁協　加治川漁業協同組合（Tel 0254-22-3101）
●最寄の遊漁券取扱所　つり具トビヌケ（Tel 025-271-6776・新潟市内）
●交通　日本海東北自動車道・聖籠新発田ICを下車して国道7号から加治川へ

夏でも冷たい。そのため、夏場の高水温期にかけてヤマメが集まる。ただ、入渓者が多いので魚はスレている。大ものをねらうなら朝の薄暗いうちか、雨後のササニゴリのタイミングで入渓するのが得策だろう。

　このエリア、夏場はアブが多いのが難点だ。また、筆者の友人はここでクマに遭っている。入渓の際は気をつけてほしい。

　放水口から1・5㎞ほど上流で内ノ倉川が合流する。合流点の下流には橋があり、川とは落差があるが、橋たもとの右岸にある踏み跡をたどれば川に下りられる。

　流れは橋の下流で小淵を形成した後、荒瀬となって岩盤に当たり、右へ折れる。このブッツケは大淵だ。ここは尺ヤマメの実績もあるが、長尺の本流ザオでも探りきれず、ルアー向きのポイント。

　内ノ倉川合流点の上流は極端に水量が減る。小型中心にヤマメの魚影は多いが、通常の水位ではなかなか大型にはお目にかかれない。水量の減少は取水によるもので、川の構え自体は大きいから、ここは増水時がねらいめ。

　合流点上流右岸から沢が合わさり、この沢の脇から農道を歩いて入退渓できる。好条件に当たれば40㎝超えの大ヤマメの実績もある穴場的ポイントだ。なお、この辺りはサルが多い。群れを刺激しないよう注意したい。

　これより上流にもポイントは続くが、両岸が切り立った渓相になり、土地勘がないと入経路も見つからない。比較的安全に入渓できるのは内ノ倉川合流点までだ。

加治川は中流域から周囲の森が深くなり、のんびりと釣りができる。ただし上流に行くと、夏場はアブが出るので要注意

加治川のヤマメは前述のように群れで動くタイプで、これを捜して釣り歩くことになる。貧果に終わることも多いが、貴重な大型の群れに当たれば、釣果は望外なものになる。埋蔵金捜しのような探釣の楽しみを知るディープなファンにおすすめである。

　エサはキヂでこと足りるが、大ヤマメにはドバミミズが利くこともある。大ものねらいなら大場所を釣ることになるので、サオは8m以上を用意し、仕掛けは0・6号が目安だ。

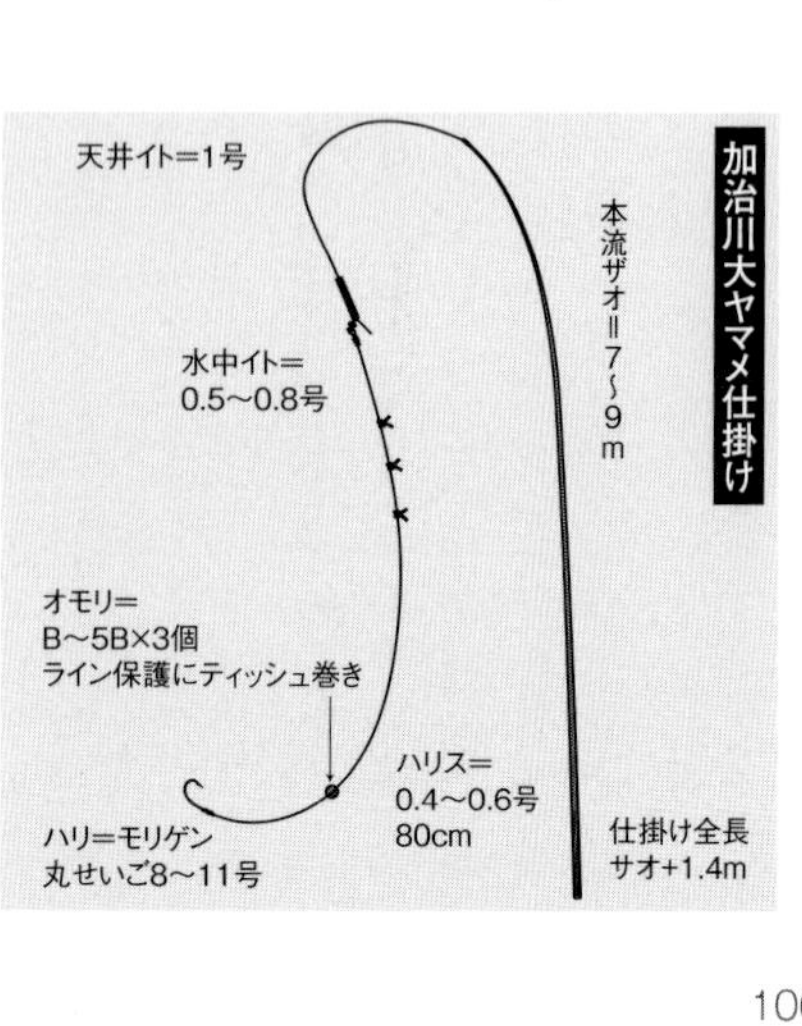

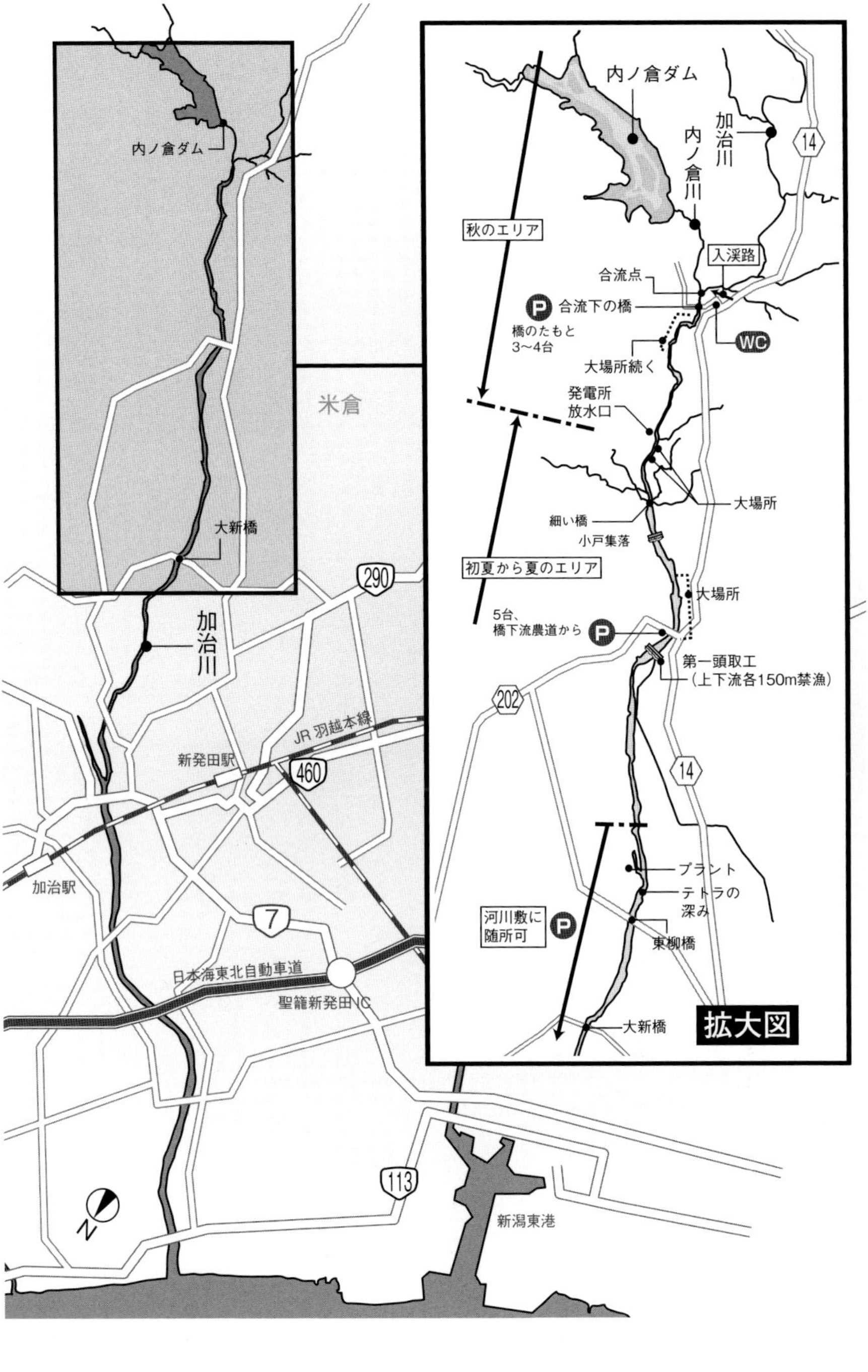

内ノ倉ダム
大新橋
米倉
290
加治川
JR 羽越本線
新発田駅
460
加治駅
7
日本海東北自動車道
聖籠新発田IC
113
新潟東港
N
内ノ倉ダム
加治川
14
内ノ倉川
秋のエリア
入渓路
合流点
P 合流下の橋
橋のたもと
3～4台
WC
大場所続く
発電所
放水口
大場所
細い橋
小戸集落
初夏から夏のエリア
大場所
5台、
橋下流農道から
P
第一頭取工
（上下流各150m禁漁）
202
14
プラント
テトラの
深み
河川敷に
随所可
P
東柳橋
大新橋
拡大図

24 新潟県 魚《うお》野《の》川

首都圏からわずか2時間で到着
大ヤマメが手にできる本流がねらいめ
なかでも中流域がおすすめのポイント

関越道が魚野川を渡るところの上流の流れ。絞れた流れの流心に大ヤマメが付いている

谷川連峰に源を発し、越後川口で信濃川に合流する魚野川は、堀ノ内から小出までの下流部、六日町から塩沢付近の中流部、湯沢地区の上流部に分けられる。

その豊富な水量と清らかな流れには大ヤマメ、大イワナ、そしてニジマスなどの渓魚が潜んでいる。

シーズン初期の下流域では雪代に導かれてソ上してきた、銀毛化した戻りヤマメなどがねらえ、夏から秋にかけては水温の低い上流域に移動した大ものを釣ることができる。

●大ヤマメの釣期は6月から

渓流釣り場としておすすめするのは、六日町から塩沢にかけての中流域だ。大きな流れで、淵や瀬の落ち込みなどメリハリあるポイントが連続するが、その間は長い。したがって遡行して探るよりも、大場所にじっくりと腰を落ち着けて大型をねらう釣りとなる。

また、女性の私でも入渓しやすいポイントが多く、立ち込まなくてもサオがだせるため、ビギナーにもおすすめできる。

解禁当初は40cmを超えるイワナがねらえ、雪代で増水する時期になると、別名・雪代イワナと呼ばれる超大型サイズが手にできる。丸々と太った体高のある魚体は、予想以上の引きの強さで楽しませてくれる。

本格的に大ヤマメをねらえるシーズンは6月上旬、雪代が落ち着いてからとなる。エサは石裏に生息するクロカワムシやイクラで、水温上昇とともに魚の活性が上がるとキヂが効果的となる。

魚野川の特徴は、川底の石が小さく底流れが速いため、2B～5Bと重めのオモリが必要になること。オモリが軽いと底まで仕掛けが沈まず、アタリも少なくなる。確実に底の流れへエサを届けられ

profile
●末永優子
埼玉県在住。渓流でヤマメやイワナを釣ることが大好き。最近は本流の大ものに魅せられている。ヤマメの最大は41cmで、尺越えは年間10尾前後

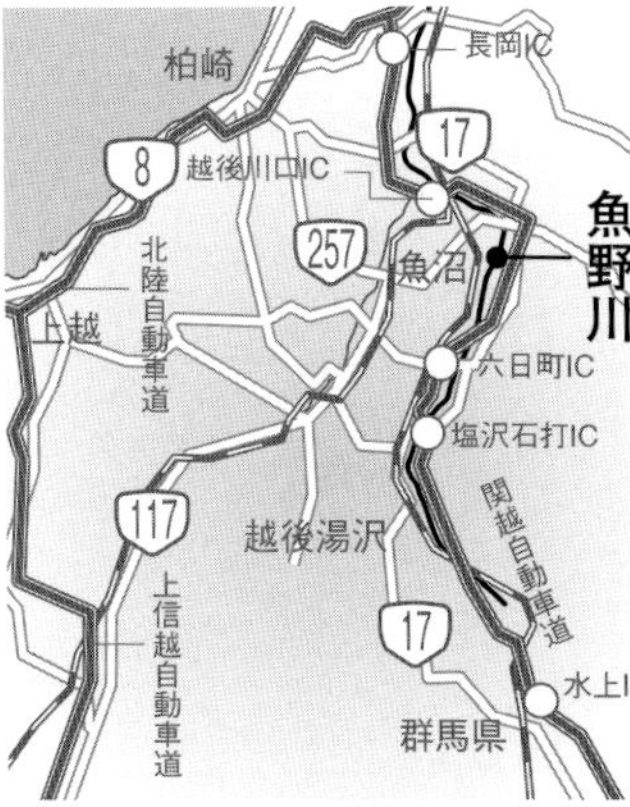

魚野川の厚い流れが育んだ魚体は大きく美しい

information

●河川名　信濃川水系魚野川
●釣り場位置　新潟県南魚沼市
●解禁期間　3月1日～9月30日
●遊漁料　日釣券2100円・年券9300円
●管轄漁協　魚沼漁業協同組合（Tel 02579-2-0261）
●最寄の遊漁券取扱所　関口遊漁券取扱店（Tel 025-783-3191）／セブンイレブン中越塩沢中央店（Tel 025-783-3717）
●交通　関越自動車道・塩沢石内ICもしくは六日町IC下車して国道17号で各ポイントに

る重さのオモリを見つけ出したい。

主にねらうポイントはテトラの脇や流れ込み、流心直下や淵尻のカケアガリなど。静かにアプローチするのはもちろん、大きなオモリでボチャンと水面を叩かないないように心掛け、流れに出ている魚を驚かせないようにしたい。

また、上流域で田植えの導水が始まると極端に渇水することがあり、川幅いっぱいの流れが絞り込まれてメリハリのあるポイントへと一変する。そんなタイミングで釣行できれば思わぬ大ものに出会えるチャンスだ。

反面、渇水が続いて気温が高くなれば、大ヤマメも賢くなり細イトと小バリを駆使した繊細な釣りが必要になる。

梅雨時など、川に濁りが入ると魚の警戒心が薄れて好釣果が期待できるが、近年は大雨後濁りが澄むのに時間がかかるように思われる。そのことを考慮して、降り方にもよるが、降雨後2日めくらいが釣行のベストタイミングだ。

魚野川はアユ釣りも盛んで、川に沿って走る土手の上部を車で移動できるエリアが多い。その切れ間から河川敷へと下りることも可能だ。駐車スペースも設けられているので利用したい。

●中流域のおすすめポイント

魚野川流域は２０１３年の台風後、河川改修されている箇所もあり、渓相が様変わりしていることもある。まずは土手から川を眺め、自分でポイントを確認して入渓したい。

六日町IC近くの坂戸橋周辺は、夏の渇水時に橋上から大型のヤマメを視認することもあるポイント。魚は流心直下に定位することが多く、大きなオモリで止めるように流すと、ウグイなどに邪魔されずねらうことができる。

国道291号が魚野川を渡る旭橋周辺も見逃せないポイント。橋下はテトラを配した流れで、小中型のヤマメが数多く潜んでいる。しかし、朝夕のマヅメ時や降雨後などの条件が揃えば、深場から大型のヤマメが差してくるため、ぜひねらってみたい。

ここのベストシーズンは雪代が収束する6月上旬から。私自身も6月下旬にテトラ付近で33㎝の居着きヤマメを手にしている。

坪池橋の下流にある堰堤もねらいめだ。ソ上する大ヤマメの溜まり場にもなっている

前島橋へは、川近くまで左岸から車で入っていける。右岸にテトラが組まれていて、流れが当たるところが深場になっており大ヤマメが潜んでいる。慎重なアプローチを心掛けないと、大型がテトラの中に逃げ込んでしまうので注意したい。ポイントによっては水面近くまでボサがあり、私は右岸からサオをだしている。

この上流には2つの堰堤を挟んで坪池橋があり、堰堤下の流れでも釣果が望める。坪池橋からは左岸、右岸とも川へ下りることが可能。橋の下流もヤマメの付き場となる流れがあるが、おすすめは橋から上流部分の流れだ。

中洲を挟んで流れは左右に別れ、右岸には石垣が積み上げられ深瀬に大ものが付いている。ここでも8月上旬の早朝に40㎝オーバーのヤマメを釣りあげている。

魚野川の豊壌の流れは、数多くの大ヤマメが潜んでおり、ラインを切っていった大ものも数知れず。水量が多いときには普段よりワンランク上の太仕掛けで挑むことをおすすめしたい。

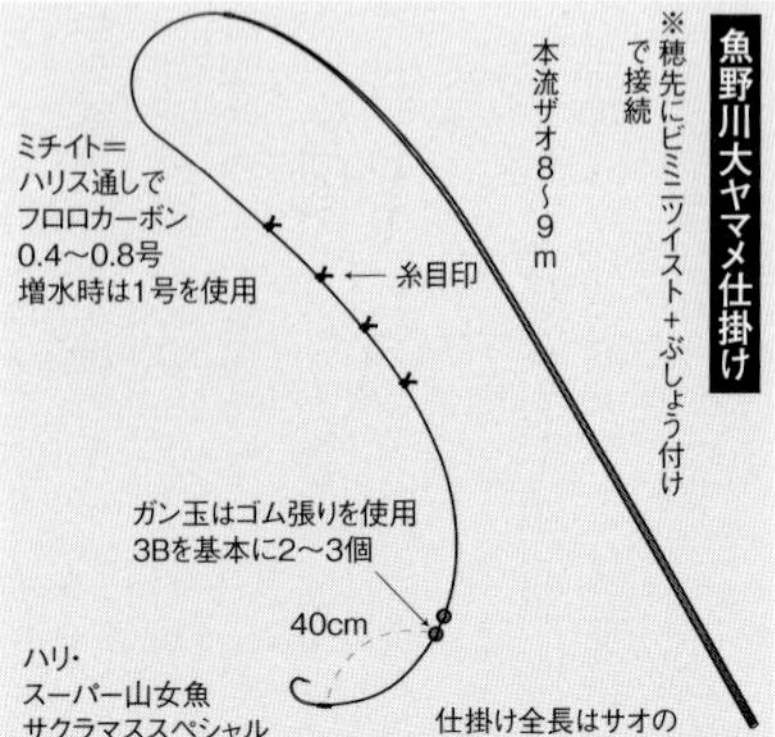
6〜8号
仕掛け全長はサオの長さプラス30〜50cm程度

最後に、注意していただきたいのが、魚野川では県条例によりサクラマスは通年釣り禁止となっていること。また、魚野川に流入するいくつかの支流も禁漁区が設定さている。

本流域でも湯沢町地内の神立堰取り入れ口〜上流の湯沢フィッシングパーク間がフライ専用区として、6月1日から7月31日までの間はフライ以外の釣り方が禁止されている。詳しくは魚沼漁協のホームページを参照されたい。

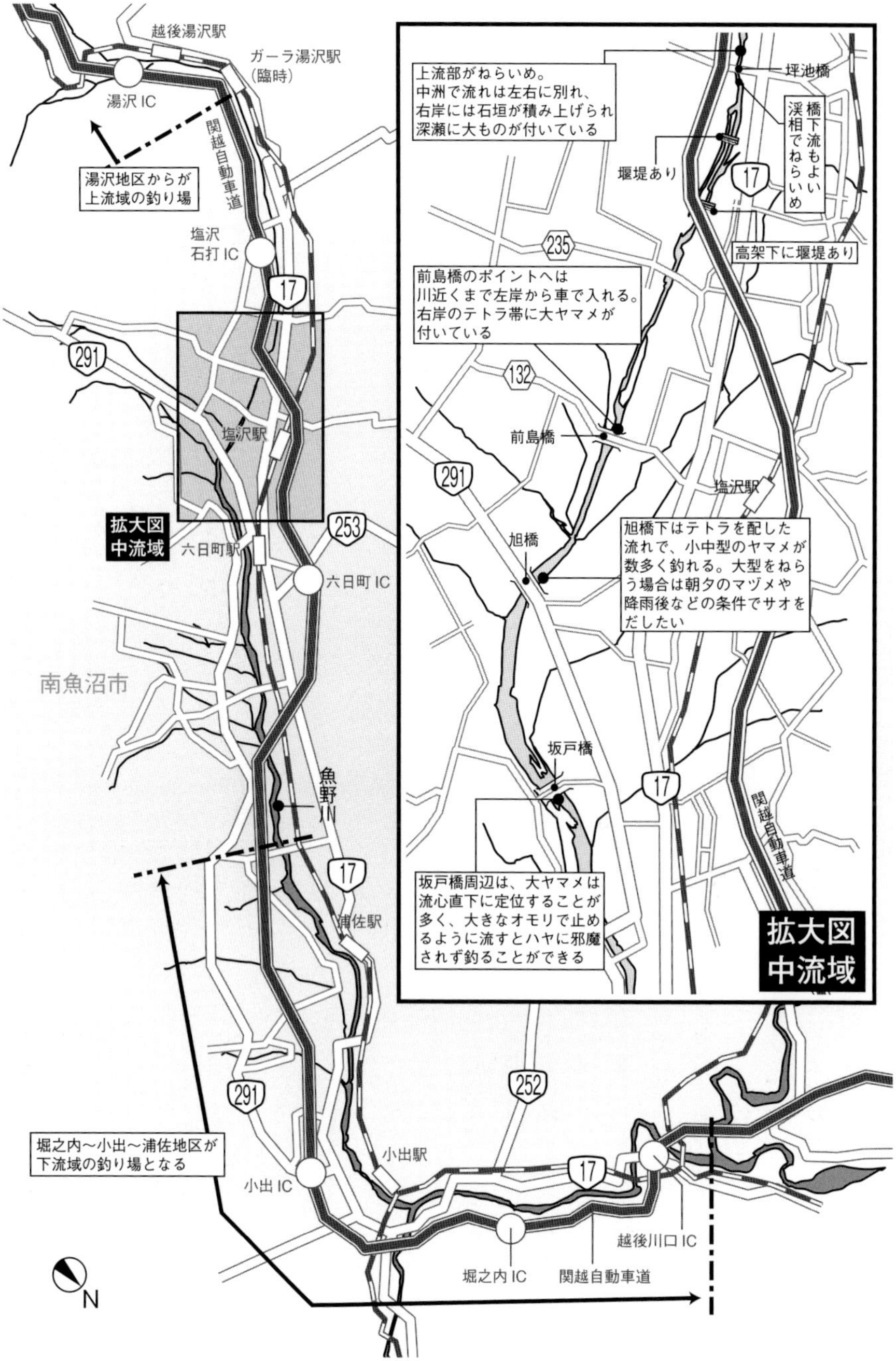
越後湯沢駅
ガーラ湯沢駅
(臨時)
湯沢IC
関越自動車道
湯沢地区からが
上流域の釣り場
塩沢
石打IC
17
291
塩沢駅
拡大図
中流域
六日町駅
253
六日町IC
南魚沼市
魚野川
17
浦佐駅
291
252
堀之内～小出～浦佐地区が
下流域の釣り場となる
小出駅
小出IC
17
越後川口IC
堀之内IC
関越自動車道
N
上流部がねらいめ。
中洲で流れは左右に別れ、
右岸には石垣が積み上げられ
深瀬に大ものが付いている
坪池橋
橋下流もよい渓相でねらいめ
堰堤あり
17
高架下に堰堤あり
235
前島橋のポイントへは
川近くまで左岸から車で入れる。
右岸のテトラ帯に大ヤマメが
付いている
132
前島橋
291
塩沢駅
旭橋
旭橋下はテトラを配した
流れで、小中型のヤマメが
数多く釣れる。大型をねらう
う場合は朝夕のマヅメや
降雨後などの条件でサオを
だしたい
坂戸橋
17
関越自動車道
坂戸橋周辺は、大ヤマメは
流心直下に定位することが
多く、大きなオモリで止め
るように流すとハヤに邪魔
されず釣ることができる
拡大図
中流域

25 富山県 早《はや》月《つき》川

北アルプスの名峰・劔岳を源に富山湾へと注ぐ 上流にあたる馬場島周辺はイワナ釣り場 大ヤマメをねらうなら下流域でサオをだしたい

北アルプスの名峰・劔岳西面の水を集め、富山湾へと注ぐ早月川。劔岳は雪と岩の殿堂と称される峻嶺だけに、豊富な残雪から急峻な谷を一気に駆け下る早月川の流れは冷たく、激しい。

早月川の流程は30㎞余り。上流にあたる馬場島周辺はイワナ釣り場で、平日でも釣り人の姿が見られる。そこから下流に向かった伊折、中村といったあたりが早月川の一般的なヤマメ釣り場で、広い河原の中を蛇行する流れは変化に富む。

管轄漁協はなく、有志の放流と自然繁殖に頼る釣り場だから魚影は多いとはいえないが、釣れるヤマメは透明感のある美形揃い。ただ、サイズ面では今ひとつで尺上は幻に近い。

●渓相の変わる中流域をねらう

さらに下ると蓑輪で両岸に迫っていた山が開け始める。早月川が谷間から扇状地へと流れ出す地形の転換点だ。そこに関所のように蓑輪堰堤が鎮座する。この堰堤は大規模な取水堰で、増水時を除き下流へは全く通水がない。しかし、水量が復活する入会橋から月形橋までの区間では、上流とは打って変わり尺ヤマメが望める釣り場となる。

入会橋から左岸沿いの県道を下流へと進むと、道はすぐに川から離れ始める。500～600m進んだあたりで水田越しに堤防を注視すると、小さな水門が見つかるだろう。その100mほど下流で、農道から堤防に車で上がれる。

profile
●高橋宗久
昭和51年生まれ、新潟県在住。釣り歴は25年ほど。『つり人』3月号(2014)では、羽越国境の小河川の釣りを紹介した。サクラマスなどをねらって東北の各地を巡っている

下流域の流れは水深のある淵や深瀬もあり渓相が整う。そんな深みには大型ヤマメが必ず付いている

雪に覆われた北アルプスを望みながらサオがだせる早月川

水門の所まで行けば放水口だ。この放水は農業用水の水路から余剰分を分流させたもので、道路からはその分流量を制御する水門が見えていたのである。

　ここから下流、月形橋にかけては年によって掘れたり埋まったりが激しいものの、水深のある淵や深瀬もあり、渓相が整う。また、放水口から1kmほど下流には、同様の放水口がもう1ヵ所あり、水量が倍増する。

　大型ヤマメは深みには必ず付いているが、5月の半ばともなると、深みには40cm前後のマルタウグイも群れ泳ぐ。これを避けて大型ヤマメを引き出すことは難しい。経験上、嫌というほどマルタを釣った後に、ヤマメが掛かることが多い。辛抱が必要だ。

　一方、瀬を釣り歩いても釣果は望める。この場合、マルタの心配はない。水深20cmほどの浅瀬で尺ヤマメを釣ったこともあるが、エサを追って走る魚影が丸見えだった。テンカラやフライで挑んでも面白いだろう。透明度が高く影を取られやすいので、慎重な釣りを心がけたい。

　月形橋から上流1kmあまりの区間は、堤防内を砂利道が伸びるので、これを利用して釣るとよい。車道終点から上の放水口までは川通しに歩いて釣ることになる。

information

●河川名　早月川
●釣り場位置　富山県魚津市
●解禁期間　3月1日～9月30日
●管轄漁協　なし。問い合わせは「富山県農林水産部水産漁港課振興係」(Tel 076-444-3294)
●交通　北陸自動車道・魚津ICを下車して県道52号を右折。警察署前の信号を左折して県道135号に入り早月川へ。または滑川ICを下車して左折し、滑川署前の交差点を右折して早月川へ

●尺ヤマメにアメマスも出る

エサ釣りならサオは7ｍ前後が使いやすい。このエリアでは尺ヤマメは珍しくないが、それも32～33㎝までで、その上のサイズは希だ。9寸前後の良型ヤマメに混じって尺上が顔を出すイメージである。

数は少ないものの、アメマスと思しき40㎝クラスもいる。ハリスは淵釣りならマルタ対策も兼ねて0・6号を張りたい。瀬釣りなら0・4号で充分だ。

エサはキヂ、ブドウムシでよいが、減水するほど川虫が利く。現地での採取も可能だ。

早月川の下流域では、9寸前後の良型ヤマメに混じって尺上が顔をだすイメージ

釣り期は雪代が落ち着いてから6月中旬のアユ解禁までがベスト。以降、深みはアユのドブ釣りに占領される。ちなみに、雪代が落ち着くのは概ね5月中旬から下旬である。

なお、農業用水確保のためか、希にだがこのエリアも流れが完全に涸れることがある。山の残雪や雨の少ない年は、そうしたリスクも念頭に置きたい。

全量取水は富山県では珍しいことではない。常願寺川や片貝川など、取水による涸水区間を抱えた川は多い。米どころであると同時に暴れ川が多く、古くから農業用水や発電の取水と砂防がセットにされ、川を分断してきた経緯がある。

また、豊穣な富山湾の存在が流域住民の河川環境への意識を希薄化してきた背景もあるのではと推察される。

しかし、このような環境下、これだけの渓流魚が生息しているということは、この地域の河川の潜在的な生産力の高さの証左といえるだろう。もし、最低限の流量が確保され、堰堤にまともな魚道が整備されていれば……と考えるのは釣り人のエゴだろうか。

早月川を訪れると、必ずといっていいほど見事な尺ヤマメが迎えてくれる。だが、手にする度に思うのは、過酷な環境を生き抜き、かろうじて命を繋いできたこの川のヤマメの不憫《ふびん》と強かさである。

釣り人がこの営みに終止符を打つようなことがあってはならない。渓流魚と戯れる楽しさを末永く享受できるよう、節度を持った釣りをお願いしたい。

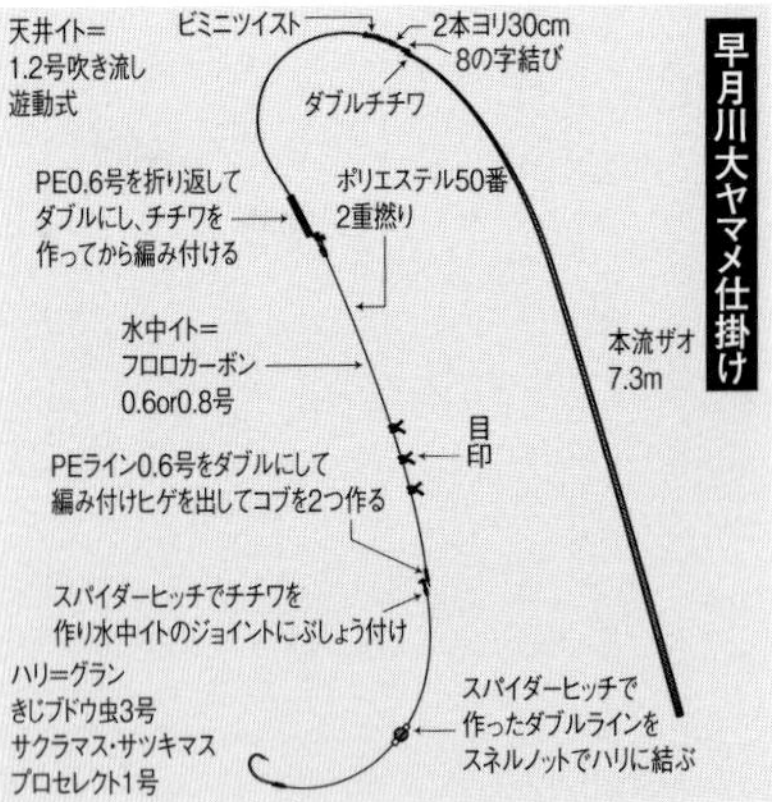

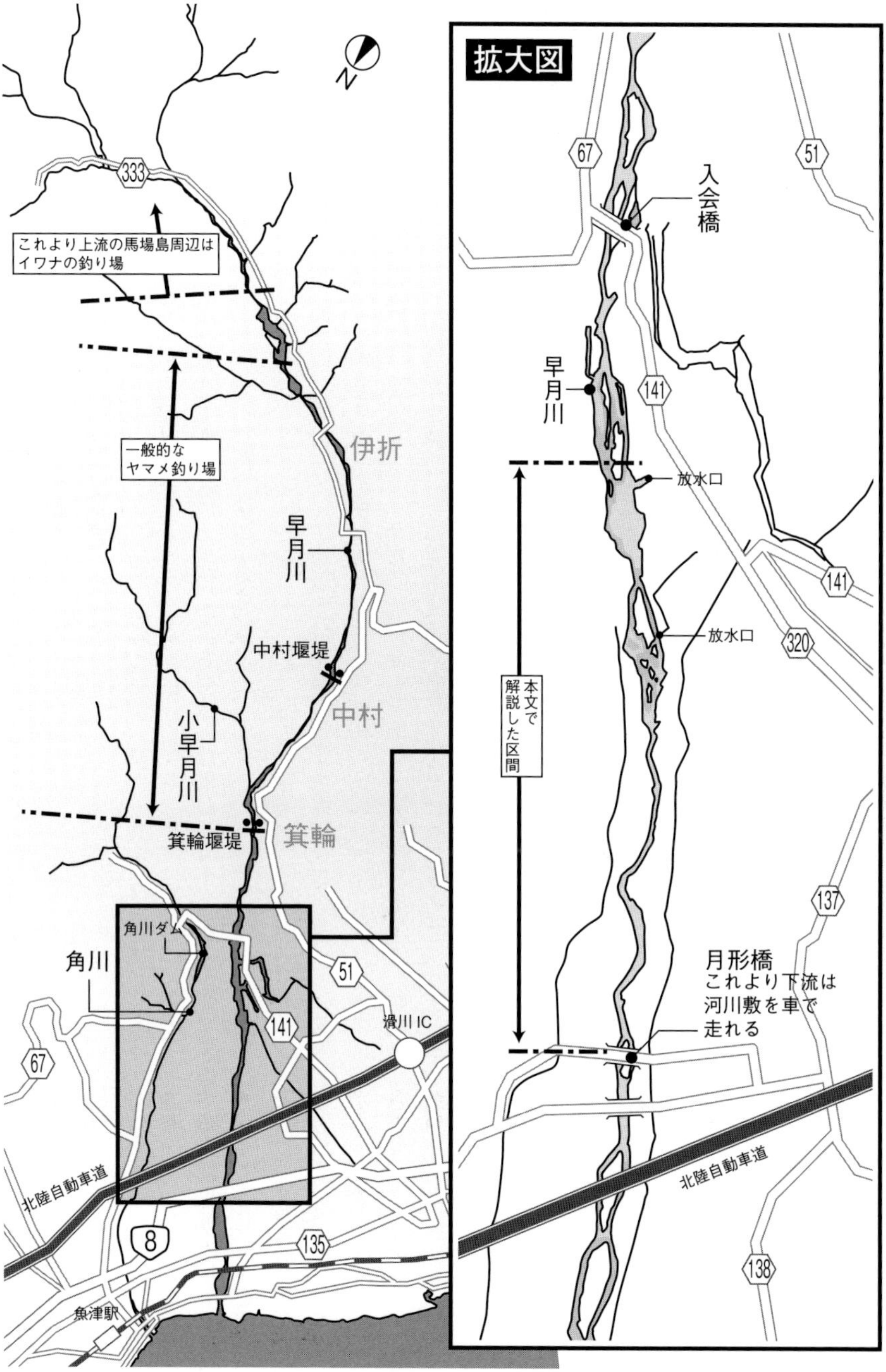
333
これより上流の馬場島周辺は
イワナの釣り場
一般的な
ヤマメ釣り場
伊折
早月川
中村堰堤
中村
小早月川
箕輪堰堤
箕輪
角川ダム
角川
51
141
滑川 IC
67
北陸自動車道
8
135
魚津駅
拡大図
67
51
入会橋
早月川
141
放水口
141
放水口
320
本文で解説した区間
137
月形橋
これより下流は
河川敷を車で
走れる
北陸自動車道
138

26 静岡県 狩《か》野《の》川

天城に源を発し伊豆半島中央を貫流する
アユ釣りの名川として知られるが
その雄大な流れには大アマゴも潜む

伊豆半島の天城連山を水源として駿河湾に注ぐ狩野川は、渓流釣りが解禁となる3月から比較的水温が高めで、渓魚もそれに伴い早い時期から口を使ってくれる。

上流域では地蔵堂川や大見川などの支流が流れ込み、天城山の清流を利用したワサビ栽培も盛んである。支流筋は里川といった渓相であり、アマゴもねらえる。サイズは全体的に小型だが、イワナも混じる面白い釣りが堪能できる。

アユ釣りで知られる狩野川であるが、尺アマゴのねらえる渓流釣り場としても人気が高い。湯ヶ島温泉付近の上流域、修善寺温泉付近の中流域とアマゴのねらえるエリアが続くが、私がよく釣行するのは下流域となる大仁付近の流れだ。

私は3月の解禁からアユ釣りの解禁となる5月下旬まで、大アマゴをねらって釣行している。そんな下流域のなかでもおすすめの釣り場が2つある。

profile

●横山優太

昭和59年生まれ。山梨県在住。静岡県との県境にも近く、山梨在住ながら静岡県の河川へもよく足を運ぶ。クラブに属していなくても釣りを通して知り合えた多くの先輩に感謝している

●大アマゴにサツキマスも混じる

まずは狩野川大橋下流から城山下までの区間である。大橋下では支流の山田川が流れ込み、狩野川にぶつかる部分がポイントとなっている。

また、その下流でも分岐した本流が合流する辺りで実績がある。合流より下流の流れは外道も多いが、それをかわしつつじっくり粘れば必ずチャンスが訪れるはずだ。

下流域で釣れる大アマゴは、各支流で放流された稚魚と自然繁殖の魚が流下して居着いたものがほとんどで、数は多いとはいえない。しかし、本流域はソ上を阻む構造物が少ないこともあり、海からソ上してきたサツキマス混じりでさらなる大ものも望めることが、狩野川の魅力

アユ釣りで知られる狩野川であるが、尺アマゴのねらえる渓流釣り場としても人気が高い。瀬や大淵など変化に富んだ渓相が楽しめる

の1つになっている。

狩野川での大アマゴ攻略の術は、重いオモリでベタ底を流すよりも、少し軽めのオモリで探ること。あまりベタ底を釣るとニゴイの餌食となってしまうからだ。

また、水量はさほど多くはないが、川幅が広いのも特徴。狩野川大橋の下流に位置する城山下のポイントは大場所であり、大淵が控えている。ここをエサ釣りでねらうならば8mクラスのサオで挑みたい。

城山下の上流部は、木が覆いかぶさっているところもあるので、仕掛けを流す際は頭上に注意していただきたい。この区間は、修繕寺道路を大仁南ICで下り、国道136号から川沿いの道を進むと川へ下りられる道があるので、入渓もしやすい。

また、川沿いにはサイクリングロードも整備されており、休日には行楽を楽しむ人々で大いに賑わう場所でもある。

●長く続く瀬を丹念に探る

2つめの釣り場は、狩野川大橋よりやや上流部に位置する大仁橋上流部である。入渓点は狩野川大橋を渡り国道136号を進むとコンビニ（セブンイレブン）が見えてくる。

コンビニの真横にある道を進むと駐車スペースがあり、そこへ駐車して土手から歩いて川へと下りられる。このコンビニでも日釣り券を購入できるため夜討ち

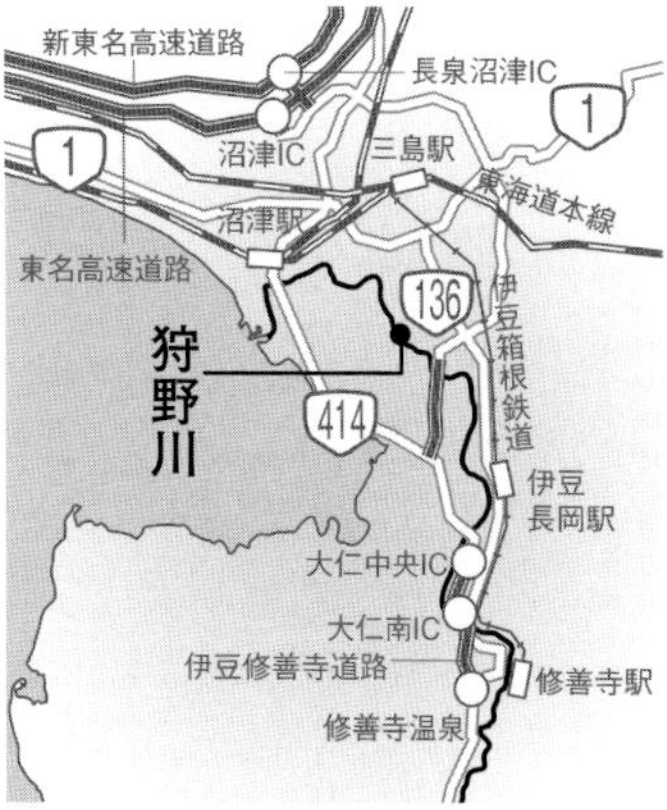

information

●河川名　狩野川
●釣り場位置　静岡県伊豆の国市
●解禁期間　3月1日～9月30日
●遊漁料　日釣券1100円・年券6000円
●管轄漁協　狩野川漁業協同組合（Tel 0558-72-5945）
●最寄の遊漁券取扱所　三田釣具店（Tel 0558-72-0211・修善寺）／セブンイレブン伊豆修善寺瓜生野店（Tel 0558-72-5557）
●交通　東名高速・沼津ICより修善寺道路を経由して大仁南ICで下車し、国道136号で各釣り場へ

鼻の曲がった大アマゴ。こんな釣果に加えて、駿河湾からソ上するサツキマスも期待できる

朝駆けの釣り人には便利だ。

エサはクロカワムシをメインに使用したい。瀬には石が多く入っているため、石をひっくり返せば簡単に採取できる。しかし、増水して採取できない状況もあるので、予備エサとしてキヂやブドウムシも持参したい。

この区間はアユ釣りの時期になると友釣りファンが多く集まる人気ポイント。ということは、それだけコケの付く石が多く入っている証であり、川虫などのエサも豊富で、尺アマゴにも絶好の付き場となっているのだ。

ここでは右岸側からでも釣りは可能だが、岸際を探るため左岸側からアプローチしたほうが釣りやすい。長く続く瀬を、集中力を切らさず丹念に探ることが釣果を得るコツだ。

このエリアでの仕掛けは0・8号から1号の太イトで挑みたい。というのも、石はコケで大変すべりやすく、大ものが掛かっても同時に下流へ走れないため、太イトを張って魚の走りを止めないといけないからだ。

瀬を中心に釣るのだが、石が多いのでこちらもやや軽めのオモリを選択したい。浅い釣り場といっても侮れないポイントで、以前40㎝ほどのアマゴが2尾泳いでいるのを確認している。

どの河川でも当然であるが、入渓する際は慎重にアプローチしていただきたい。タイミングは朝夕のマヅメ時に実績があるものの、日中でも尺上の釣果が上がっているので、1日じっくりとサオをだしてみてほしい。

狩野川大ヤマメ仕掛け

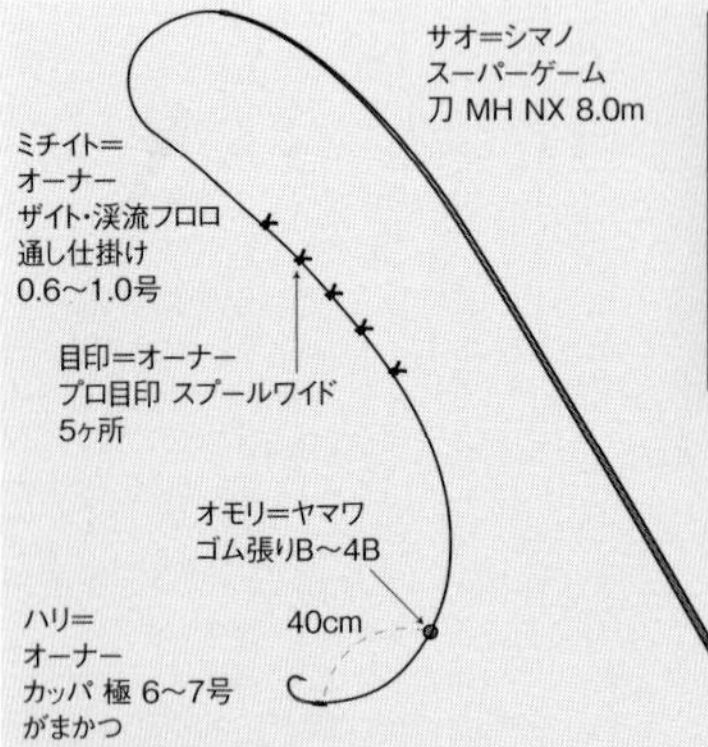

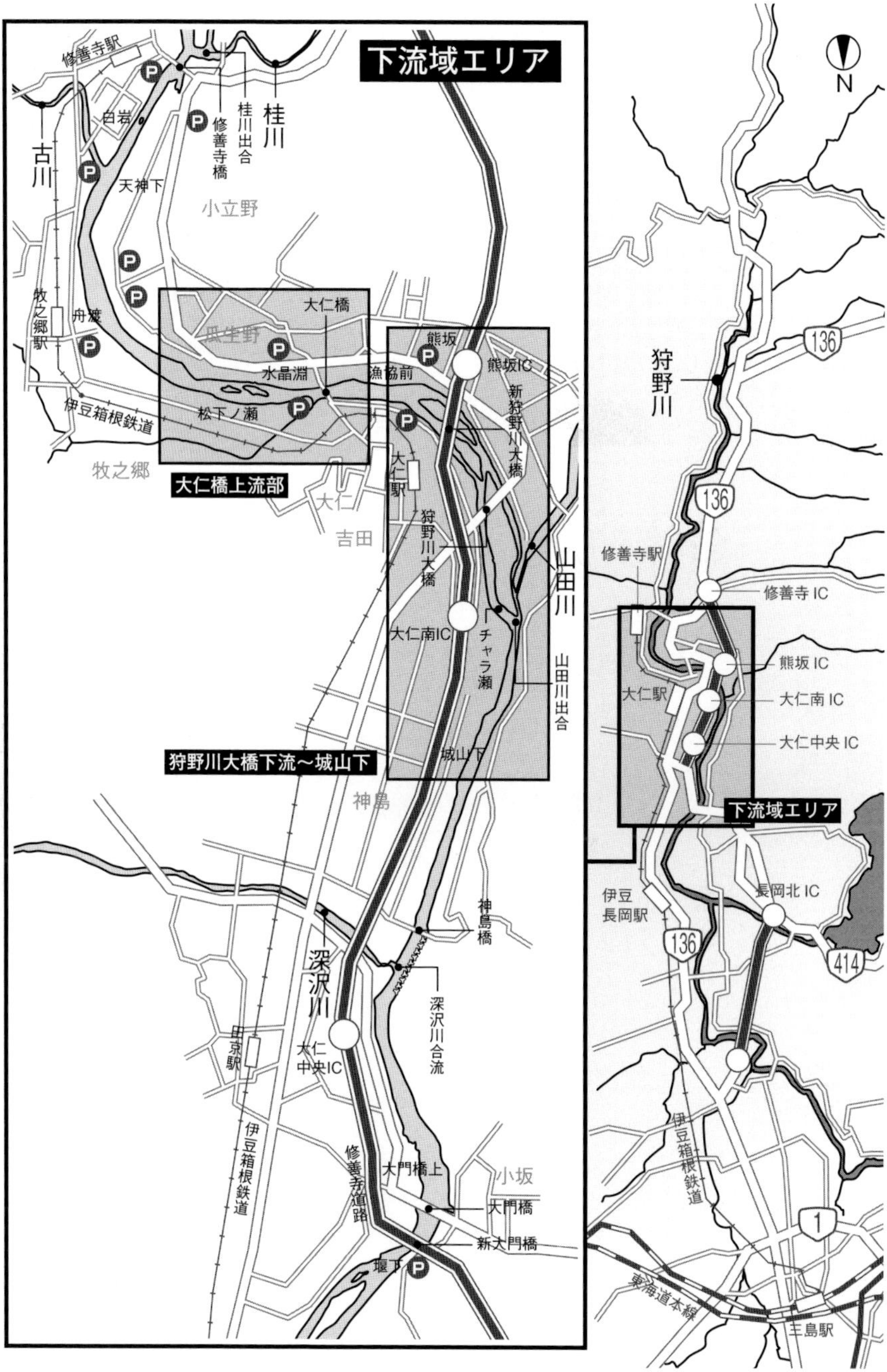
下流域エリア
修善寺駅
桂川出合
桂川
修善寺橋
古川
白岩
天神下
小立野
牧之郷駅
舟渡
瓜生野
大仁橋
熊坂
熊坂IC
水晶淵
漁協前
新狩野川大橋
松下ノ瀬
伊豆箱根鉄道
牧之郷
大仁橋上流部
大仁駅
大仁
吉田
狩野川大橋
山田川
大仁南IC
チャラ瀬
山田川出合
城山下
狩野川大橋下流～城山下
神島
神島橋
深沢川
深沢川合流
田京駅
大仁中央IC
伊豆箱根鉄道
修善寺道路
大門橋上
小坂
大門橋
新大門橋
堰下
N
136
狩野川
136
修善寺駅
修善寺 IC
熊坂 IC
大仁駅
大仁南 IC
大仁中央 IC
下流域エリア
伊豆長岡駅
長岡北 IC
136
414
伊豆箱根鉄道
1
東海道本線
三島駅

山田川との出合付近。城山下の深みへと瀬が続く

城山下から上流部を望む。ゆるやかなカーブを描き、流心は左岸を流れる

狩野川大橋から上流の渓相。中州によって流れが3本に分かれるが左岸の流れがねらいめだ

狩野川大橋から下流を望む。大きな石の点在する荒瀬となる

狩野川本流でもっとも荒いといわれる「松下ノ瀬」。ここも大アマゴの実績ポイント

大仁橋上流の淵は、数、型ともにねらえる好ポイントとなっている

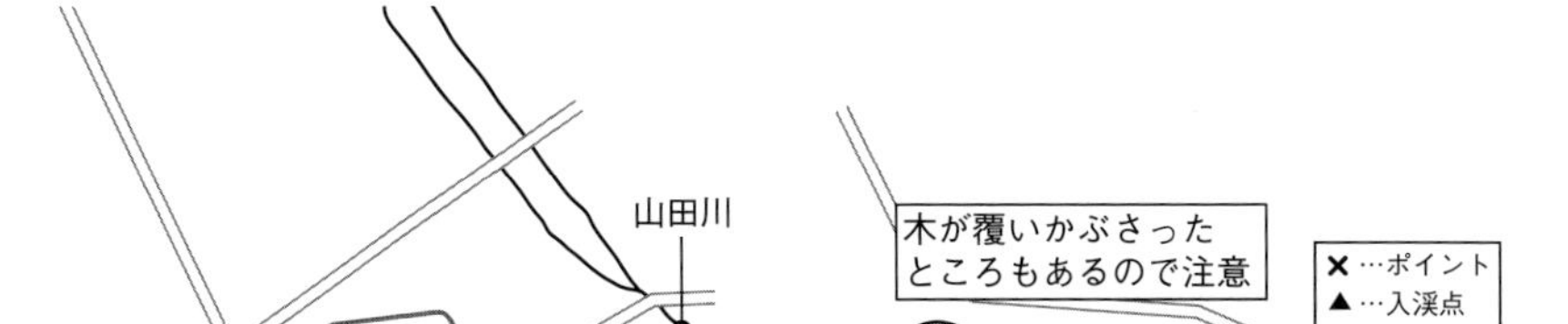

拡大図　狩野川大橋下流～城山下

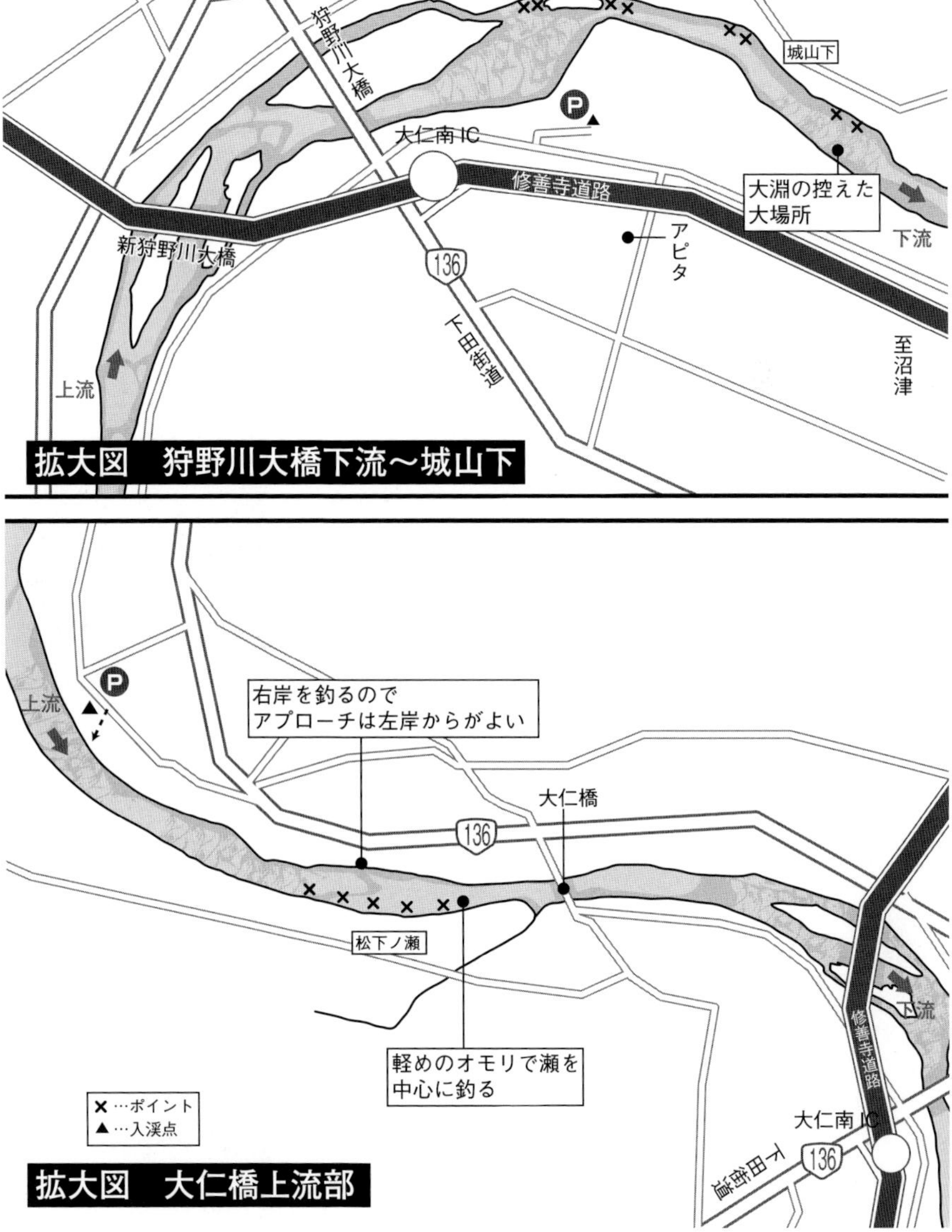

拡大図　大仁橋上流部

27

静岡県

大《おお》井《い》川

南アルプスの流れに磨かれたアマゴが魅力
蛇行を繰り返し作られた淵に大ものが潜む
上流は一般車通行禁止で自然も豊かだ

新井川渓谷にある「あまごの里」前の流れ。5月には釣り大会も行なわれる

大井川水系の上流部は、昔から大アマゴの潜む釣り場として知られている。現在では数も少なくなったが、時折40～50cmのアマゴがサオを絞り込み話題に上がる。

　しかし、静岡市内から約2時間、畑薙第一ダムより上流は一般車通行禁止の林道があり、アプローチに難がある釣り場ということも付け加えておく。

　この大井川上流部は静岡県静岡市葵区井川にある井川湖より上流にいくつかの大きなダムを持ち、その間にある渓谷や支流が釣り場となる。

　大きく分けると井川湖から畑薙第二ダム間、畑薙第一ダムから上流とその支流で、ダムから本流を行き来するアマゴをねらう。

●深い渓谷にアマゴが潜む

井川湖から第二ダムまでは、新井川渓谷と呼ばれる深い谷底の流れとなり、入渓点は限られるが川へは下りられる。

　入渓点は4ヵ所で、1つめが桃の木島への車道を下る方法。2つめが外山沢を伝い下る手。3つめは病院跡の林道を下る方法。そして最後の4つめが「あまごの里」付近から入渓し、明神沢出合まで釣り上がる区間だ。

　このうち外山沢と病院跡の入渓は県道脇の空き地に車を置き歩いて下ることになるが、いずれのルートも帰路は川を下るか、県道に上がって車道を戻るのに時間がかかる。

　この区間は、蛇行する流れの当たる部分にある淵を中心に探りたい。しかし、ウグイもいるので、アマゴが付く流速の速い場所を見極めて仕掛けを流すこと。

　増水時や盛期には瀬にも魚がでるので、浅い場所も見逃さずに仕掛けを流したい。また、各支流の最初の堰堤までは産卵期のアマゴがソ上するので、増水時やシーズン後半は必ず仕掛けを入れたい。

　サオは6～8mクラスの中から、自分

profile
●望月竜也
昭和45年生まれ、山梨県在住。渓流釣り歴24年。源流のイワナから本流のアマゴ、河口付近のサケ釣りまで、ノベザオで挑める魚を求めて釣り歩く。『甲駿渓遊会』代表

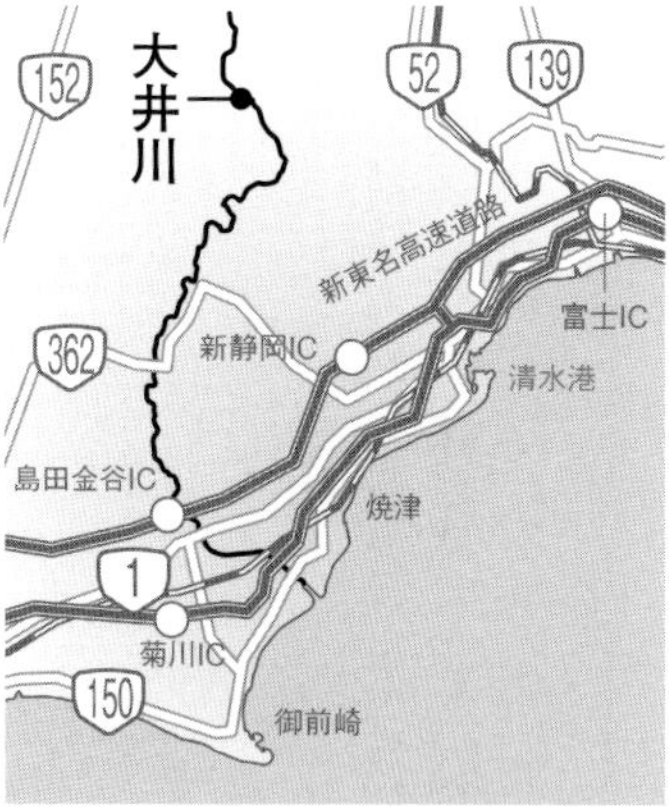

information

●河川名　大井川
●釣り場位置　静岡県静岡市葵区
●解禁期間　3月1日～9月30日
●遊漁料　日釣券1000円・年券4000円
●管轄漁協　井川漁業協同組合（Tel 054-260-2574）
●最寄の遊漁券取扱所　杉山釣具店（Tel 054-260-2424）※田代地区・滝浪商店横に発券機あり
●交通　新東名高速・新静岡ICを下車し県道27号を安倍川沿いに北上、玉機橋の信号を左折して県道189号に入り、富士見峠を越え畑薙湖まで約2時間

が一番扱いやすい長さを選択するとよいだろう。頭上が低い場所もあり、慣れた長さで釣るほうがトラブルも少ない。

仕掛けは渇水時を除けば0・4号以上が望ましく、水量の多い好条件では思い切って0・8～1号と太イトで挑みたい。

エサはキヂ、ブドウムシを中心に、準備できればヒラタなどの川虫も持参したい。過去の実績からヒラタの食いが一番よいが、大井川では採取できる川虫が少ないうえに小さく、現地確保は難しい。

仕掛けは、できるだけ自然に流すように心がける。年を重ねた大アマゴは不自然な流れのエサには反応しないが、キヂでは若干の誘いも有効になる。川床に定位する大アマゴの口元にスッと入っていくイメージで仕掛けを送り込みたい。

この区間の注意点としては、第二ダムの下流に流れ込む明神沢が、地元の祭事に使用するアマゴを保護する目的で永年禁漁となっている。ただし県道より下流は禁漁区域に指定されていない。

●車が入れない自然の渓

畑薙第一ダムより上の本流は、畑薙橋から先の流れが釣り場となる。ただし左岸の沼平ゲートより先は一般車通行禁止で徒歩、もしくは東海フォレスト管理のバスを利用して入ることになる。

入渓点は畑薙橋より少し先の「赤石水

力発電所」から。施設に沿って右に降りていくと本流に出られる。

ここから中の宿沢までが一区間。沢を上り吊り橋を経由して林道へ戻る。健脚ならばさらに上流の胡桃沢まで行ってもよい。ほかの入渓点は藤島沢、赤石渡、滝見橋、木賊への取付道跡がある。

私は胡桃沢や藤島沢から赤石渡、赤石渡から滝見橋までの区間が好きで、夏の渇水時に淵で遊泳している尺上アマゴを見つけては、川虫の浮かし釣りで楽しんでいる。各支流もアマゴ釣りが楽しめるが、ここでは割愛させていただく。

南アルプスの清冽な流れに育まれたアマゴは、朱点も鮮やかだ

木賊堰堤を越えると、いろいろな場所から川岸へ下りられるようになり、二軒小屋までアマゴ釣り場が続く。畑薙湖から上流はイワナも混じってくる。

畑薙湖以遠の釣り場は早期は雪が残り、ゴールデンウイークには雪代で水温が下がるので、ベストシーズンは梅雨明けから。その頃はテンカラやフライにもアマゴは飛び出てくるようになる。

エサ釣りでも魚が定位できる水流、水深を見極めて仕掛けを送り込めば勝機はあるので、時期を選ばずチャレンジしてもよいだろう。釣行のタイミングは朝夕のマヅメ時がベストだが、早期は水温の上がる日中に魚の活性が上がるようだ。

本格的に大アマゴをねらうには9月の産卵シーズン前がチャンスとなる。ダム育ちの大アマゴが産卵場所に向かいソ上を始めるので、盛期よりもグッとねらいやすくなる。

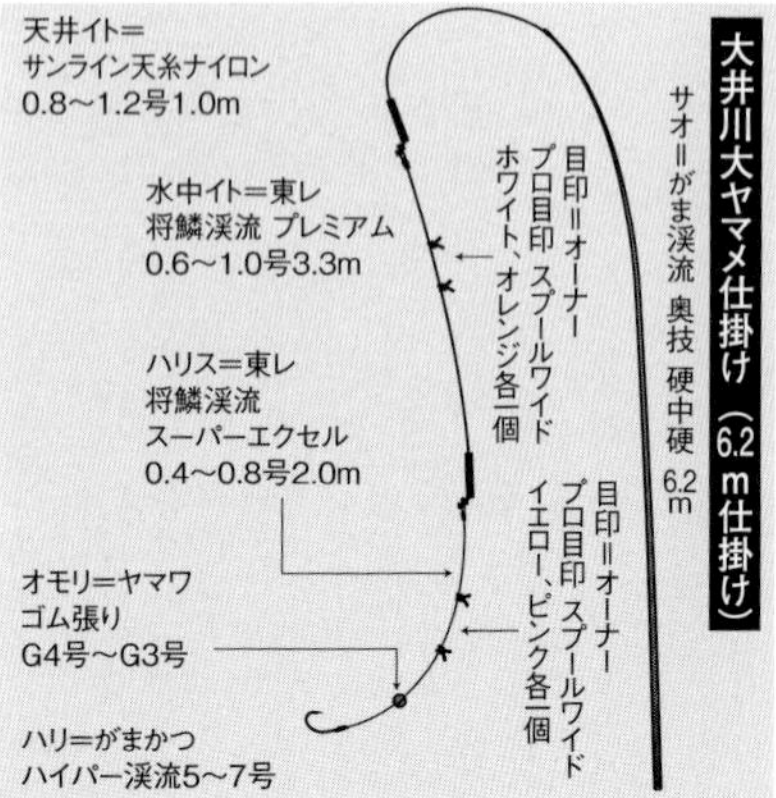

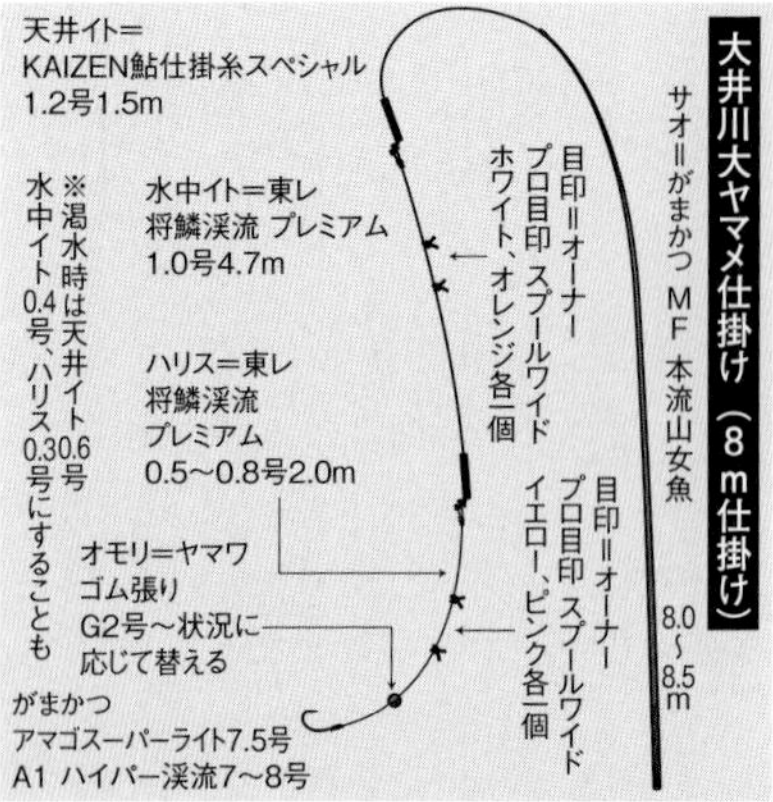

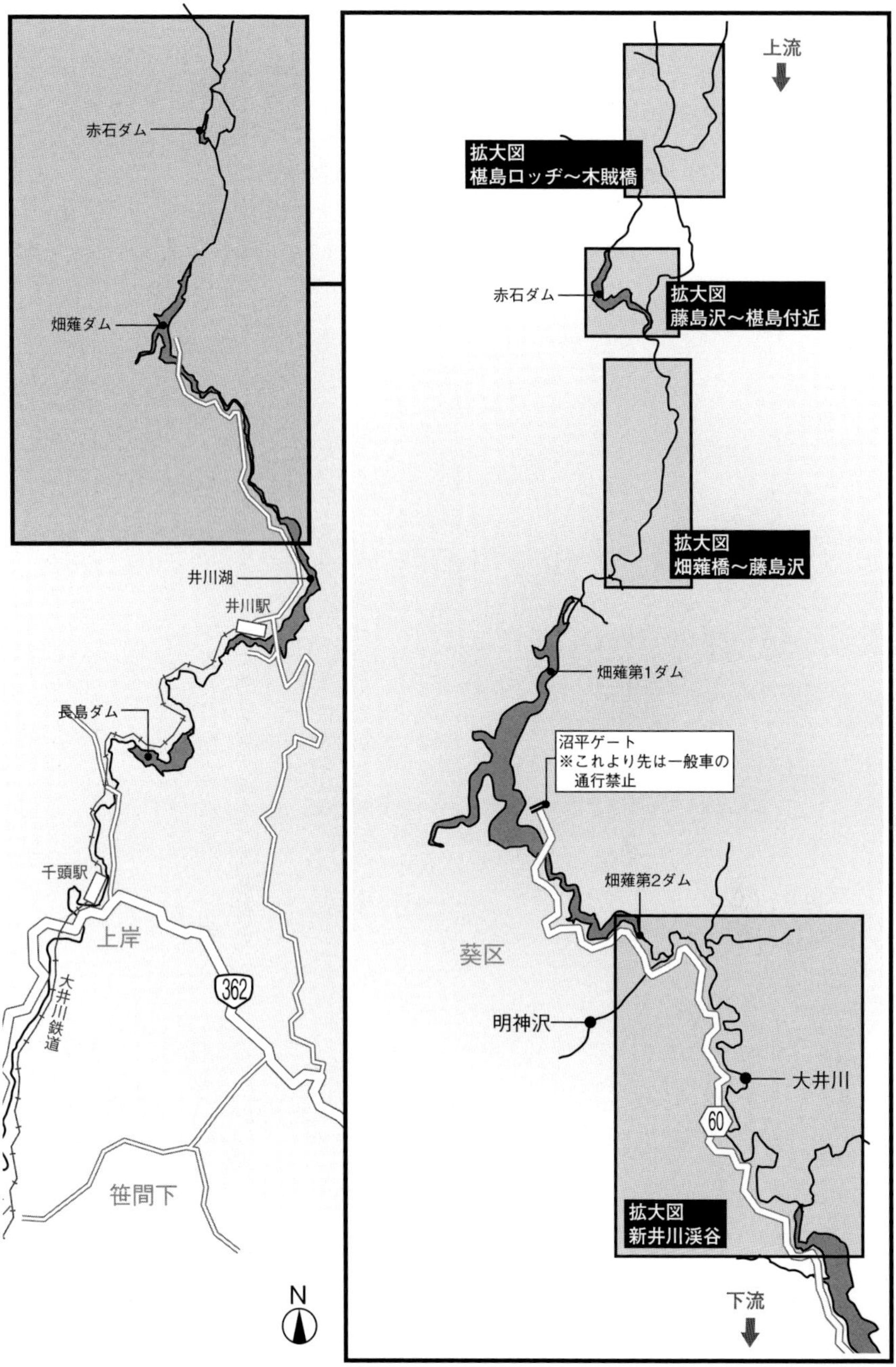
赤石ダム
畑薙ダム
井川湖
井川駅
長島ダム
千頭駅
上岸
大井川鉄道
362
笹間下
N
上流
拡大図
椹島ロッヂ～木賊橋
赤石ダム
拡大図
藤島沢～椹島付近
拡大図
畑薙橋～藤島沢
畑薙第1ダム
沼平ゲート
※これより先は一般車の
通行禁止
畑薙第2ダム
葵区
明神沢
大井川
60
拡大図
新井川渓谷
下流

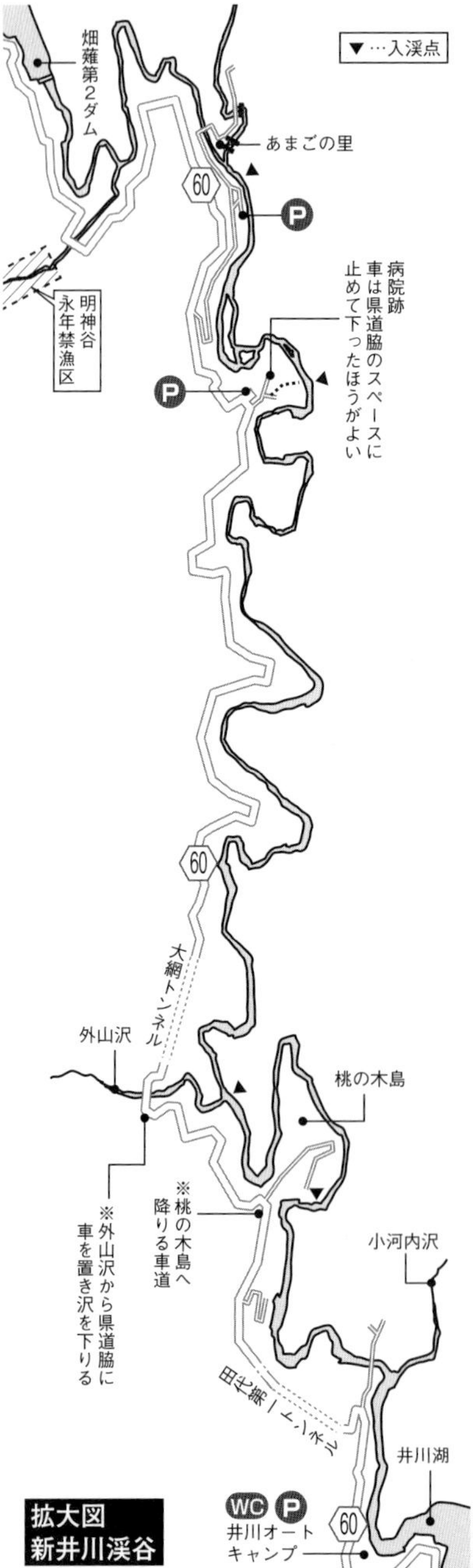

畑薙第1ダム以遠の釣り場は、ベストシーズンが梅雨明けからとなり、テンカラやフライにもアマゴは飛び出てくるようになる

大井川のアマゴは、蛇行する流れの当たる部分にある淵を中心に探るのが釣果を得るコツとなる

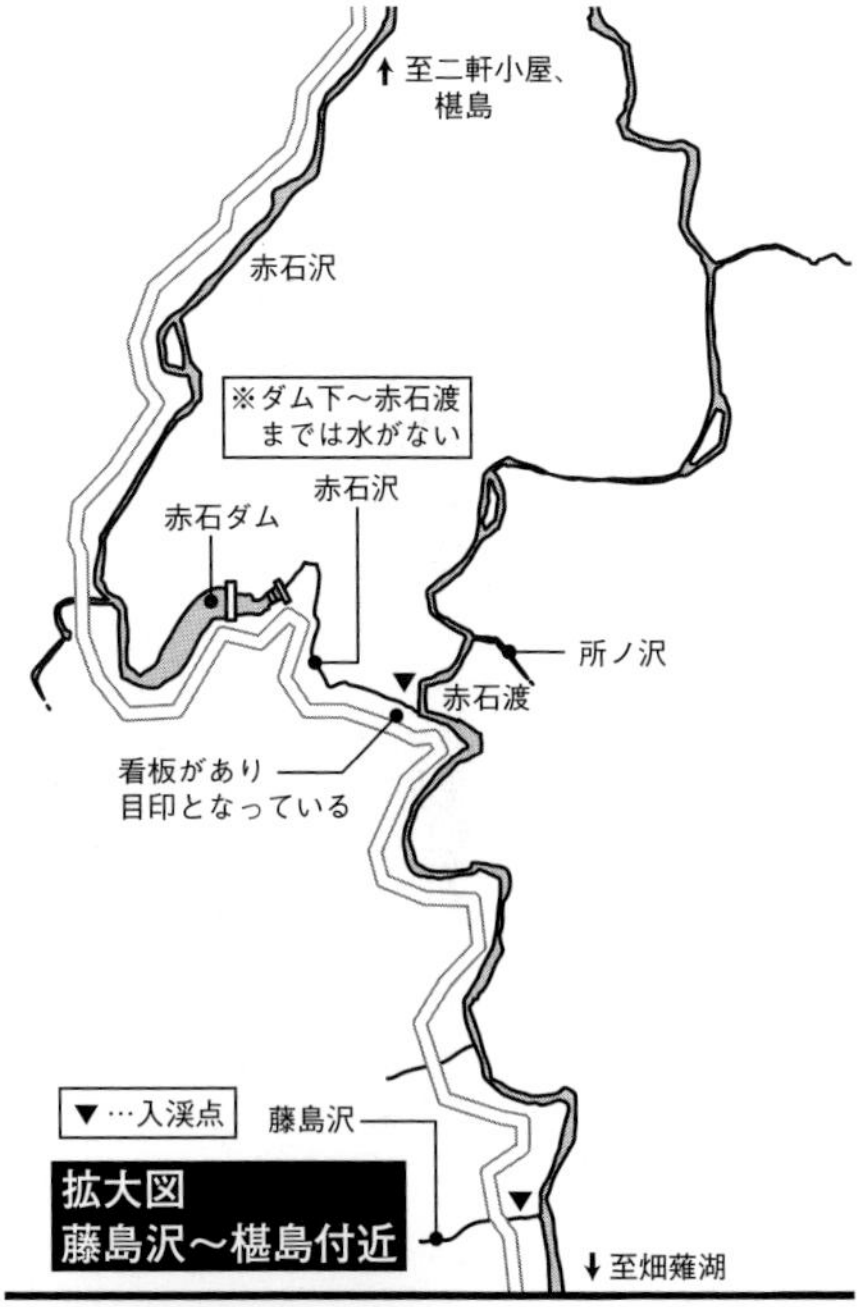
至二軒小屋、
椹島
赤石沢
※ダム下～赤石渡
までは水がない
赤石ダム
赤石沢
所ノ沢
赤石渡
看板があり
目印となっている
▼…入渓点
藤島沢
拡大図
藤島沢～椹島付近
至畑薙湖

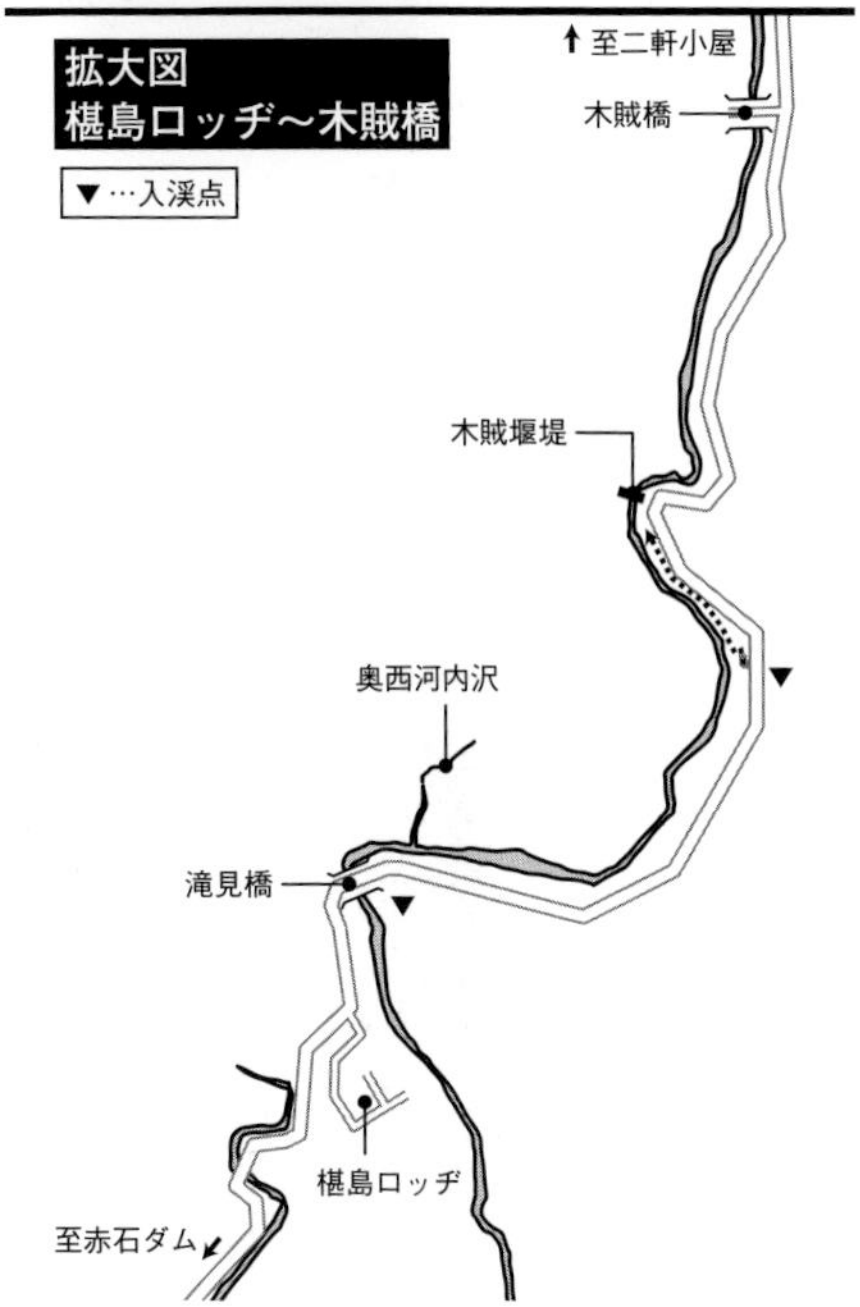
至二軒小屋
拡大図
椹島ロッヂ～木賊橋
▼…入渓点
木賊橋
木賊堰堤
奥西河内沢
滝見橋
椹島ロッヂ
至赤石ダム

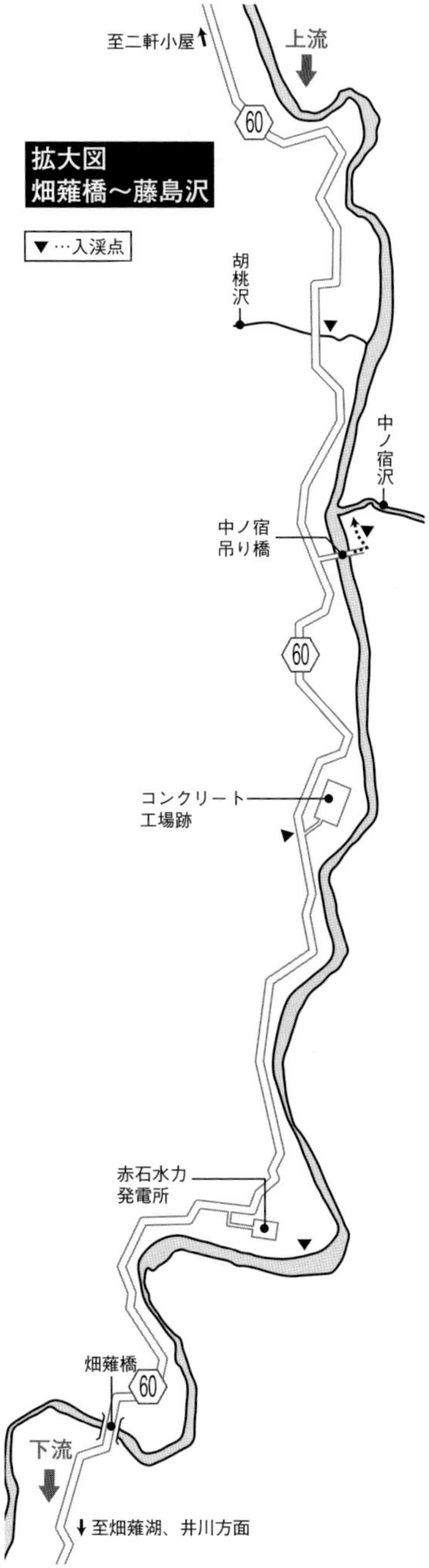
至二軒小屋
上流
60
拡大図
畑薙橋～藤島沢
▼…入渓点
胡桃沢
中ノ宿沢
中ノ宿
吊り橋
60
コンクリート
工場跡
赤石水力
発電所
畑薙橋
60
下流
至畑薙湖、井川方面

28

岐阜県 長良川

濃尾平野を流下する西日本有数の名川
岩盤や大岩が織りなす渓相は変化に富む
大アマゴにサツキマスの魚影は抜群に多い

長良川の大ものといえばサツキマスが挙げられる。こんな魚体がサオを絞り込むからたまらない

長良川は、岐阜県郡上市の大日ヶ岳に源を発し、河口近くで揖斐川と流れをともにし、木曽川へと流れ込み、伊勢湾へ注ぐ。

柿田川、四万十川とともに日本三大清流の1つに数えられ、全国的にその名を知られる名川だ。

水量が豊富で、多彩な流れを醸しだすその本流はアマゴの生息域。しかも、尺を越える大アマゴの数も半端ではない。そしてもう1つ、長良川で大ものといえばサツキマスが挙げられる。

それらの渓魚を手にできるポイントは中流部から上流にかけて数多く存在する。

profile

●白滝治郎

昭和33年生まれ、岐阜県在住。渓流域の釣りから本流釣り、サツキマス釣りまでこなす。夏はアユ専門になるが、それ以外はアマゴをねらって川に入り浸る。『中部銀影会』会長

なかでも流れにメリハリがあって釣りやすいのが上流の郡上地区だ。ここでは長良川郡上地区の大アマゴ、サツキマスのポイントを、具体的な釣り場を紹介しながら解説したい。

●郡上地区のポイント

【相戸堰堤下】

堰堤直下から瀬にかかる手前までがベストポイントとなる。堰堤によってソ上できない魚が溜まるからだと思われる。瀬肩のカケアガリや、水中に沈んだ岩盤のウケに魚が付いている。下流の瀬は、水深のある部分がポイントとなる。

渇水してくると、一度堰堤下までソ上した魚が下流の淵に戻ることもあるので、渇水時は要注意。

【大稲】

中州を挟んで流れる2本の瀬が合流して荒瀬となって流下し、徐々に水深を深めていく流れとなる。

ねらいはズバリ、ハカリ岩と呼ばれる大きな頭を出した岩盤の周り。ここは掘れ込んでいて水深があり、大ものの絶好

information
- ●河川名　木曽川水系長良川
- ●釣り場位置　岐阜県郡上市
- ●解禁期間　2月15日～9月30日
- ●遊漁料　日釣券1000円・年券4000円
- ●管轄漁協　郡上漁業協同組合（Tel 0575-65-2562）
- ●最寄の遊漁券取扱所　森下釣具店（Tel 0575-65-4362）／田中釣具店（Tel 0575-65-2540）／白滝釣具店（Tel 0575-65-5383）
- ●交通　東海北陸自動車道・美並IC、もしくは郡上八幡ICを下車し国道156号で各釣り場へ

の付き場となっている。そして、荒瀬の流れ込み、流心の際もねらってみる価値のあるポイントだ。

【吉田川出合】

長良川の一大支流である吉田川との合流点で、以前と比べると若干流れが強くなった感があり、淵からのヒラキとなる淵尻が大ものの付き場になる。

渇水時には、長良川と吉田川との流れがぶつかり、モミアワセとなる部分へ魚が入ってくるため、ポイントが絞りやすくねらいめとなる。

出合下流の瀬はあまり大ものは付かないようだが、手頃なサイズのアマゴがサオを賑わせるので、遊んでみるのも面白い。

【五輪】

大和町エリアでは最大の部類に入る淵で、私の過去において最も多くサツキマスをあげたポイントだ。

もっとも、当時と比べると流れの変化に乏しい渓相になったが、高水時には淵のヒラキを、平水以下では流心の真下を探ると大ものの反応があるので、必ずサ

鼻の曲がったモンスター級。大ものとの出会いはまさに一期一会。サオを握っている間は絶対に集中力を切らさないことが大切

オをだしてみたい釣り場だ。

また、大岩下流の深みはルアー釣りのポイントとなるが、ヒットする魚は小ぶりとなるようだ。

●大アマゴ、サツキマスの攻略法

サオは本流用で、8m以上の長さがあればいうことない。私の場合は、パワーはもちろん、なるべく感度のよいサオを選んで使用している。川底の変化を読み取りながら仕掛けを流して大ものの微妙なアタリを取り、掛けてからは魚の状態を読み取ってぎりぎりのところでやり取りできる、釣り人が優位に立てるポテンシャルを求めているからだ。

仕掛けは0・4〜0・6号の水中イトに、ハリはエサに合わせて大きさを変えるようにしている。

エサはキヂかクロカワムシ、もしくはオニチョロを使っている。私の使用パターンは朝夕のマヅメ時、あるいは曇りの日はキヂ、日差しのまぶしい時間帯は川虫を使用して実績をあげている。

水深があり、岩盤などの障害物があるところ、あるいは淵尻などのカケアガリを中心に仕掛けを入れてみたい。

また、じっくりと粘る釣りが効果的で、しつこいくらい何度も同じところを流すことにより、大ものの掛かる確率は高くなる。大ものは基本的に終日ねらえるが、やはり確率が高いのは日中よりも朝夕のマヅメ時に軍配があがる。もちろん、曇天や雨天なら、日中でもチャンスは大きい。

大ものとの出会いはまさに一期一会。サオを握っている間は絶対に集中力を切

長良川大ヤマメ仕掛け

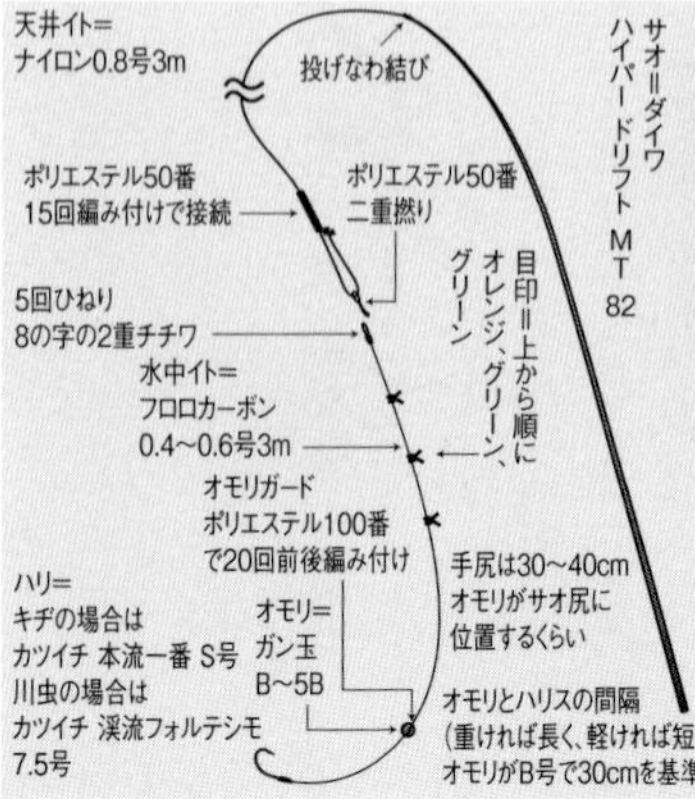

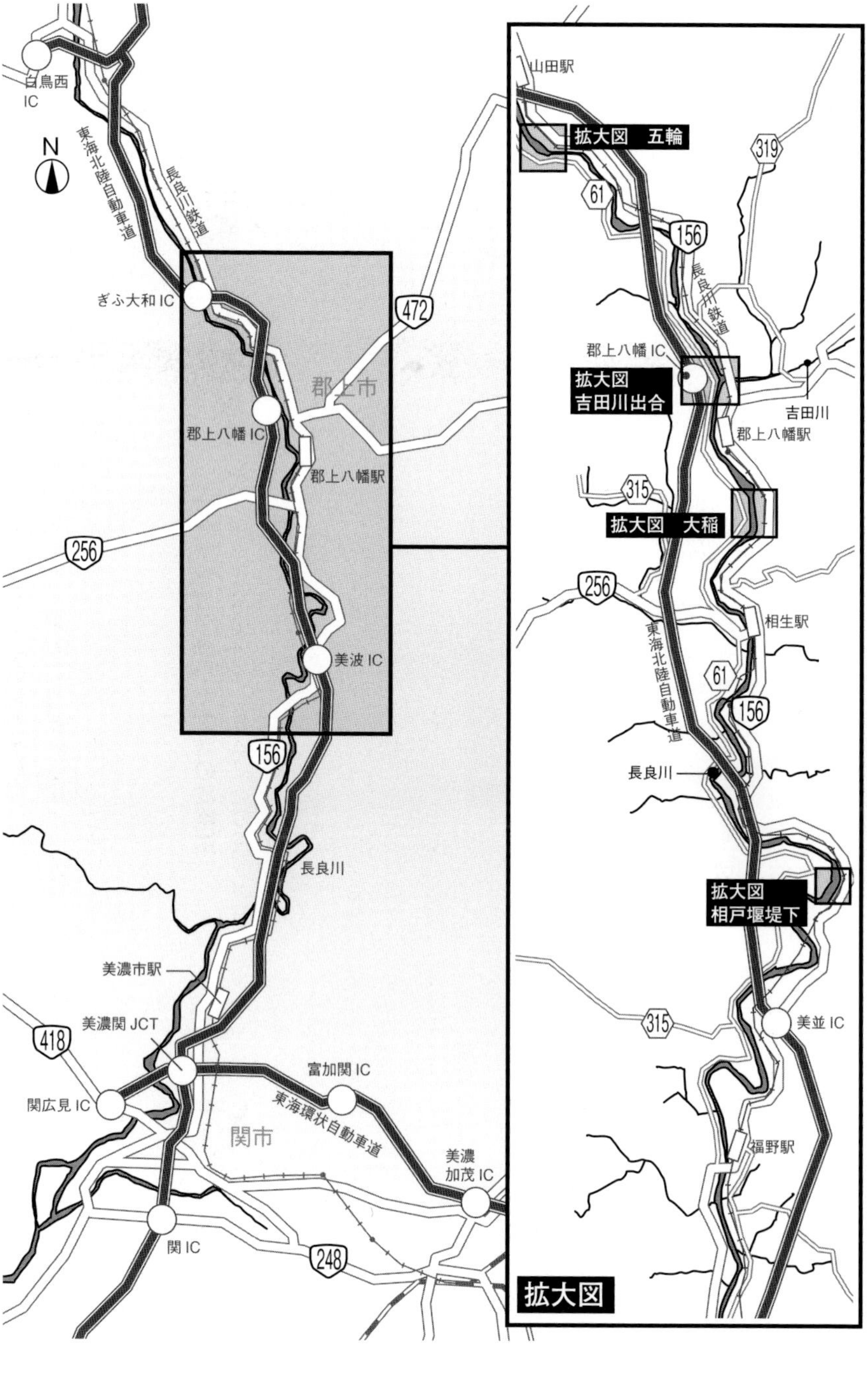

白鳥西 IC
N
東海北陸自動車道
長良川鉄道
ぎふ大和 IC
472
郡上市
郡上八幡 IC
郡上八幡駅
256
美波 IC
156
長良川
美濃市駅
美濃関 JCT
418
関広見 IC
富加関 IC
東海環状自動車道
関市
美濃加茂 IC
関 IC
248
山田駅
拡大図　五輪
319
61
156
長良川鉄道
郡上八幡 IC
拡大図
吉田川出合
吉田川
郡上八幡駅
315
拡大図　大稲
256
相生駅
東海北陸自動車道
61
156
長良川
拡大図
相戸堰堤下
315
美並 IC
福野駅
拡大図

大稲の流れ。ハカリ岩と呼ばれる大きく頭を出した岩盤の周りをねらいたい

相戸堰堤下から瀬にかかる手前までがベストポイント

五輪に広がる大淵。過去において最もサツキマスを上げたポイント

吉田川との合流点。淵からのヒラキとなる淵尻が大ものの付き場となる

らさないことが大切だ。不意に出現する大もののアタリに対応できなければ、勝負に持ち込めない。

超大ものは、ハリ掛かりさせてもすぐに動きださない。サオを絞った瞬間、一気に流心、あるいは対岸へ向かって疾走する。この最初の走りを止めることができるかどうかが、勝負の分かれ目。

仕掛けが伸び切ると魚は跳ねて抵抗することが多いが、なるべく跳ねさせないようにサオを上流側へ押さえ込む操作をしたい。

この操作を行なうためにはイトの限界を知るとともに、魚の大きさや走り具合などを的確に把握できるサオの感度が必要となるのだ。

この走りを止めることができたら、イトとサオの角度をできるだけ鋭角に保ちながら、魚に水中で尻尾を振らせながら弱らせる。魚を水面に浮かせることができるようになったら、水中にタモを差し込み、そこへ魚を誘導してフィニッシュ。寄せてからタモを差しだすと、魚が驚いて走るため注意すること。

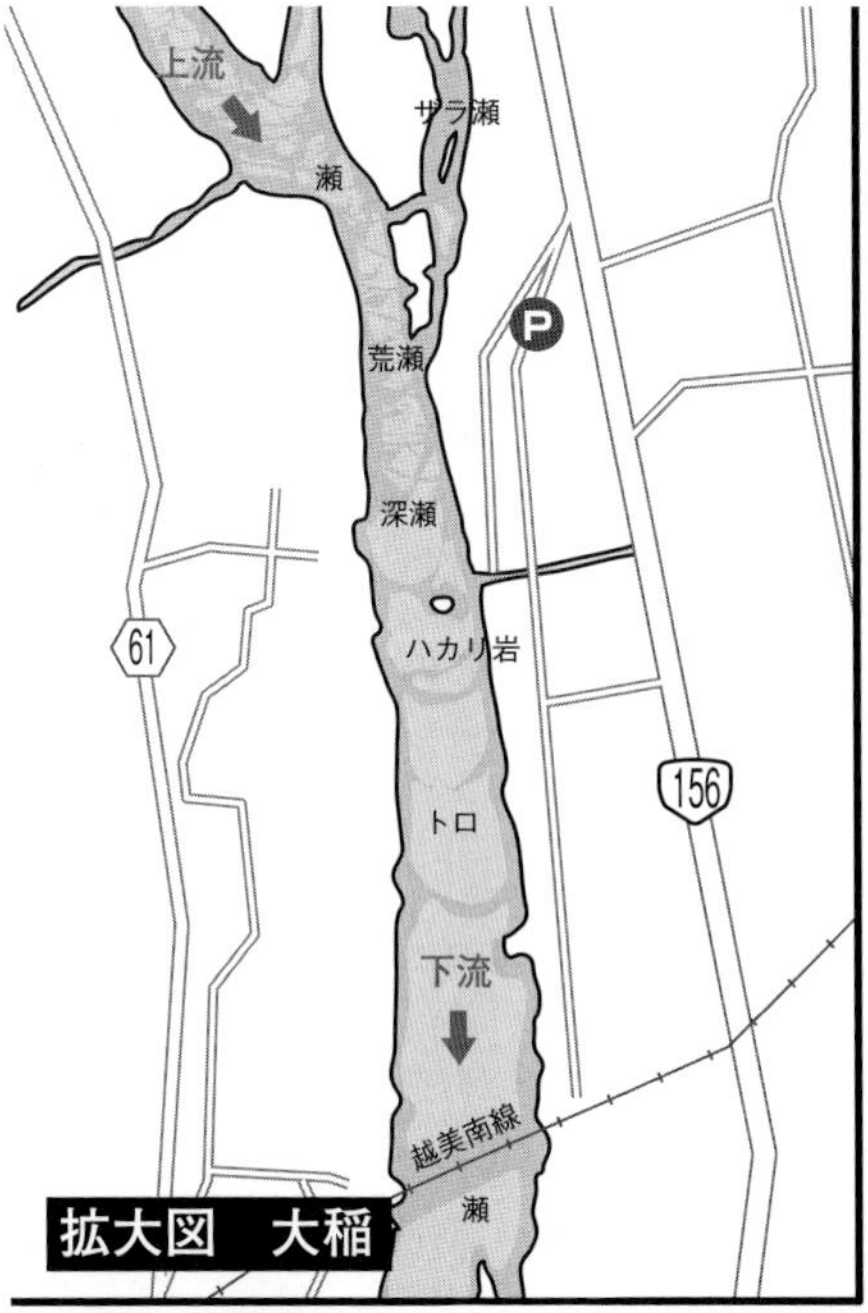
上流
サラ瀬
瀬
荒瀬
深瀬
ハカリ岩
61
156
トロ
下流
越美南線
瀬
拡大図　大稲

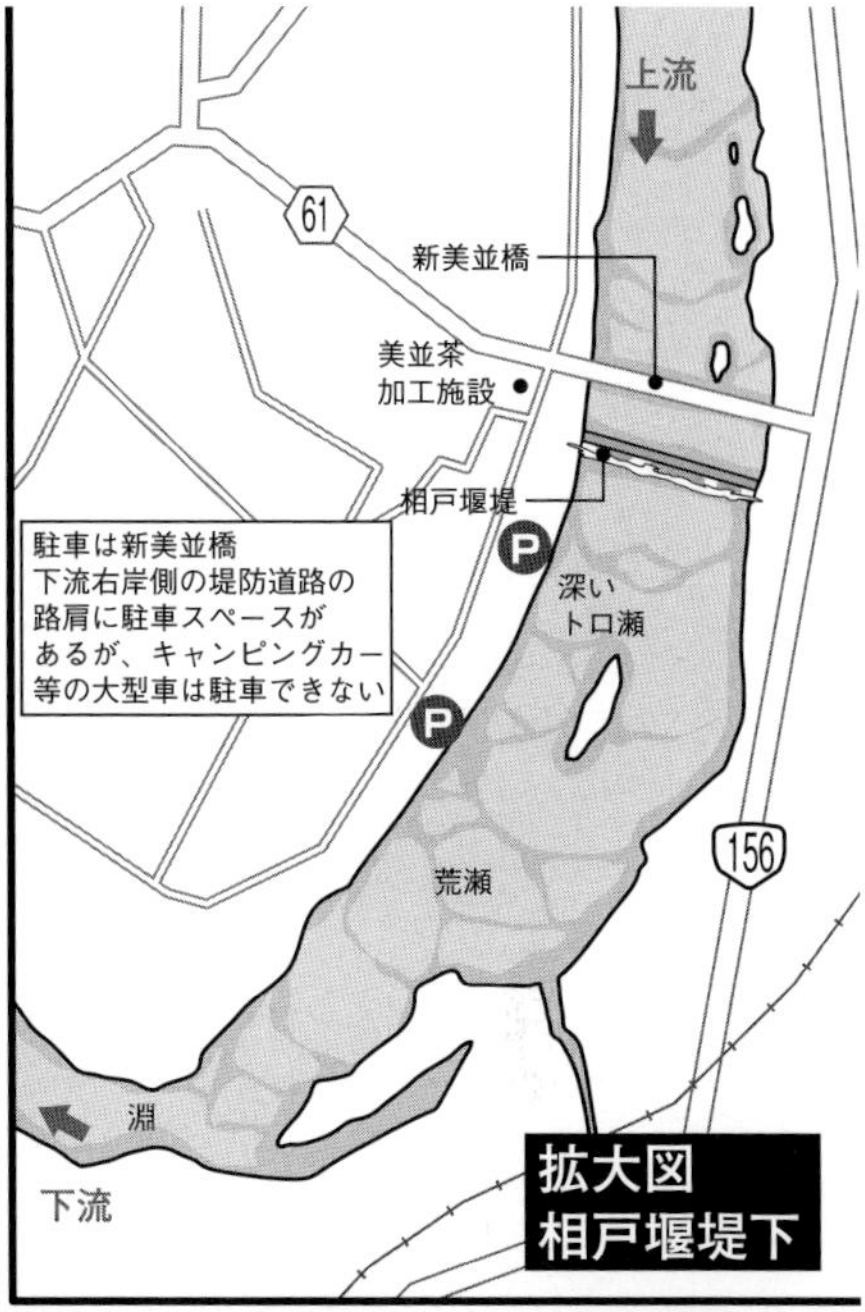
上流
61
新美並橋
美並茶
加工施設
相戸堰堤
駐車は新美並橋
下流右岸側の堤防道路の
路肩に駐車スペースが
あるが、キャンピングカー
等の大型車は駐車できない
深い
トロ瀬
156
荒瀬
淵
下流
拡大図
相戸堰堤下

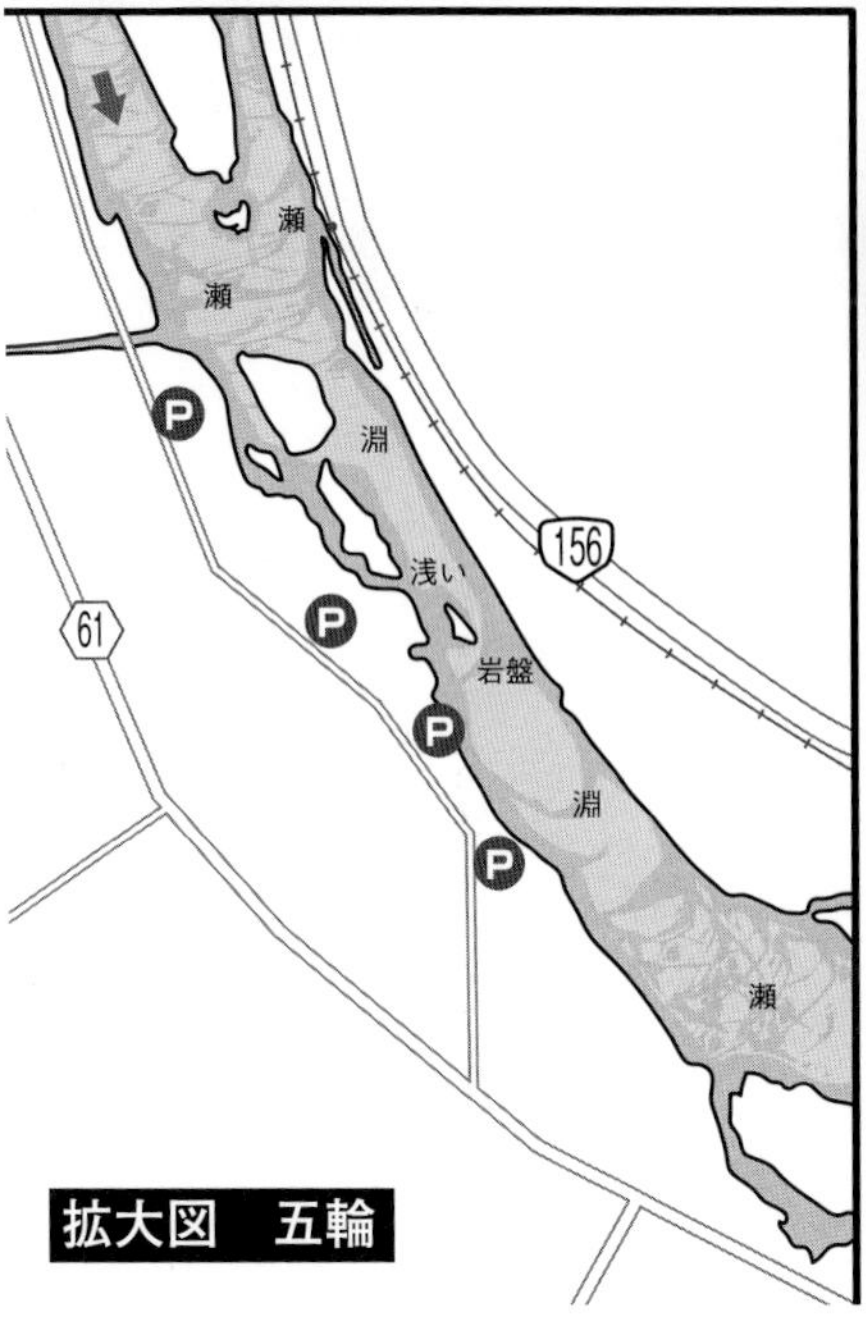
瀬
瀬
淵
浅い
156
61
岩盤
淵
瀬
拡大図　五輪

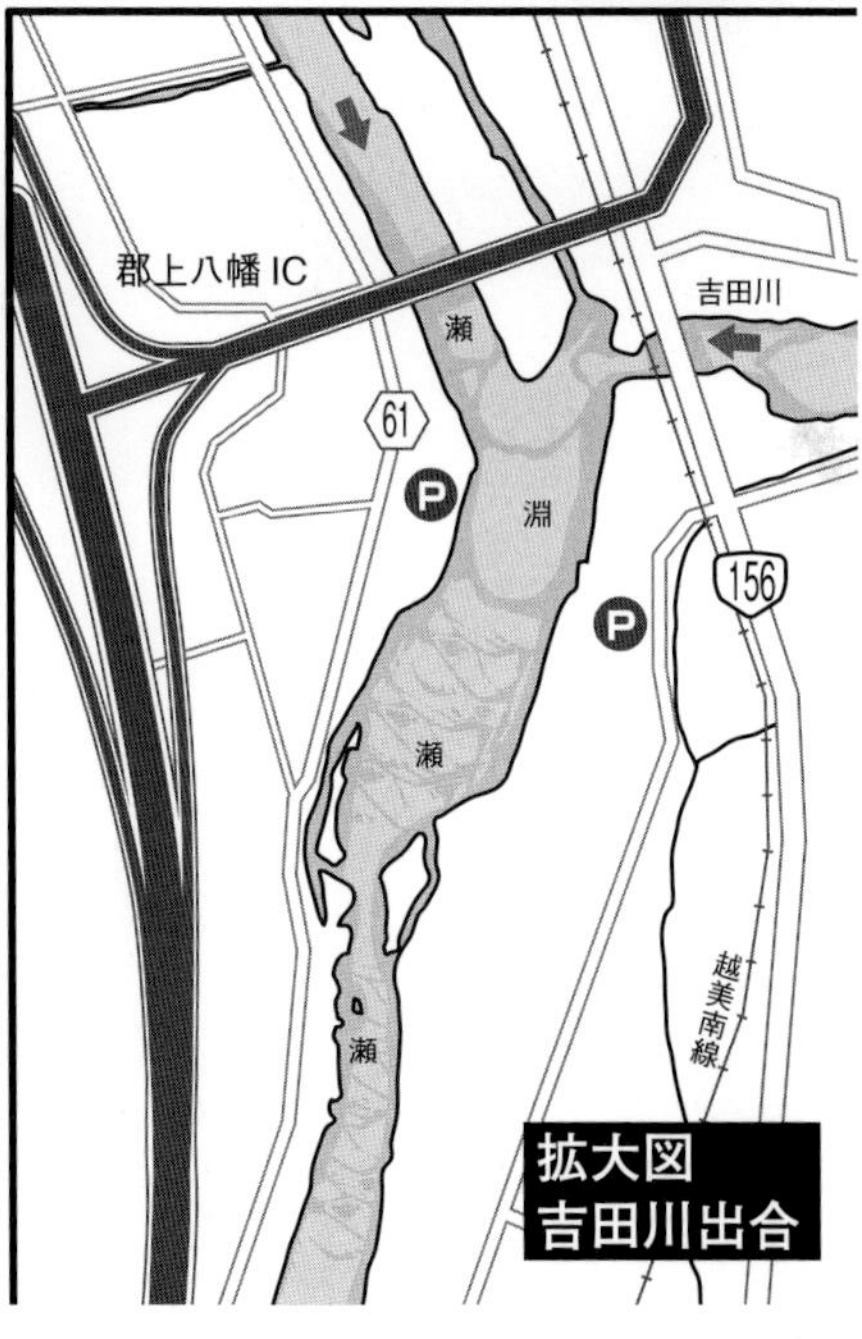
郡上八幡 IC
吉田川
瀬
61
淵
156
瀬
越美南線
瀬
拡大図
吉田川出合

北アルプスを源とする清涼な流れは冷たく、シーズンを通してヤマメがねらえる渓の1つである

29 岐阜県 高《たか》原《はら》川

北アルプスの清冽な流れが育むヤマメ
ダムから差してくるモンスター級も潜む
長めの本流ザオを駆使して広範囲を探れ

profile

●千島克也

昭和49年生まれ、埼玉県在住。ホームグラウンドは荒川で、ヤマメの最大魚は50cm。ほかに桂川で釣ったアマゴ49cm、犀川のサクラマス61cmなどがレコード。『荒川銀影会』会長

高原川は北アルプスにある乗鞍岳を源とし、奥飛騨温泉郷の中心部・栃尾で蒲田川と合流、さらに神岡町を流れて富山県境で宮川と合流し、神通川と名前を変えて富山湾に注ぐ。

源流域周辺は標高1300～2000mの飛騨高地に囲まれ、自然豊かな渓相をのぞかせる。夏場でも過ごしやすい気温で清涼な流れは冷たく、シーズンを通してヤマメがねらえる渓の1つだ。また、北アルプスから流れる水は透明度が高く、川底まで見通すことも可能だ。

●大アマゴにおすすめの釣り場

高原川での大ヤマメ釣りであるが、私が主にサオをだすエリアを下流域から順に述べると、新猪谷ダムバックウオーターから跡津川出合上にある放水口間、新吉野大橋から浅井田ダムの間（一部禁漁区あり）、そしてそのすぐ上流にあたる浅井田ダムから双六川出合にある放水口間の3ヵ所だ。

このエリアはダム差しのヤマメが数多く潜んでおり、さらに水量の関係で水深

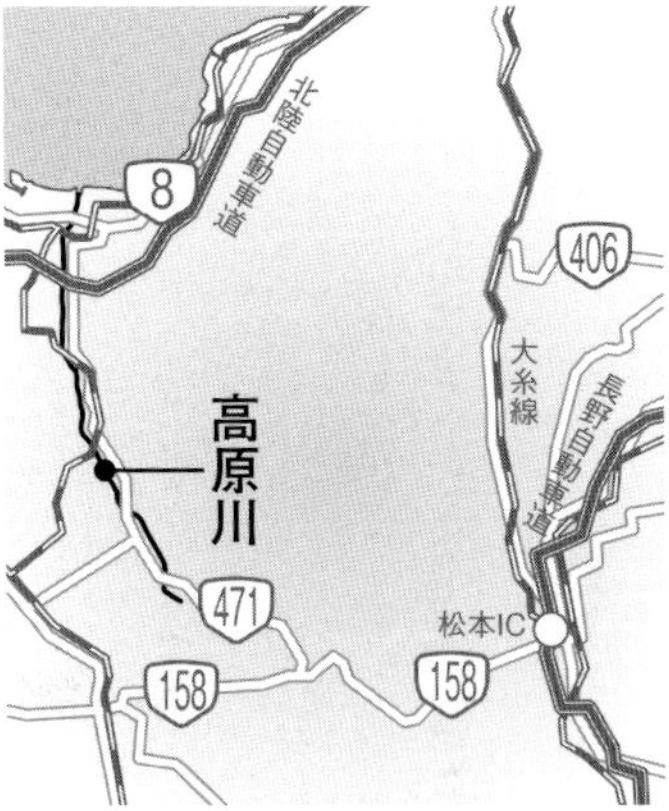

増水をきっかけにソ上してくるヤマメは、パーマークも鮮やかで、40cmを超えるサイズも手にできる

information

●河川名　神通川水系高原川
●釣り場位置　岐阜県飛騨市～高山市
●解禁期間　3月1日～9月9日
●遊漁料　日釣券1500円・年券7000円
●管轄漁協　高原川漁業協同組合（Tel 0578-82-2115）
●最寄の遊漁券取扱所　宝フィッシング（Tel 0578-86-2433）
●交通　長野自動車道・松本ICを下車し国道158号を右折、上高地方面へ向かい安房トンネルを通り国道471号で高原川へ

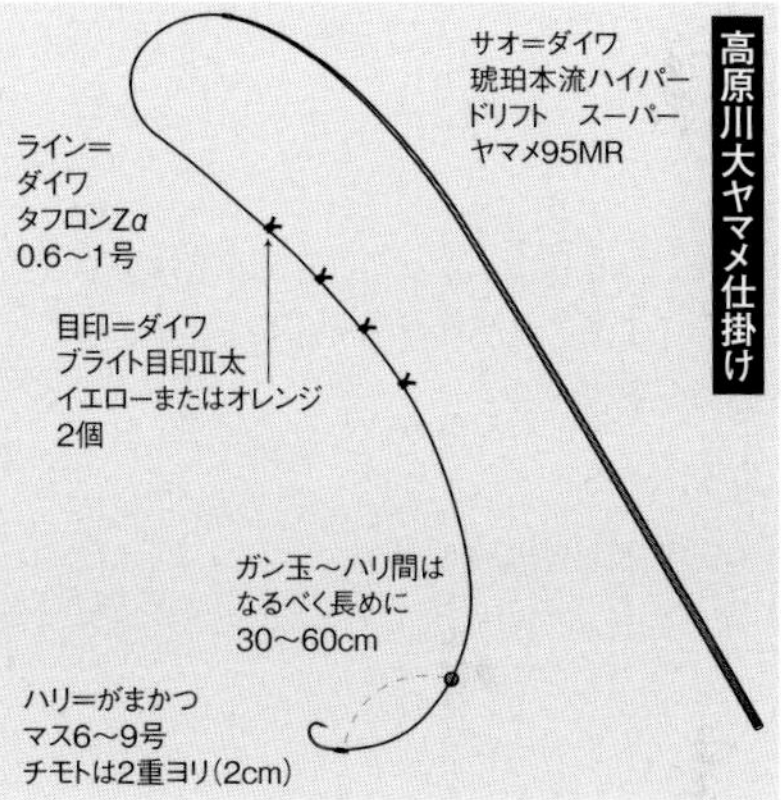

のあるトロが多く、居着きの大ヤマメもねらえる好ポイントとなっている。
　シーズンとしては、大ものが釣れだす時期は5月中旬から。雪代の頃に川虫をたくさん食べて育った体高のあるヤマメが数多く釣れるが、大きくても尺を少々上回る程度。
　それが夏になり、水温が上昇してアユ釣り最盛期の頃になると、大雨後にモンスター級の大ヤマメが口を使い始める。増水をきっかけにソ上してくるヤマメは、パーマークも鮮やかで、40cmを超えるサイズも手にできる。
　過去、増水後の釣行で姿を見ることなくモンスター級のヤマメに、2連続でラインブレイクさせられた経験もある。

●大アマゴを手にするコツ

　高原川の攻略法として、まずはタックルが挙げられる。この川は放水口と取水口の関係で水量が大きく変動する。サオの長さは基本的に8mクラスの本流ザオがあれば充分なのだが、ポイントによっては全く太刀打ちできないこともある。

　大は小を兼ねるではないが、私は9・5mの本流ザオを使用している。これならかなり広範囲を探ることが可能だ。

双六川出合の上流にある放水口付近。大ヤマメの実績が高いポイントの１つだ

ラインはフロロカーボンの0・6～1号を使うことが多い。高原川のヤマメはなかなか賢く、ラインの太さが釣果をだいぶ左右してしまう。しかし釣り場の水量が多いうえに足場の悪いポイントも数多い。細イトでは魚の走りを止められないため、極力太めのラインで挑みたい。

ハリはマスバリを使うことが多い。サイズはエサの大きさによって6～9号を使い分けている。

エサであるが、初期はクロカワムシがよく、6月以降はキヂを使用する。ウグイの魚影も多い釣り場なので、できる限り大型のキヂを使うことをおすすめする。

前記したように透明度が非常に高い川のため、本流とはいえヤマメの警戒心は非常に強い。そのため太いラインはマイナスになる。それをカバーするのが仕掛けの流し方だ。必ずエサ優先で流すこと。これだけのことで、ヤマメにラインを感じさせることなく口を使わせられる。

ウグイのかわし方も、エサ付けで対応できる。キヂをエサとする場合に限ってチョン掛けはNG。チョン掛けしたキヂ

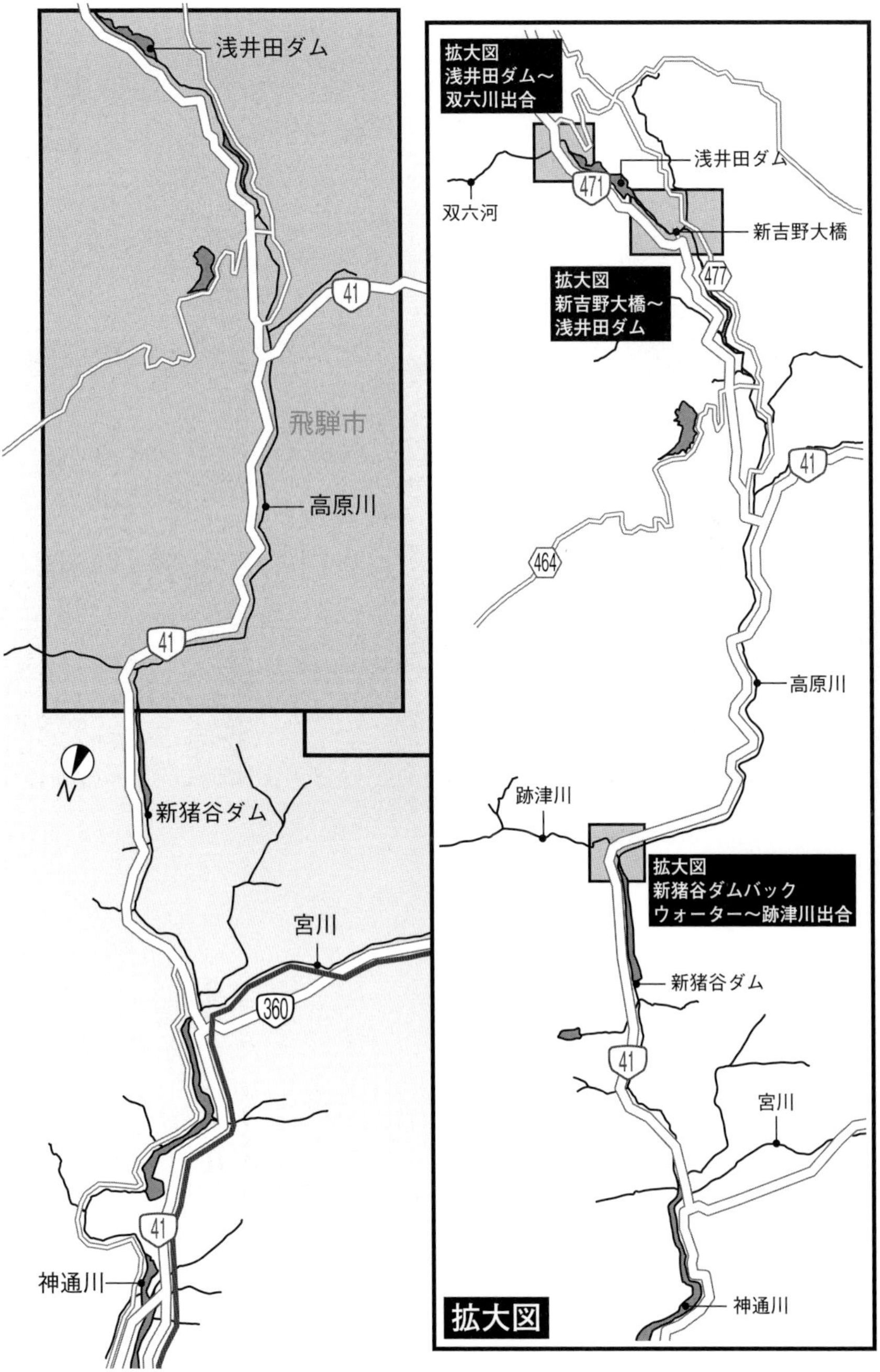

浅井田ダム
41
飛騨市
高原川
41
N
新猪谷ダム
宮川
360
41
神通川
拡大図
浅井田ダム～
双六川出合
浅井田ダム
471
双六河
新吉野大橋
477
拡大図
新吉野大橋～
浅井田ダム
41
464
高原川
跡津川
拡大図
新猪谷ダムバック
ウォーター～跡津川出合
新猪谷ダム
41
宮川
神通川
拡大図

双六川出合の下流付近。モンスター級が釣れるタイミングはお盆から禁漁となる９月９日までの短い期間となる

は、ウグイを興奮させるようで、できる限りミミズ通しでしっかり刺し通したい。

おすすめする３つの釣り場に共通することだが、大ヤマメはトロの流れ込みを付き場としていることが多い。そして流心の白泡の下でエサを待っているので、なるべくガン玉を重めにする。

たとえば３Ｂを３個付けるなど、ガン玉１つで調整するのではなく、複数個を足したり取ったりして、流れに馴染むようしっかり調整したい。また、各放水口付近もねらいめだ。流心は押しが強いので流心の脇を丹念に探りたい。

高原川は禁漁日が早く設定されているため、モンスター級が釣れるのはお盆から禁漁までの短い期間。大アマゴを手にするには、タイミングが大切で、まとまった量の降雨直後がチャンスだ。

増水しても減水が早い川のため、濁りが取れた直後にサオをだしたい。これまでの大アマゴの実績もこのタイミングで記録されている。ネット等で水位のチェックを行ない、タイミングを見計らって釣行するとよい結果に恵まれるはずだ。

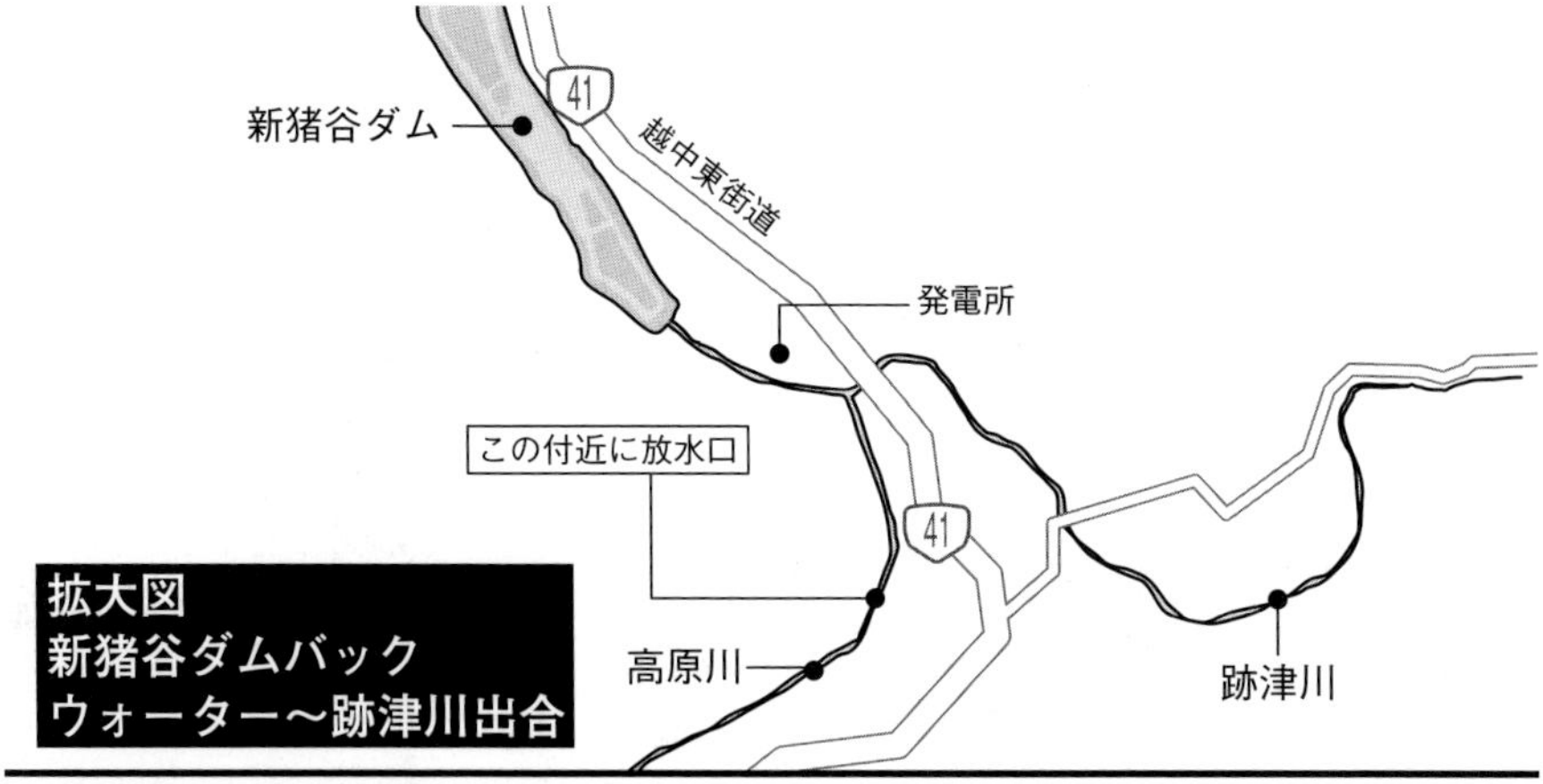
新猪谷ダム
41
越中東街道
発電所
この付近に放水口
41
高原川
跡津川
拡大図
新猪谷ダムバック
ウォーター〜跡津川出合

471
タム直下に禁漁区あり
新吉野大橋
浅井田ダム
41
高原川
拡大図
新吉野大橋〜
浅井田ダム

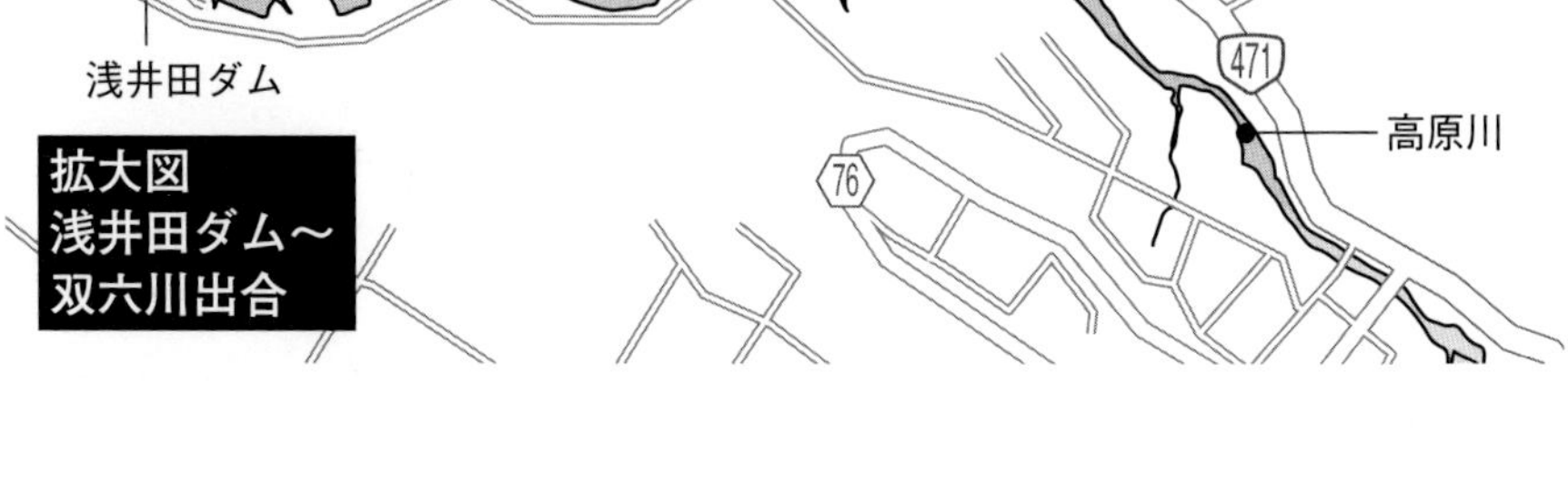
471
この付近に放水口
双六川
浅井田ダム
471
高原川
76
拡大図
浅井田ダム〜
双六川出合

30 宮崎県 耳《みみ》川

ダム上流の耳川は大岩が点在する見事な渓相
秋になると幅広で精悍なエノハがソ上する
水量が多く落差のある本流は釣り人を魅了する

耳川は、九州山地・三方山に源を発し宮崎平野を流れ、日向市大字幸脇と日向市美々津町の境界から日向灘に注ぐ。その河口部の地名からか、美々津川とも呼ばれている。

耳川への行程は、国道265号を熊本方面から走ると、山間の狭小な道が続く。気がつくと目前に山が開けて椎葉方面を右折し、さらに上流へ。

ここは宮崎県椎葉村。源平の戦いに敗れた平家の落人の里である。

車はさらに耳川沿いに西進して県道142号に入り上椎葉ダムへ。目的地は、日向椎葉湖（上椎葉ダム）沿いから、さらに10㎞上流に進んだ最奥にある尾前の集落である。

profile

●笹田邦夫

昭和25年生まれ、熊本県在住。父から釣りを教えられ、今は子どもたちとの釣行きが唯一の楽しみ。大ヤマメの目標として50cmオーバーに挑戦中。年間の釣行は30～40日

●大オモリと大バリがキモだ

この湖を母に上り下りするエノハ（ヤマメ）は、幅広で精悍。秋になると産卵のために尾前川（耳川本流）にソ上する魚体は、60㎝にも育ったサクラマスそのものである。

源流域のエノハは、5月中旬から秋口までと期限が短い。1日でも長く、1日でも多く川に入るためには、シーズンの

湖を母に上り下りするエノハ（ヤマメ）は、幅広で精悍。これは35cmオーバーの魚体だ

日向椎葉湖こと、上椎葉ダムの上流部でサオをだす。大ものを掛けるには、流れよりもゆっくりエサを流し、魚の目につきやすいようにしたい

information

●河川名　耳川
●釣り場位置　宮崎県東臼杵郡椎葉村
●解禁期間　3月1日～9月30日
●遊漁料　日釣券2000円・年券4000円
●管轄漁協　椎葉村農業振興課・椎葉村漁協（Tel 0982-67-3206）
●最寄の遊漁券取扱所　ドライブイン平家（Tel 0982-67-5657）
●交通　九州自動車道・御船ICを下車して国道445号、218号、265号を経由して日向椎葉湖へ。県道142号を経て尾前集落へ

短い源流域の渓よりも本流のほうが面白いし、美しい大ヤマメとの出会いも多い。ただ、水量が多く、落差のある本流の釣行には、道具や仕掛けにもそれなりの工夫が必要である。

まずサオだが、広くポイントを探るために長さは7ｍ前後を用意したい。また、大ものが掛かったときにサオのクッション、つまりタメを生かし、大ヤマメの強い引きをため切る胴を備えたサオが必要となる。

ミチイトとハリスは0・6号の通しで、梅雨期以降の増水時には0・8号を使う。仕掛けは40～50㎝バカを取る。そうしないと大ものが取り込めない。

さらに、大オモリと大バリが特徴である。大オモリは、流れが太く速い本流を釣るための大切な工夫。警戒心が特に強い大ヤマメは、鼻先にエサが届かなければ絶対に掛からない。岩をかみ、白泡を散らして流れる耳川の大ヤマメ釣りの秘技である。

ハリは通常8号、梅雨期以降の増水時には10～11号を使う。理由は魚が大きい

ダム上流の渓相。連続する落ち込みはいずれも期待大で、釣り人の胸を躍らせる

からである。これ以下のハリでは口先ではじかれてしまう。

エサは周年ヘラコを使う。ヒラタカゲロウの幼虫で、水深1mほどの深底の大きな石を捜す。大ヤマメを釣りたければ、大きなヘラコを使うこと。それも元気なヤツである。

支流の不土野川中流域に開けた良好のエサ場がある。親指の爪くらいのヘラコを、ハリに尻から3匹付けて流す。大バリに大エサ、そして大オモリ。これがこの川の大ヤマメ釣りである。

サオを少し立て気味にして、流れよりかなり遅く、一定の速さに保ちながら仕掛けを流すことが大切。スーッと流れたら絶対に食わない。

特に大ものを掛けるには、ブレーキをかけ、つまり流れよりもゆっくりエサを流し、魚の目につきやすいようにしたい。

尾前集落付近のポイントは、支流の不土野川との合流から本流沿いに水無川、向山川との合流までと、その上流地域、新砂防から旧砂防まで。もちろん支流筋となる不土野川も良型は釣れる。ただし、不土野川、向山川ともに上流域の沢は全面禁漁区となっているところもあるので注意したい。

九州の河川の特徴は、太平洋に注ぐ河川（耳川、五ヶ瀬川、大野川など）に大ヤマメが棲み、その魚影も多い。

これは、太古の大海からのソ上の歴史と、彼らの祖先から受け継がれたＤＮＡであろうか。椎葉の里の古代の歴史ロマンと共通する物語でもある。上椎葉・尾前川の大ヤマメ釣りは、伝説の漁師・尾前美義氏への鎮魂でもある。

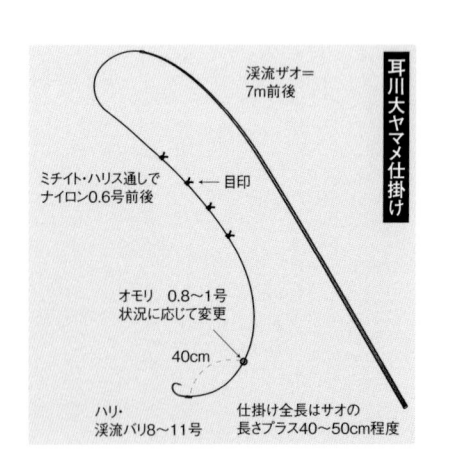

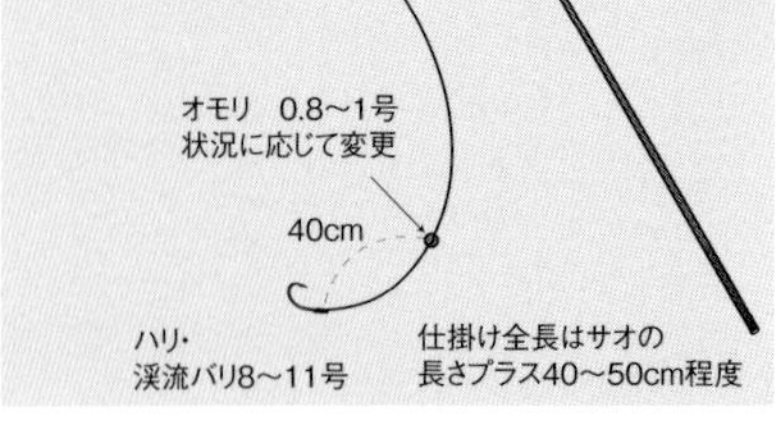

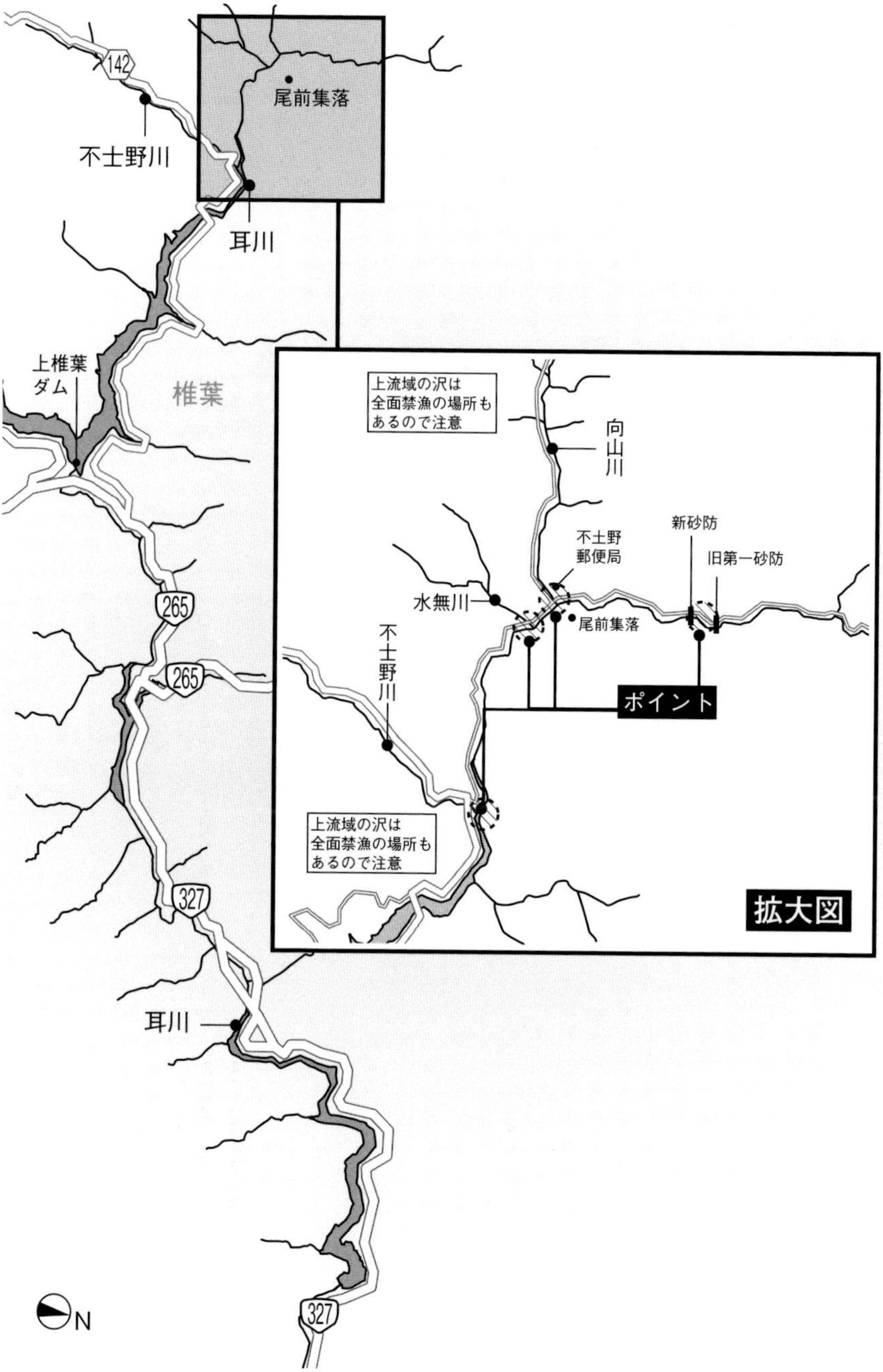
142
尾前集落
不土野川
耳川
上椎葉
ダム
椎葉
265
265
327
耳川
327
N
上流域の沢は
全面禁漁の場所も
あるので注意
向山川
新砂防
不土野
郵便局
旧第一砂防
水無川
尾前集落
不土野川
ポイント
上流域の沢は
全面禁漁の場所も
あるので注意
拡大図

列島縦断大ヤマメ・アマゴ釣り場　超特選ガイド30河川

2014年4月1日発行

編　者　つり人社書籍編集部
発行者　鈴木康友
発行所　株式会社つり人社

〒101－8408　東京都千代田区神田神保町1－30－13
TEL 03－3294－0781（営業部）
TEL 03－3294－0766（編集部）
振替 00110－7－70582
印刷・製本　図書印刷株式会社

乱丁、落丁などありましたらお取り替えいたします。

ISBN978-4-86447-048-3 C2075
つり人社ホームページ　http://www.tsuribito.co.jp